KB138663

쉽게 읽는 월인석보 12

月印千江之曲 第十二·釋譜詳節 第十二

월인석보 12

月印千江之曲 第十二·釋譜詳節 第十二

나찬연

경진출판

머리말

『월인석보』는 조선의 제7대 왕인 세조(世祖)가 부왕인 세종(世宗)과 소헌왕후(昭憲王后), 그리고 아들인 의경세자(懿敬世子)를 추모하기 위하여 1549년에 편찬하였다.

『월인석보』에는 석가모니의 행적과 석가모니와 관련된 인물에 관한 여러 일화가 소개되어 있다. 따라서 이 책은 불교를 배우는 이들뿐만 아니라, 국어 학자들이 15세기 국어를 연구하는 데에도 매우 귀중한 자료가 된다. 특히 이 책은 국어 문법 규칙에 맞게 한문 원문을 번역되었기 때문에 문장이 매우 자연스럽다. 따라서 『월인석보』는 훈민정음으로 지은 초기의 문헌임에도 불구하고, 당대에 간행된 그 어떤 문헌보다도 자연스러운 우리말 문장으로 지은 문헌이라고 할 수 있다.

이처럼 『월인석보』가 중세 국어와 국어사 연구에 매우 중요한 역할을 하기 때문에, 일찍부터 이 책은 중세 국어 연구의 대상이 되었고 현대어로 옮기는 작업도 이루어졌다. 그 대표적인 성과가 '세종대왕기념사업회'에서 편찬한 『역주 월인석보』의 모둠책이다. 『역주 월인석보』의 간행 작업에는 허웅 선생님을 비롯한 그 분야의 대학자들이 참여하였기 때문에, 『역주 월인석보』는 그 차제로서 대단한 업적이다. 그러나 이 『역주 월인석보』는 1992년부터 순차적으로 간행되었는데, 간행된 책마다 역주한 이가 달라서 내용의 번역이나 형태소의 분석, 그리고 편집 방법이 통일되지 못한 아쉬움이 있다. 지은이는 이러한 점을 감안하여 15세기의 중세 국어를 익히는 학습자들이 『월인석보』를 쉽게 이해할 수 있도록, 현대어로 옮기는 방식과 형태소 분석 및 편집 형식을 새롭게 바꾸었다. 이러한 편찬 의도를 반영하여 이 책의 제호도 『쉽게 읽는 월인석보』로 정했다.

이 책은 중세 국어 학습자들이 『월인석보』를 쉽게 이해할 수 있는 책을 편찬하겠다는 원래의 취지를 살리기 위하여, 다음과 같은 방법으로 책의 내용과 형식을 구성하였다.

첫째, 현재 남아 있는 『월인석보』의 권 수에 따라서 이들 문헌을 현대어로 옮겼다. 이에 따라서 『월인석보』의 1, 2, 4, 7, 8, 9, 10 등의 순서로 현대어 번역 작업이 이루진다. 둘째, 이 책에서는 『월인석보』의 원문의 영인을 페이지별로 수록하고, 그 영인 바로 아래에 현대어 번역문을 첨부했다. 셋째, 그리고 중세 국어의 문법을 익히는 이들에게 편의를 제공하기 위하여, 원문의 텍스트에 나타나는 어휘를 현대어로 풀이하고 각 어휘에 실현된 문법 형태소를 형태소 단위로 분석하였다. 넷째, 원문 텍스트에 나타나는 불교 용어를 쉽게 풀이함으로써, 불교의 교리를 모르는 일반 국어학자도 『월인석보』의 내용을 이해할 수 있도록 하였다. 다섯째, 책의 말미에 [부록]의 형식으로 [원문과 번역문의 벼리]를 실었다. 여기서는 『월인석보』의 텍스트에서 주문장의 사이에 삽입되어 있는 협주문(夾註文)을 생략하여 본문 내용의 맥락이 끊기지 않게 하였다. 여섯째, 이 책에 쓰인 문법 용어와 약어(略語)의 정의와 예시를 책 머리의 '일러두기'와 [부록]에 수록하여서, 이 책을 통하여 중세 국어를 익히려는 독자에게 도움을 주었다.

이 책에 쓰인 문법 용어는 가급적 『고등학교 문법』(2010)에서 사용되는 문법 용어를 그대로 사용하였다. 다만 일부 문법 용어는 허웅 선생님의 『우리 옛말본』(1975), 고영근 선생님의 『표준중세국어문법론』(2010), 지은이의 『중세 국어의 이해』(2020)에서 사용한 용어를 빌려 썼다. 중세 국어의 어휘 풀이는 대부분 '한글학회'에서 지은 『우리말 큰사전 4–옛말과 이두 편』의 내용을 참조했으며, 일부는 남광우 님의 『교학고어사전』을 참조했다. 각 어휘에 대한 형태소 분석은 지은이가 2010년에 『우리말연구』의 제27집에 발표한 「옛말 문법 교육을 위한 약어와 약호의 체계」의 논문과 『중세 근대 국어의 강독』(2020)에서 사용한 방법을 따랐다.

그리고 불교와 관련된 어휘는 국립국어원의 인터넷판 『표준국어대사전』, 인터넷판의 『두산백과사전』, 인터넷판의 『한국민족문화대백과』, 인터넷판의 『원불교사전』, 한국불교대사전편찬위원회의 『한국불교대사전』, 홍사성 님의 『불교상식백과』, 곽철환 님의 『시공불교사전』, 운허·용하 님의 『불교사전』 등을 참조하여 풀이하였다.

이 책을 간행하는 데에는 여러 사람의 도움이 있었다. 지은이는 2014년 겨울에 대학교 선배이자 독실한 불교 신자인 정안거사(正安居士, 현 동아고등학교의 박진규 교장)을 사석에서 만났다. 그 자리에서 정안거사로부터 국어학자뿐만 아니라 일반 사람들도 부처님의 생애를 쉽게 알 수 있는 책이 필요하다는 당부의 말을 들었는데, 이 일이 계기가 되어서 『쉽게 읽는 월인석보』의 모둠책이 세상에 나오게 되었다. 그리고 고려대학교 교육대학원의 국어교육전공에 재학 중인 나벼리 군은 『월인석보』의 원문의 모습을 디지털 영상으로 제작하고 편집하는 작업을 해 주었다. 이 책을 거친 원고를 수정하여 보기 좋은 책으로 편집·출판해 주신 경진출판의 양정섭 대표께 감사의 뜻을 전한다.

정안거사님의 뜻과 지은이의 바람이 이루어져서, 중세 국어를 익히거나 석가모니 부처의 일을 알고자 하는 일반인들에게 이 책이 조금이나마 도움이 되기를 바란다.

2023년 1월

나찬연

차례

일러두기

1. 이 책에서 형태소 분석에 사용하는 문법적 단위에 대한 약어는 다음과 같다.

범주	약칭	본디 명칭
품사	의명	의존 명사
	인대	인칭 대명사
	지대	지시 대명사
	형사	형용사
	보용	보조 용언
	관사	관형사
	감사	감탄사
불규칙 용언	ㄷ불	ㄷ 불규칙 용언
	ㅂ불	ㅂ 불규칙 용언
	ㅅ불	ㅅ 불규칙 용언
어근	불어	불완전(불규칙) 어근
파생 접사	접두	접두사
	명접	명사 파생 접미사
	동접	동사 파생 접미사
	조접	조사 파생 접미사
	형접	형용사 파생 접미사
	부접	부사 파생 접미사
	사접	사동사 파생 접미사
	피접	피동사 파생 접미사
	강접	강조 접미사
	복접	복수 접미사
	높접	높임 접미사
조사	주조	주격 조사
	서조	서술격 조사
	목조	목적격 조사

범주	약칭	본디 명칭
조사	보조	보격 조사
	관조	관형격 조사
	부조	부사격 조사
	호조	호격 조사
	접조	접속 조사
어말 어미	평종	평서형 종결 어미
	의종	의문형 종결 어미
	명종	명령형 종결 어미
	청종	청유형 종결 어미
	감종	감탄형 종결 어미
	연어	연결 어미
	명전	명사형 전성 어미
	관전	관형사형 전성 어미
선어말 어미	주높	상대 높임의 선어말 어미
	객높	주체 높임의 선어말 어미
	상높	객체 높임의 선어말 어미
	과시	과거 시제의 선어말 어미
	현시	현재 시제의 선어말 어미
	미시	미래 시제의 선어말 어미
	회상	회상 표현의 선어말 어미
	확인	확인 표현의 선어말 어미
	원칙	원칙 표현의 선어말 어미
	감동	감동 표현의 선어말 어미
	화자	화자 표현의 선어말 어미
	대상	대상 표현의 선어말 어미

* 이 책에서 쓰인 '문법 용어'와 '약어(略語)'에 대한 자세한 내용은 [부록]에 첨부된 '문법 용어의 풀이'를 참고하기 바란다.

2. 이 책의 형태소 분석에서 사용되는 약호는 다음과 같다.

부호	기능	용례
#	어절의 경계 표시.	철수가 # 국밥을 # 먹었다.
+	한 어절 내에서의 형태소 경계 표시.	철수 + -가 # 먹- + -었- + -다
(　)	언어 단위의 문법 명칭과 기능 설명.	먹(먹다) - + -었(과시)- + -다(평종)
[　]	파생어의 내부 짜임새 표시.	먹이[먹(먹다)- + -이(사접)-]- + -다(평종)
	합성어의 내부 짜임새 표시.	국밥[국(국) + 밥(밥)] + -을(목조)
-a	a의 앞에 다른 말이 실현되어야 함.	-다, -냐 ; -은, -을 ; -음, -기 ; -게, -으면
a-	a의 뒤에 다른 말이 실현되어야 함.	먹(먹다)-, 자(자다)-, 예쁘(예쁘다)-
-a-	a의 앞뒤에 다른 말이 실현되어야 함.	-으시-, -었-, -겠-, -더-, -느-
a(← A)	기본 형태 A가 변이 형태 a로 변함.	지(← 짓다, ㅅ불)- + -었(과시)- + -다(평종)
a(↚ A)	A 형태를 a 형태로 잘못 적음(오기)	국빱(↚ 국밥) + -을(목)
Ø	무형의 형태소나 무형의 변이 형태	예쁘- + -Ø(현시)- + -다(평종)

3. 다음은 중세 국어의 문장을 약어와 약호를 사용하여 어절 단위로 분석한 예이다.

> 불휘 기픈 남ᄀᆞᆫ ᄇᆞᄅᆞ매 아니 뮐ᄊᆡ 곶 됴코 여름 하ᄂᆞ니　[용가 2장]

① 불휘: 불휘(뿌리, 根) + -Ø(← -이: 주조)
② 기픈: 깊(깊다, 深)- + -Ø(현시)- + -은(관전)
③ 남ᄀᆞᆫ: 낡(← 나모: 나무, 木) + -ᄋᆞᆫ(-은: 보조사)
④ ᄇᆞᄅᆞ매: ᄇᆞᄅᆞᆷ(바람, 風) + -애(-에: 부조, 이유)
⑤ 아니: 아니(부사, 不)
⑥ 뮐ᄊᆡ: 뮈(움직이다, 動)- + -ᆯᄊᆡ(-으므로: 연어)
⑦ 곶: 곶(꽃, 花)
⑧ 됴코: 둏(좋아지다, 좋다, 好)- + -고(연어, 나열)
⑨ 여름: 여름[열매, 實: 열(열다, 結)- + -음(명접)]
⑩ 하ᄂᆞ니: 하(많아지다, 많다, 多)- + -ᄂᆞ(현시)- + -니(평종, 반말)

4. 단, 아래의 경우에는 예외적으로 다음과 같은 방법으로 어절의 짜임새를 분석한다.

가. 명사, 동사, 형용사는 특별한 경우가 아니면 품사의 명칭을 표시하지 않는다. 단, 의존 명사와 보조 용언은 예외적으로 각각 '의명'과 '보용'으로 표시한다.

① 부텨: 부텨(부처, 佛) + -ㅣ(← -이: 주조)
② 괴오쇼셔: 괴오(사랑하다, 愛)- + -쇼셔(-소서: 명종)
③ 올ᄒᆞ시이다: 옳(옳다, 是)- + -ᄋᆞ시(주높)- + -이(상높)- + -다(평종)

나. 한자말로 된 복합어는 더 이상 분석하지 않는다.

① 中國에: 中國(중국) + -에(부조, 비교)
② 無上涅槃ᄋᆞᆯ: 無上涅槃(무상열반) + -ᄋᆞᆯ(목조)

다. 특정한 어미가 다른 어미의 내부에 끼어들어서 실현될 때에는 다음과 같이 표기한다. 이때 단일 형태소의 내부가 분리되는 현상은 '…'로 표시한다.

① 어리니잇가: 어리(어리석다, 愚: 형사)- + -잇(← -이-: 상높)- + -니…가(의종)
② 자거시늘: 자(자다, 宿: 동사)- + -시(주높)- + -거…늘(-거늘: 연어)

라. 형태가 유표적으로 존재하지 않으면서도 문법적이 있는 '무형의 형태소'는 다음과 같이 'Ø'로 표시한다.

① 가ᄆᆞ라 비 아니 오ᄂᆞᆫ 싸히 잇거든
   - ᄀᆞᄆᆞ라: [가물다(동사): ᄀᆞᄆᆞᆯ(가뭄, 旱: 명사) + -Ø(동접)-]- + -아(연어)
② 바ᄅᆞ 自性을 ᄉᆞᄆᆞᆺ 아ᄅᆞ샤
   - 바ᄅᆞ: [바로(부사): 바ᄅᆞ(바ᄅᆞ다, 正: 형사)- + -Ø(부접)]
③ 불휘 기픈 남ᄀᆞᆫ
   - 불휘(뿌리, 根) + -Ø(← -이: 주조)
④ 내 ᄒᆞ마 命終호라
   - 命終ᄒᆞ(명종하다: 동사)- + -Ø(과시)- + -오(화자)- + -라(← -다: 평종)

마. 무형의 형태소로 실현되는 시제 표현의 선어말 어미는 다음과 같이 표기한다.

① 동사나 형용사의 종결형과 관형사형에서 나타나는 '과거 시제 표현'의 무형의 선어말 어미는 '-Ø(과시)-'로, '현재 시제 표현'의 무형의 선어말 어미는 '-Ø(현시)-'로 표시한다.

㉠ 아ᄃᆞᆯᄃᆞᆯ히 아비 죽다 듣고
- 죽다: 죽(죽다, 死: 동사)-+-Ø(과시)-+-다(평종)

㉡ 엇던 行業을 지ᅀᅥ 惡德애 ᄠᅥ러딘다
- ᄠᅥ러딘다: ᄠᅥ러디(떨어지다, 落: 동사)-+-Ø(과시)-+-ㄴ다(의종)

㉢ 獄ᄋᆞᆫ 罪 지ᅀᅳᆫ 사ᄅᆞᆷ 가도ᄂᆞᆫ ᄯᅡ히니
- 지ᅀᅳᆫ: 짓(짓다, 犯: 동사)-+-Ø(과시)-+-ㄴ(관전)

㉣ 닐굽 ᄒᆡ 너무 오라다
- 오라(오래다, 久: 형사)-+-Ø(현시)-+-다(평종)

㉤ 여슷 大臣이 힝뎌기 왼 ᄃᆞᆯ 제 아라
- 외(외다, 그르다, 誤: 형사)-+-Ø(현시)-+-ㄴ(관전)

② 동사나 형용사의 연결형에 나타나는 과거 시제나 현재 시제 표현의 무형의 선어말 어미는 표시하지 않는다.

㉠ 몸앳 필 뫼화 그르세 다마 男女를 내ᅀᆞᄫᆞ니
- 뫼화: 뫼호(모으다, 集: 동사)-+-아(연어)

㉡ 고히 길오 높고 고ᄃᆞ며
- 길오: 길(길다, 長: 형사)-+-오(←-고: 연어)
- 높고: 높(높다, 高: 형사)-+-고(연어, 나열)
- 고ᄃᆞ며: 곧(곧다, 直: 형사)-+-ᄋᆞ며(-으며: 연어)

③ 합성어나 파생어의 내부에서 실현되는 과거 시제나 현재 시제 표현의 무형의 선어말 어미는 표시하지 않는다.

㉠ 왼녁: [왼쪽, 左: 옳(오른쪽이다, 右)-+-ᄋᆞᆫ(관전▻관접)+녁(녘, 쪽: 의명)]
㉡ 늘그니: [늙은이: 늙(늙다, 老)-+-은(관전)+이(이, 者: 의명)]

『월인석보』의 해제

세종대왕은 1443년(세종 25년) 음력 12월에 음소 문자(音素文字)인 훈민정음(訓民正音)의 글자를 창제하였다. 훈민정음 글자는 기존의 한자나 한자를 빌어서 우리말을 표기하는 글자인 향찰, 이두, 구결 등과는 전혀 다른 표음 문자인 음소 글자였다. 실로 글자의 역사상 유래를 찾아볼 수 없는 매우 독창적인 글자이면서도, 글자의 수가 28자에 불과하여 아주 배우기 쉬운 글자였다.

훈민정음을 창제한 이후에 세종은 이 글자를 널리 보급하기 위하여 훈민정음의 제자 원리를 이론화하고 성리학적인 근거를 부여하는 데에 힘을 썼다. 곧, 최만리 등의 상소 사건을 통하여 사대부들이 훈민정음에 대하여 취하였던 부정적인 인식과 태도를 파악하였으므로, 이를 극복하는 적극적인 방법으로 훈민정음 글자에 대한 '종합 해설서'를 발간하기로 하였는데, 이것이 곧 『훈민정음 해례본』이다.

그리고 새로운 글자를 창제하고 반포하는 데에 그치는 것이 아니라, 실제로 백성들이 널리 사용할 수 있도록 하기 위하여 여러 가지 뒷받침 사업을 진행하였다. 이를 위하여 세종은 새로운 문자인 훈민정음을 이용하여 국어의 입말을 실제로 문장의 단위로 적어서 그 실용성을 시험하는 작업을 수행하였다. 그 첫 번째 노력으로 『용비어천가(龍飛御天歌)』의 노랫말을 훈민정음으로 지어서 간행하였는데, 이로써 훈민정음 글자로써 국어의 입말을 실제로 적을 수 있는 가능성을 보였다. 그리고 소헌왕후 심씨가 사망함에 따라서 세종은 왕후의 명복을 빌기 위하여 아들인 수양대군(首陽大君)으로 하여금 석가모니의 연보(年譜)를 훈민정음으로 번역하여 『석보상절(釋譜詳節)』을 편찬하게 하였다. 이어서 『석보상절』의 내용을 바탕으로 『월인천강지곡(月印千江之曲)』을 직접 지어서 간행하였다. 이로써 국어의 입말을 훈민정음으로써 완벽하게 구현할 수 있음을 보였다. 그리고 한문본인 『훈민정음 해례본』의 내용 중에서 '어제 서(御製 序)'와 예의(例義)를 훈민정음으로 번역한 것도 대략 이 무렵의 일인 것으로 추정된다.

세종이 승하한 후에 문종(文宗), 단종(端宗)에 이어서 세조(世祖)가 즉위하였는데, 1458년(세조 3년)에 세조의 맏아들인 의경세자(懿敬世子)가 요절하였다. 이에 세조는 1459년(세조 4년)에 부왕인 세종(世宗)과 세종의 정비인 소헌왕후 심씨, 그리고 요절한 의경세자의 명복을 빌기 위하여 『월인석보(月印釋譜)』를 편찬하였다. 그리고 어린 조카 단종을 폐위하고 왕위에 오른 후에, 단종을 비롯하여 자신의 집권에 반기를 든 수많은 신하를 죽인 업보에 대한 인간적인 고뇌를 불법의 힘으로 씻어 보려는 것도 『월인석보』를 편찬한 간접적인 동기였다.

『월인석보』는 세종이 지은 『월인천강지곡(月印千江之曲)』의 내용을 본문으로 먼저 싣고, 그에 대응되는 『석보상절(釋譜詳節)』의 내용을 붙여 합편하였다. 합편하는 과정에서 책을 구성하는 방법이나 한자어 표기법, 그리고 내용도 원본인 『월인천강지곡』이나 『석보상절』과 부분적으로 차이를 보인다. 예를 들어서 『월인천강지곡』에서는 한자음을 표기할 때 '씨時'처럼 한글을 큰 글자로 제시하고, 한자를 작은 글자로써 한글의 오른쪽에 병기하였다. 반면에 『월인석보』에서는 '時씽'처럼 한자를 큰 글자로써 제시하고 한글을 작은 글자로써 한자의 오른쪽에 병기하였다. 그리고 종성이 없는 한자음을 한글로 표기할 때에 『월인천강지곡』에서는 '씨時'처럼 종성 글자를 표기하지 않았는데, 『월인석보』에서는 '동국정운(東國正韻)식 한자음의 표기법'에 따라서 '時씽'처럼 종성의 자리에 음가가 없는 'ㅇ' 글자를 종성의 위치에 달았다. 이러한 차이는 『월인천강지곡』과 『석보상절』을 합본하여 『월인석보』를 편찬하는 과정에서 어쩔 수 없이 한자음을 표기하는 방법을 통일하였기 때문에 일어났다.

『월인석보』는 원간본인 1, 2, 7, 8, 9, 10, 12, 13, 14, 15, 17, 18, 23권과 중간본(重刊本)인 4, 21, 22권 등이 남아 있다. 그 당시에 발간된 책이 모두 발견된 것은 아니어서, 당초에 전체 몇 권으로 편찬하였는지 알 수가 없다.

『석보상절』, 『월인천강지곡』, 『월인석보』의 편찬은 세종 말엽에서 세조 초엽까지 약 13년 동안에 이룩된 사업이다. 따라서 그 최종 사업인 『월인석보』는 석가모니의 일대기를 기술하는 사업을 완결 짓는 결정판이다. 따라서 『월인석보』는 『석보상절』, 『월인천강지곡』과 더불어 훈민정음(訓民正音)이 창제된 이후 제일 먼저 나온 불경 번역서로서의 가치가 있다. 그리고 세종과 세조 당대에 쓰였던 자연스러운 말과 글의 모습이 잘 반영되어 있어서, 중세 국어나 국어사를 연구하는 데에도 매우 귀중한 가치가 있는 문헌으로 평가받고 있다.

『월인석보 제십이』의 해제

이 책에서 번역한 『월인석보』 권12는 세조 5년(1459)에 간행된 초간본으로서, 권12와 합본되어 있으며, 현재 보물 제935호로 지정되어 있다(호암미술관 소장). 권12에는 『월인천강지곡』 제276부터 278까지 실렸고 『석보상절』은 『묘법연화경(妙法蓮華經)』 권2의 〈비유품〉의 내용이 실려 있다.

『묘법연화경』은 석가모니 부처가 가야성(迦耶城)에서 도를 이루고 난 뒤에, 영산회(靈山會)을 열어서 자신이 세상에 나온 본뜻을 말한 경전이다. 『묘법연화경』은 옛날로부터 모든 경전들 중의 왕으로 인정받았고, 초기 대승경전(大乘經典) 중에서도 가장 중요한 불경으로 인정받았다. 우리나라에서는 『화엄경(華嚴經)』과 함께 한국 불교 사상을 확립하는 데에 가장 크게 영향을 미친 경전이 되었다.

『묘법연화경』 권2의 〈비유품〉에는 '화택 비유(火宅 譬喩)'가 나온다. 옛날에 어떤 장자(長者)의 집에 불이 났는데, 장자의 아들들이 집에 불이 난 것을 모르고 철없이 놀고 있었다. 장자는 아들들이 평소에 좋아하는 장남감으로 양거(羊車)·녹거(鹿車)·우거(牛車)가 문밖에 있다고 방편을 써서 달래었다. 마침내 아들들은 장자의 말에 꼬여서 불타는 집에서 나오게 되었다. 그리고 장자는 불을 피한 아들들에게 처음에 약속했던 양거·녹거·우거의 대신에, 양거·녹거·우거보다 훨씬 좋은 '큰 소가 끄는 큰 수레'인 '대백우거(大白牛車)'를 하나씩 똑같이 나누어 주었다.

여기서 장자가 처음에 아들들에게 주려고 한 양거(羊車)·녹거(鹿車)·우거(牛車)의 세 수레는 방편(方便)인데, 여기서 양거(羊車)는 성문승(聲聞乘)이며 녹거(鹿車)는 독각승(獨覺乘)이며 우거(牛車)는 보살승(菩薩乘)이다. 그리고 아들들이 불타는 집에서 나온 뒤에 실제로 준 큰 수레(大白牛車)는 '실(實)'에 해당한다. 불타는 집은 삼독(三毒)에 물든 삼계(三界)를 뜻하고, 불타는 집에 있은 아들들은 오욕락(五欲樂)에 탐착(貪着)해서 생로병사(生老病死)와 우비고뇌(憂悲苦惱)의 환란에서 벗어나려 하지 않는 중생들을 가리킨다. 이에 부처님께서 삼계의 고통으로부터 중생을 구하고자 방편으로 삼승(三乘)을 설하신 것이다. 장자가 대백우거를 아들들에게 하나씩 나누어 주었듯이, 부처는 일불승(一佛乘)인 보살도(菩薩道)를 중생에게 주어서 그들로 하여금 불도에 들어가게 한다는 것이다.

『월인석보』 권12의 내용은 후진(後秦) 구자국(龜茲國)의 구마라집(鳩摩羅什)이 한문으로 번역한 『묘법연화경』을 저본으로 하고 있다(전7권 28품).

[1앞]

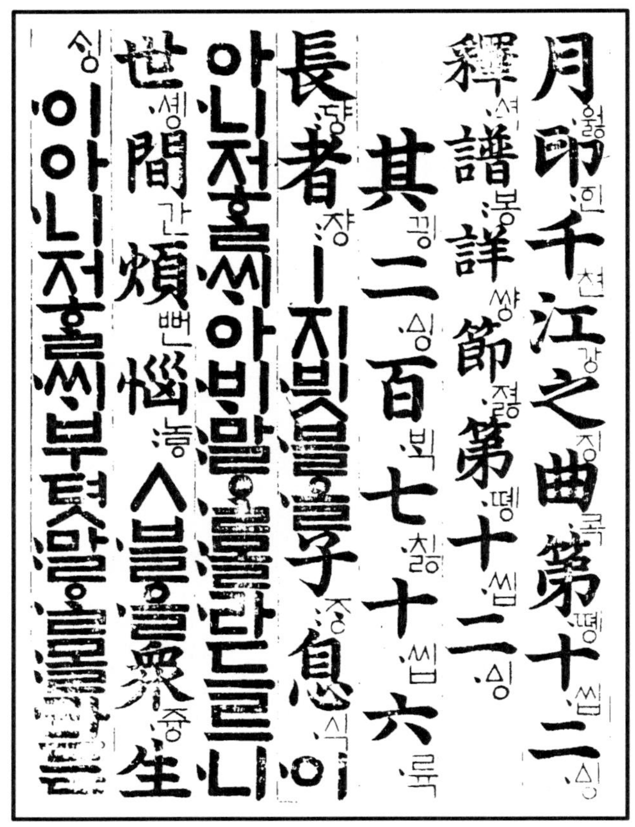

月印千江之曲第十二
釋譜詳節第十二
其二百七十六
長者ㅣ 지븻 브를 子息이 아니 저흘ᄊᆡ 아비 말ᄋᆞᆯ 모ᄅᆞ다 드르니
世間 煩惱ㅅ 브를 衆生이 아니 저흘ᄊᆡ 부텻 말ᄋᆞᆯ 모ᄅᆞ고 드르니

月印千江之曲(월인천강지곡) 第十二(제십이)

釋譜詳節(석보상절) 第十二(제십이)

其二百七十六(기이백칠십육)

長者(장자)의 집에 난 불을 子息(자식)이 아니 두려워하므로 아버지의 말을 모르고 들었으니.

世間(세간) 煩惱(번뇌)의 불을 衆生(중생)이 아니 두려워하므로 부처의 말을 모르고 들었으니.

月ᅌᅯᇙ印ᅙᅵᆫ千쳔江강之징曲콕 第뗑十씹二ᅀᅵᆼ

釋셕譜봉詳썅節져ᇙ 第뗑十씹二ᅀᅵᆼ

其끵二ᅀᅵᆼ百ᄇᆡᆨ七치ᇙ十씹六륙

長댱者쟝ㅣ[1] 지븻[2] 블을[3] 子ᄌᆞᆼ息식이 아니 저ᄒᆞᆯᄊᆡ[4] 아ᄇᆡ[5] 말ᄋᆞᆯ 몰라 드르니[6]

世솅間간[7] 煩뻔惱놓ㅅ[8] 블을 衆즁生ᄉᆡᆼ이 아니 저ᄒᆞᆯᄊᆡ 부텻 말ᄋᆞᆯ 몰라 듣ᄌᆞᄫᆞ니[9]

1) 長者ㅣ: 長者(장자) + -ㅣ(← -ᄋᆡ: 관조)

2) 지븻: 집(집, 家) + -의(-에: 부조, 위치) + -ㅅ(-의: 관조) ※ '지븻'는 '집에 난'으로 의역하여 옮긴다.

3) 블을: 블(불, 火) + -을(목조)

4) 저ᄒᆞᆯᄊᆡ: 젛(두려워하다, 懼)- + -ᄋᆞᆯᄊᆡ(-므로: 연어, 이유)

5) 아ᄇᆡ: 압(← 아비: 아버지, 父) + -ᄋᆡ(관조)

6) 드르니: 들(← 듣다, ㄷ불: 들다, 聞)- + -Ø(과시)- + -으니(평종, 반말) ※ '드르니'는 '드르니이다'에서 '-이(상높, 아높)- + -다(평종)'이 생략된 형태이다. ※ 이 책에서는 상대 높임의 등분을 약어로 다음과 같이 표시한다. 곧, '아주 높임'은 '아높'으로 '예사 높임'은 '예높'으로 약어로 표시하고, '예사 낮춤'은 '예높'으로 '아주 낮춤'은 '아낮'으로 약어로 표시한다.

7) 世間: 세간. 세상 일반이다.

8) 煩惱ㅅ: 煩惱(번뇌) + -ㅅ(-의: 관조) ※ '煩惱(번뇌)'는 중생의 심신을 혼돈시키고 불교의 이상을 방해하는 장애이다.

9) 듣ᄌᆞᄫᆞ니: 듣(듣다, 聞)- + -ᄌᆞᇦ(← -ᄌᆞᆸ-: 객높)- + -Ø(과시)- + -ᄋᆞ니(평종, 반말) ※ '듣ᄌᆞᄫᆞ니'는 '듣ᄌᆞᄫᆞ니이다'에서 '-이(상높, 아높)- + -다(평종)'가 생략된 형태이다.

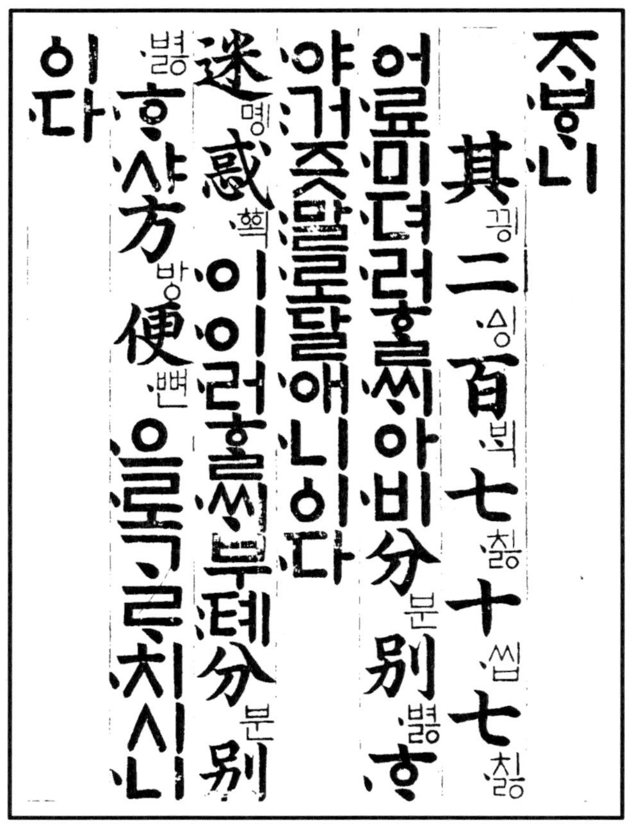

其二百七十七(기이백칠십칠)

어리석음이 저러하므로 아버지가 걱정하여 거짓말로 달래었습니다.
迷惑(미혹)이 이러하므로 부처가 걱정하시어 方便(방편)으로 가르치셨습니다.

其끵二싱百빅七칧十씹七칧

어료미[10] 뎌러ᄒᆞᆯᄊᆡ[11] 아비[12] 分분別볋ᄒᆞ야[13] 거즛말로[14] 달애니이다[15]

迷멩惑획[16]이 이러ᄒᆞᆯᄊᆡ 부톄 分분別볋ᄒᆞ샤 方방便뼌[17]으로 ᄀᆞᄅᆞ치시니이다[18]

---

10) 어료미: 어리(어리석다, 愚)- + -옴(명전) + -이(주조)

11) 뎌러ᄒᆞᆯᄊᆡ: 뎌러ᄒᆞ[저러하다: 뎌러(저러: 불어) + -ᄒᆞ(형접)-]- + -ㄹᄊᆡ(-므로: 연어, 이유)

12) 아비: 아비(아버지, 父) + -∅(← -이: 주조)

13) 分別ᄒᆞ야: 分別ᄒᆞ[분별하다(염려하다, 慮): 分別(분별, 염려) + -ᄒᆞ(동접)-]- + -야(← -아: 연어)

14) 거즛말로: 거즛말[거짓말, 嗚: 거즛(거짓, 假) + 말(말, 言)] + -로(부조, 방편)

15) 달애니이다: 달애(달래다, 꾀다, 권하다, 誘)- + -∅(과시)- + -니(원칙)- + -이(상높, 아높)- + 다(평종)

16) 迷惑: 미혹. 무엇에 홀려 정신을 차리지 못하는 것이다.

17) 方便: 방편. 십바라밀(十波羅蜜)의 하나로서, 중생을 구제하기 위하여 쓰는 수단과 방법이다.

18) ᄀᆞᄅᆞ치시니이다: ᄀᆞ라치(가르치다, 敎)- + -시(주높)- + -∅(과시)- + -니(원칙)- + -이(상높, 아높)- + -다(평종)

[2앞]

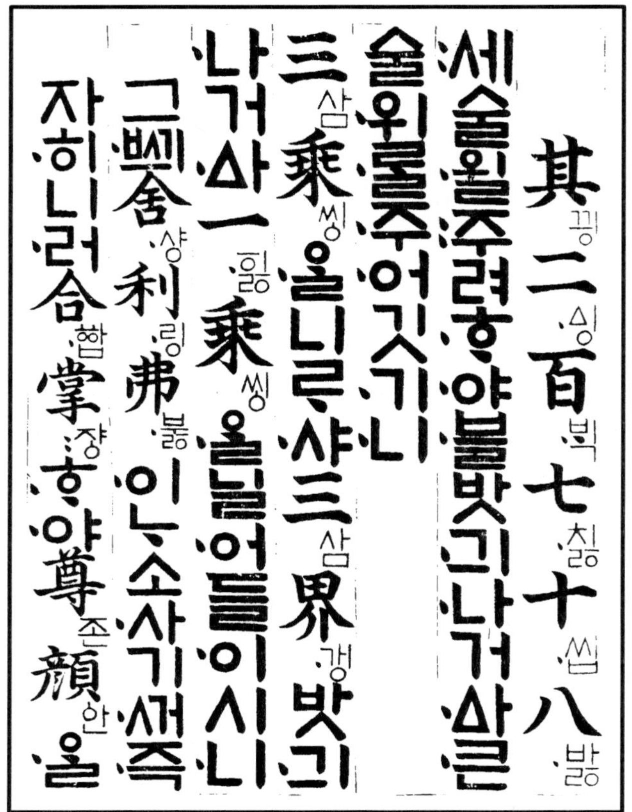

其끵二싕百빅七칧十씹八밣
세술위ᄅᆞᆯ주려ᄒᆞ야블밧긔나거ᅀᅡ큰
술위ᄅᆞᆯ주어깃기시니
三삼乘씽ᄋᆞᆯ니ᄅᆞ샤三삼界갱밧긔
나거ᅀᅡ一힗乘씽ᄋᆞᆯ닐어들이시니
그ᄢᅴ舍샹利링弗붏이ᄂᆞ소사깃거즉
자히니러合합掌쟝ᄒᆞ야尊존顔안ᄋᆞᆯ

其二百七十八(기이백칠십팔)

세 수레를 주려 하여 불의 밖에 나가야 큰 수레를 주어 기쁘하게 하였으니. 三乘(삼승)을 이르시어 三界(삼계)의 밖에 나가야 一乘(일승)을 일러 듣게 하셨으니.

그때에 舍利弗(사리불)이 솟아 날아서 기뻐하여 즉시 일어나 合掌(합장) 하여 尊顔(존안)을

其끵二싱百빅七칧十씹八밣

세 술윌[19] 주려 ᄒᆞ야 블 밧긔[20] 나거ᅀᅡ[21] 큰 술위를 주어 깃기니[22)]

三삼乘씽[23)]올 니ᄅᆞ샤[24)] 三삼界갱[25)] 밧긔 나거ᅀᅡ 一힗乘씽[26)]올 닐어[27)] 들이시니

그 ᄢᅴ[28)] 舍샹利링弗붏[29)]이 ᄂᆞ소사[30)] 기써[31)] 즉자히[32)] 니러[33)] 合햡掌쟝ᄒᆞ야 尊존顔안올

---

19) 술윌: 술위(수레, 車) + -ㄹ(← -를: 목조)

20) 밧긔: 밝(밖, 外) + -의(-에: 부조, 위치)

21) 나거ᅀᅡ: 나(나다, 出)- + -거(확인)- + -어ᅀᅡ(연어, 필연적 조건)

22) 깃기니: 깃기[기뻐하게 하다, 歡: 깄(기뻐하다, 歡)- + -이(사접)-]- + -Ø(과시)- + -니(평종, 반말)

23) 三乘: 삼승. 승(乘)은 중생을 깨달음으로 인도하는 부처의 가르침을 뜻한다. 부처가 중생의 능력이나 소질에 따라 설한 세 가지 가르침이다. 대승불교에서는 불제자의 능력을 '성문승(聲聞乘)·연각승(緣覺乘)·보살승(菩薩乘)'의 3종으로 나누었다.

24) 니ᄅᆞ샤: 니ᄅᆞ(이르다, 曰)- + -샤(← -시-: 주높)- + -Ø(← -아: 연어)

25) 三界: 삼계. 중생이 생사 왕래하는 세 가지 세계, 곧, 욕계 · 색계 · 무색계이다.

26) 一乘: 일승. 깨달음에 이르게 하는 오직 하나의 궁극적인 부처의 가르침이다. 부처가 중생의 능력이나 소질에 따라 여러 가지로 가르침을 설하였지만, 그것은 결국 하나의 가르침으로 귀착한다는 뜻이다.

27) 닐어: 닐(← 니르다: 이르다, 曰)- + -어(연어)

28) ᄢᅴ: ᄣᅢ(← ᄣᅳ: 때, 時) + -의(-에: 부조, 위치, 시간)

29) 舍利弗: 사리불. 석가모니의 십대 제자 가운데 한 사람(? ~ B.C. 486)이다. 마갈타국 왕사성 북쪽의 나라촌(那羅村)에서 바라문의 가문에서 태어났다. 일찍 깨달음을 얻어 대중의 신뢰와 존경을 받아 주로 교화 활동에 종사했는데, 경전 중에는 석가를 대신하여 설법한 경우도 적지 않음을 볼 수 있다. 석가모니불의 후계자로 지목받았으나 석가모니불보다 먼저 입적했다.

30) ᄂᆞ소사: ᄂᆞ솟[솟아서 날다, 踊躍: ᄂᆞ(← ᄂᆞᆯ다: 날다, 飛)- + 솟(솟다, 踊)-]- + -아(연어)

31) 기써: 깄(기뻐하다, 歡)- + -어(연어)

32) 즉자히: 즉시, 卽(부사)

33) 니러: 닐(일어나다, 起)- + -어(연어)

[2뒤]

울워ᅀᆞᄫᅡ ᄉᆞᆲᄫᅩᄃᆡ 尊존顔안ᄋᆞᆫ 尊존ᄒᆞ신 ᄂᆞᆾ치라 오ᄂᆞᆳ날 이런 法법音음을 듣ᄌᆞᄫᅩ니 ᄆᆞᅀᆞ미 踊용躍약ᄒᆞ야 녜 업던 이ᄅᆞᆯ 得득과이다 舍샹利링弗붏이 法법說쉻에 ᄒᆞ마 아라 부텨 ᄃᆞ욀 돌 제 알씨 踊용躍약ᄒᆞ야 니러 몯 듣던 이ᄅᆞᆯ 慶경賀향ᄒᆞ니라 慶경賀향ᄂᆞᆫ 깃게라 ᄒᆞᆯ 씨라 엇뎨어뇨 ᄒᆞ란ᄃᆡ 내 녜 부텨ᄭᅴ 이런 法법을 듣ᄌᆞᄫᅩᄃᆡ 菩뽕薩삻ᄃᆞᆯᄒᆞᆫ 受쓯記긩

우러러서 사뢰되【尊顔(존안)은 尊(존)하신 낯이다.】, "오늘날 이런 法音(법음)을 들으니 마음이 踊躍(용약)하여 옛날에 없던 일을 得(득)하였습니다.【舍利弗(사리불)이 (부처의) 法說(법설)에 이미 알아 부처가 될 것을 자기가 알므로, 踊躍(용약)하여 일어나 (지금까지) 못 듣던 일을 慶賀(경하)하였니라. 慶賀(경하)는 '기뻐하였구나.'라고 하는 것이다.】'(그것이) 어째서이냐?'라고 한다면, 내가 옛날에 부처께 이런 法(법)을 듣되 菩薩(보살)들은 受記(수기)하여

울워ᅀᆞᄫᅡ[34] ᄉᆞᆯᄫᅩᄃᆡ[35]【尊존顏안ᄋᆞᆫ 尊존ᄒᆞ신 ᄂᆞ치라[36]】 오ᄂᆞᆳ날 이런 法법音ᅙᅳᆷ[37]을 듣ᄌᆞᄫᆞ니 ᄆᆞᅀᆞ미[38] 踊용躍약ᄒᆞ야[39] 녜[40] 업던 이ᄅᆞᆯ 得득과이다[41]【舍샹利링弗붏이 法법說ᄉᆑᇙ[42]에 ᄒᆞ마 아라 부텨 ᄃᆞ외ᇙ[43] ᄃᆞᆯ[44] 제[45] 알ᄊᆡ 踊용躍약ᄒᆞ야 니러 몯 듣던 이ᄅᆞᆯ 慶켱賀ᅘᅡᆼᄒᆞ니라 慶켱賀ᅘᅡᆼᄂᆞᆫ 깃게라[46] ᄒᆞᆯ 씨라[47]】 엇뎨어뇨[48] ᄒᆞ란ᄃᆡ[49] 내 녜 부텨ᄭᅴ[50] 이런 法법을 듣ᄌᆞᄫᆞᄃᆡ 菩뽕薩사ᇙᄃᆞᆯᄒᆞᆫ[51] 受쓔ᇢ記긩[52]

---

34) 울워ᅀᆞᄫᅡ: 울워(← 울월다: 우르르다, 仰)- + -ᅀᆞᇦ(← -ᄉᆞᇦ-: 객높)- + -아(연어)

35) ᄉᆞᆯᄫᅩᄃᆡ: ᄉᆞᆲ(← ᄉᆞᆲ다, ㅂ불: 사뢰다, 아뢰다, 謁)- + -오ᄃᆡ(-되: 연어, 설명 계속)

36) ᄂᆞ치라: ᄂᆾ(낯, 面) + -이(서조)- + -Ø(현시)- + -라(← -다: 평종)

37) 法音: 법음. 설법하거나 독경하는 소리이다.

38) ᄆᆞᅀᆞ미: ᄆᆞᅀᆞᆷ(마음, 心) + -이(주조)

39) 踊躍ᄒᆞ야: 踊躍ᄒᆞ[용약하다: 踊躍(용약) + -ᄒᆞ(동접)-]- + -야(← -아: 연어) ※ '踊躍(용약)'은 날아서 솟는 것이다.

40) 녜: 옛날, 昔.

41) 得과이다: 得[← 得ᄒᆞ다, 얻다: 得(득: 불어) + -ᄒᆞ(동접)-]- + -Ø(과시)- + -과(← -아-: 확인)- + -Ø(← -오-: 화자)- + -이(상높, 아높)- + -다(평종)

42) 法說: 법설. 부처의 법을 이른 것이다. 여기서는 『묘법연화경』의 방편품과 비유품을 설법하는 것이다.

43) ᄃᆞ외ᇙ: ᄃᆞ외(되다, 作)- + ㅭ(관전)

44) ᄃᆞᆯ: ᄃᆞ(것, 者: 의명) + -ㄹ(← -ᄅᆞᆯ: 목조)

45) 제: 저(저, 己: 인대, 재귀칭) + -ㅣ(← -이: 주조)

46) 깃게라: 깃(← 긹다: 기뻐하다, 歡)- + -Ø(과시)- + -에(감동)- + -라(← -다: 평종)

47) 씨라: ㅅ(← ᄉᆞ: 것, 의명) + -이(서조)- + -Ø(현시)- + -라(← -다: 평종)

48) 엇뎨어뇨: 엇뎨(어째서, 何: 부사) + -Ø(← -이-: 서조)- + -Ø(현시)- + -어(← -거-: 확인)- + -뇨(-냐: 의종, 설명)

49) ᄒᆞ란ᄃᆡ: ᄒᆞ(하다, 曰)- + -란ᄃᆡ(-면: 연어, 조건)

50) 부텨ᄭᅴ: 부텨(부처, 佛) + -ᄭᅴ(-께: 부조, 상대, 높임)

51) 菩薩ᄃᆞᆯᄒᆞᆫ: 菩薩ᄃᆞᆶ[보살들, 菩薩等: 菩薩(보살) + -ᄃᆞᆶ(-들: 복접)] + -ᄋᆞᆫ(보조사, 주제)

52) 受記: 수기. 부처로부터 내생에 부처가 되리라고 하는 예언을 받는 것이다.

作·작佛·뿛ᄒᆞ·거·시·든·보ᅀᆞᆸ·고 作·작佛·뿛·은 부텨 ᄃᆞ외실 씨라 ·우리ᄂᆞᆫ ·이 ·이·레 隨쓍參참 ·몯ᄒᆞᅀᆞᄫᅡ 如셩來링ㅅ 無뭉量·량知딩見·견 일ᄊᆞᄫᅩ ·몯甚·씸·히 애ᄃᆞᅀᆞᄫᅡ ᄒᆞ다·이·다 ·네ᄂᆞᆫ 方방等둥會·횡ᄅᆞᆯ 니ᄅᆞ니라 無뭉量량知딩見·견은 곧 一·힗乘씽正졍智딩라 世·솅尊존하 ·내 샹녜 묏수픐 아래 ᄒᆞ오ᅀᅡ 이셔 앉거·나 ᄃᆞᆫ니거·나 호매 長땅常썅 너

作佛(작불)하시거든 보고【作佛(작불)은 부처가 되는 것이다.】, 우리는 이 일에 隨參(수참) 못 하여 如來(여래)의 無量知見(무량지견)을 잃은 것을 甚(심)히 애달파하였더이다.【옛날은 方等會(방등회)를 일렀니라. 無量(무량)知見(지견)은 곧 一乘(일승)의 正智(정지)이다.】 世尊(세존)이시여, 내가 항상 산의 수풀 아래에 혼자 있어서 앉거나 다니거나 함에 長常(장상, 늘) 여기되,

作작佛뿛ᄒᆞ거시든[53] 보ᅀᆞᆸ고【作작佛뿛은 부텨 ᄃᆞ외실 씨라】 우리ᄂᆞᆫ 이 이레 隨쒕參참[54] 몯 ᄒᆞᅀᆞ바 如셩來링ㅅ 無뭉量량知딩見견[55] 일ᅌᅅᆞᄫᆞ몰[56] 甚씸히[57] 애ᄃᆞᅀᆞ바[58] ᄒᆞ다이다[59]【녜ᄂᆞᆫ 方방等등會횅[60]를 니ᄅᆞ니라[61] 無뭉量량知딩見견은 곧 一힗乘씽 正졍智딩라[62]】 世솅尊존하[63] 내 샹녜[64] 묏[65] 수플[66] 아래 ᄒᆞ오ᅀᅡ[67] 이셔 앉거나 ᄃᆞᆮ니거나[68] 호매 長땽常쌍[69] 너교ᄃᆡ[70]

---

53) 作佛ᄒᆞ거시든: 作佛ᄒᆞ[작불하다: 作佛(작불) + -ᄒᆞ(동접)-]- + -시(주높)- + 거…든(연어, 조건) ※ '作佛(작불)'은 부처가 되는 것이다.

54) 隨參: 수참. 어떠한 일에 참여하는 것이다.

55) 無量知見: 무량지견. 정도를 헤아릴 수 없을 만큼 많은 지견이다. 곧, 부처님이 가진 일승(一乘)의 정지(正智)이다. ※ '지견(智見)'은 지식과 견문을 아울러 이르는 말이다.

56) 일ᅌᅅᆞᄫᆞ몰: 일(← 잃다, 잃다, 失)- + -ᅌᅅᆞᇦ(← -ᅌᅀᆞᇦ-: 객높)- + -옴(명전) + -ᄋᆞᆯ(목조)

57) 甚히: [심히, 심하게, 甚(부사): 甚(심: 불어) + -ㅎ(← -ᄒᆞ-: 형접)- + -이(부접)]

58) 애ᄃᆞᅀᆞ바: 애ᄃᆞ[← 애ᄃᆞᆯ다(애달다, 哀): 애(애, 腸) + ᄃᆞᆯ(닳다, 傷)-]- + -ᅀᆞᇦ(← -ᅀᆞᇦ-: 객높)- + -아(연어)

59) ᄒᆞ다이다: ᄒᆞ(하다: 보용)- + -다(← -더-: 회상)- + -Ø(← -오-: 화자)- + -이(상높, 아높)- + -다(평종)

60) 方等會: 방등회. 부처가 방등불(方等佛)의 여러 경전을 말씀하신 모임이다.

61) 니ᄅᆞ니라: 니ᄅᆞ(이르다, 曰)- + -Ø(과시)- + -니(원칙)- + -라(← -다: 평종)

62) 正智이라: 正智(정지) + -이(서조)- + -Ø(현시)- + -라(← -다: 평종) ※ '正智(정지)'는 진리를 보는 바른 지혜이다.

63) 世尊하: 世尊(세존) + -하(-이시여: 호조, 아높)

64) 샹녜: 늘, 항상, 常(부사)

65) 묏: 뫼(← 뫼ㅎ: 산, 山) + -ㅅ(-의: 관조)

66) 수플: [수풀, 林: 숗(숲, 林) + 플(풀, 草)]

67) ᄒᆞ오ᅀᅡ: 혼자, 獨(부사)

68) ᄃᆞᆮ니거나: ᄃᆞᆮ니[다니다: ᄃᆞᆮ(닫다, 달리다, 走)- + 니(가다, 行)-]- + -거나(연어, 선택)

69) 長常: 장상. 늘, 항상(부사)

70) 너교ᄃᆡ: 너기(여기다, 念)- + -오ᄃᆡ(-되: 연어, 설명 계속)

고ᄃᆡ 우리도 ᄒᆞᆫ가지로 法법性셩에 드
로ᄃᆡ 엇뎨 如ᅀᅧᆼ來ᄅᆡᆼ 小ᄉᅶᇢ乘ᄊᆼ法법으
로 濟졩渡뚱ᄒᆞ거시뇨 ᄒᆞ다니 이 우리
허므리라 世솅尊존ㅅ 다시 아니샤
시이다 엇뎨어뇨 ᄒᆞ란ᄃᆡ 우리옷 所송
因ᅙᅵᆫ 니ᄅᆞ샤ᄆᆞᆯ 기드려 阿ᅙᅡᆼ耨녹多당
羅랑三삼藐막三삼菩뽕提뗑ᄅᆞᆯ 일

"우리도 한가지로 法性(법성)에 들되, 어찌 如來(여래)가 小乘法(소승법)으로 (우리를) 濟渡(제도)하셨느냐?"고 하였더니, 이것이 우리의 허물이라 世尊(세존)의 탓이 아니셨습니다. '(그것이) 어째서이냐?'라고 한다면, 우리가 (부처께서) 所因(소인)을 이르신 것을 기다려 阿耨多羅三藐三菩提(아뇩다라삼먁보리심)을 이루겠더라면

우리도 ᄒᆞᆫ가지로[71] 法법性셩[72]에 드로ᄃᆡ 엇뎨[73] 如셩來링 小숗乘씽法법[74]으로 濟졩渡똥ᄒᆞ거시뇨[75] ᄒᆞ다니[76] 이[77] 우리 허므리라[78] 世솅尊존ㅅ 다시[79] 아니ᄅᆞ샤ᅀᅵ이다[80] 엇뎨어뇨 ᄒᆞ란ᄃᆡ 우리옷[81] 所송因인[82] 니ᄅᆞ샤ᄆᆞᆯ[83] 기드려 阿항耨녹多당羅랑三삼藐막三삼菩뽕提똉[84]를 일우리런ᄃᆞᆫ[85]

71) ᄒᆞᆫ가지로: ᄒᆞᆫ가지[한가지로, 한결같이, 同(명사): ᄒᆞᆫ(한, 一: 관사, 양수) + 가지(가지, 種: 의명)] + -로(부조, 방편)

72) 法性: 법성. 법의 체성(體性)이라는 뜻으로, 만유의 실체나 우주의 모든 현상이 지니고 있는 진실 불변한 본성을 이른다. 혹은 연기(緣起)의 도리를 법성이라고 할 때도 있다.

73) 엇뎨: 어찌, 何(부사)

74) 小乘法: 소승법. 수행을 통한 개인의 해탈을 가르치는 교법이다. 석가모니가 죽은 지 약 100년 뒤부터 시작하여 수백 년간 지속된 교법으로 성문승(聲聞乘)과 연각승(緣覺乘)이 있다. 소극적이고 개인적인 열반만을 중시한 나머지, 자유스럽고 생명력이 넘치는 참된 인간성의 구현을 소홀히 하는 데에 반발하여 대승이 일어났다.

75) 濟渡ᄒᆞ거시뇨: 濟渡ᄒᆞ[제도하다: 濟渡(제도: 명사) + -ᄒᆞ(동접)-]- + -거(확인)- + -시(주높)- + -뇨(-느냐: 의종, 설명)

76) ᄒᆞ다니: ᄒᆞ(하다, 謂)- + -다(← -더-: 회상)- + -Ø(← -오-: 화자)- + -니(연어, 설명 계속)

77) 이: 이(이, 此: 지대, 정칭) + -Ø(← -이: 주조)

78) 허므리라: 허믈(허물, 過)- + -이(서조)- + -라(← -아: 연어)

79) 다시: 닷(탓, 由) + -이(보조)

80) 아니ᄅᆞ샤ᅀᅵ이다: 안(← 아니: 아닌 것, 非, 명사) + -일(← -이-: 서조)- + -Ø(현시)- + -샤(← -시-: 주높)- + -옷(감동)- + -ᅌᅵ이(← -ᅌᆞ이-: 상높, 아높)- + -다(평종)

81) 우리옷: 우리(우리, 我等: 인대, 복수) + -옷(← -곳: 보조사, 한정 강조)

82) 所因: 소인. 말미암은 바이다. 여기서는 '방법'의 뜻으로 쓰였다.

83) 니ᄅᆞ샤ᄆᆞᆯ: 니ᄅᆞ(이르다, 曰)- + -샤(← -시-: 주높)- + -ㅁ(← -옴: 명전) + -ᄋᆞᆯ(목조) ※ '讚歎(찬탄)'은 칭찬하며 감탄하는 것이다.

84) 阿耨多羅三藐三菩提: 아녹다라삼먁삼보리. 가장 완벽한 깨달음을 뜻하는 말이다. 산스크리트어의 '아눗다라 삼먁 삼보디(anuttara-samyak-sambodhi)'를 음역하여 한자로 표현한 말이다. '아녹다라'란 '무상(無上)'이라는 뜻이다. '삼먁'이란 거짓이 아닌 진실, 삼보리라고 하는 모든 지혜를 널리 깨친다는 '정등각(正等覺)'의 뜻이다. 번역하면 '무상정등정각(無上正等正覺)'이라는 뜻으로, 이보다 더 위가 없는 큰 진리를 깨쳤다는 말이다. 모든 무명 번뇌를 벗어버리고 크게 깨쳐 우주 만유의 진리를 확실히 아는 부처님의 지혜라는 말로서, 삼세의 모든 부처님이 깨치게 되는 최고의 경지를 말한다.

85) 일우리런ᄃᆞᆫ: 일우[이루다, 成: 일(이루어지다, 成: 자동)- + -우(사접)-]- + -리(미시)- + -러(← -더-: 회상)- + -ㄴᄃᆞᆫ(-ㄴ 것이면: 연어, 조건)

[4 앞]

우리ᄅᆞᆫ 당다이 大땡乘씽ᄋᆞᆯ 度똥脫퇋ᄒᆞ시리어늘 우리 方방便뼌으로 맛당ᄒᆞᆫ 양ᄋᆞᆯ 조차 니ᄅᆞ시논 마ᄅᆞᆯ 모ᄅᆞᅀᆞᄫᅡ 처ᅀᅥᆷ 부텻 法법 듣ᄌᆞᆸ고 곧 信신ᄒᆞ야 受쓯ᄒᆞᅀᆞᄫᅡ 證징ᄒᆞ라 ᄒᆞ다이다 因힌은 곧 般반若샹 實씷智딩 菩뽕提똉 正졍因힌이 ᄃᆞ외니라 부톄 쟝ᄎᆞᆺ 니ᄅᆞ시리어늘 내 기드리ᅀᆞᆸ디 아니ᄒᆞ고 다ᄆᆞᆫ 四ᄉᆞᆼ諦뎽ᄅᆞᆯ 처ᅀᅥᆷ 듣ᄌᆞᆸ고 곧 信신

마땅히 大乘(대승)을 度脫(도탈)하겠거늘, 우리가 (부처님께서) 方便(방편)으로 마땅한 모양을 좇아 이르시는 말을 몰라, 처음에 부처의 法(법)을 듣고 곧 信(신)하여 受(수)하여 證(증)하였다고 하였더이다.【因(인)은 곧 般若(반야) · 實智(실지) · 菩提(보리)의 正因(정인)이 되었니라. 부처가 장차 (因을) 이르시겠거늘, 내가 (부처의 설법을) 기다리지 아니하고, 다만 四諦(사제)를 처음 듣고 곧 信受(신수)하여

당다이[86] 大땡乘씽[87]을 度똥脫퇋ᄒᆞ시리어늘[88] 우리 方방便뼌[89]으로 맛당ᄒᆞᆯ[90] 야ᅌᆞᆯ[91] 조차 니르시논[92] 마ᄅᆞᆯ 모ᄅᆞᅀᆞᄫᅡ 처ᅀᅥᆷ[93] 부텻 法법 듣ᄌᆞᆸ고 곧 信신ᄒᆞ야 受쓯ᄒᆞᅀᆞᄫᅡ 證징호라[94] ᄒᆞ다이다【因인은 곧 般반若샹[95] 實씷智딩[96] 菩뽕提뗑[97] 正졍因인[98]이 ᄃᆞ외니라[99] 부톄 쟝ᄎᆞ[1] 니ᄅᆞ시리어늘 내 기드리ᅀᆞᆸ디[2] 아니ᄒᆞ고 다ᄆᆞᆫ 四ᄉᆞᆼ諦뎽[3]ᄅᆞᆯ 처ᅀᅥᆷ 듣ᄌᆞᆸ고 곧 信신受쓯[4]ᄒᆞ야

---

86) 당다이: 마땅히, 當(부사)

87) 大乘: 대승. 소승이 개인적 해탈을 위한 교법·수행·근기임에 반하여, 대승은 널리 일체 중생의 구제를 목표로 베푸는 불교의 심오(深奧)하고 현묘(玄妙)한 교법·수행·근기를 말한다.

88) 度脫ᄒᆞ시리어늘: 度脫ᄒᆞ[도탈하다: 度脫(도탈: 명사) + -ᄒᆞ(동접)-]- + -시(주높)- + -리(미시)- + -어늘(← -거늘: 연어, 상황) ※ '度脫(도탈)'은 번뇌의 얽매임에서 풀리고 미혹의 괴로움에서 벗어나는 것이다.(= 해탈, 解脫)

89) 方便: 방편. 중생을 깨달음으로 인도하기 위해 일시적인 수단으로 설한 가르침이다.

90) 맛당ᄒᆞᆯ: 맛당ᄒᆞ[마땅하다, 宜: 맛당(마땅, 宜: 명사) + -ᄒᆞ(형접)-]- + -ㄹ(관전)

91) 야ᅌᆞᆯ: 양(양, 모양, 樣: 의명) + -ᄋᆞᆯ(목조)

92) 니르시논: 니르(이르다, 說)- + -시(주높)- + -ㄴ(← -ᄂᆞ-: 현시)- + -오(대상)- + -ㄴ(관전)

93) 처ᅀᅥᆷ: [처음, 初: 첫(← 첫: 첫, 初, 관사) + -엄(명접)]

94) 證호라: 證ㅎ[← 證ᄒᆞ다(증하다: 깨닫다): 證(증: 불어) + -ᄒᆞ(동접)-]- + -Ø(과시)- + -오(화자) + -라(← -다: 평종)

95) 般若: 반야. 대승 불교에서, 만물의 참다운 실상을 깨닫고 불법을 꿰뚫는 지혜이다.

96) 實智: 실지. 모든 존재의 있는 그대로의 진실한 모습을 밝게 아는 지혜이다.

97) 菩提: 보리. 불교에서 수행 결과 얻어지는 깨달음의 지혜 또는 그 지혜를 얻기 위한 수도 과정을 이르는 말이다.

98) 正因: 정인. 직접적인 원인이다.

99) ᄃᆞ외니라: ᄃᆞ외(되다, 爲)- + -Ø(과시)- + -니(원칙)- + -라(← -다: 평종)

1) 쟝ᄎᆞ: 장차, 將次(부사)

2) 기드리ᅀᆞᆸ디: 기드리(기다리다, 待)- + -ᅀᆞᆸ(객높)- + -디(-지: 연어, 부정)

3) 四諦: 사제(사체). 사성제(四聖諦)라고도 한다. '고(苦)·집(集)·멸(滅)·도(道)'의 네 가지 진리로 구성되어 있다.

4) 信受: 신수. 믿고 받아들이는 것이다.

受쓯ᄒᆞ야 小:숗果광ᄅᆞᆯ ᄲᆞᆯ리 가죠라 ᄒᆞ야 제 외오호라 ᄒᆞ니라 世솅尊존하 내 아래브터 져므ᄃᆞ록 새ᄃᆞ록 내 모ᄆᆞᆯ 구짓다니 오ᄂᆞᆯ 부텨씌 몯 듣ᄌᆞᆸ던 녜 업슨 法법을 듣ᄌᆞᆸ고 疑읭悔횡ᄅᆞᆯ 그처 ᄇᆞ려 悔횡ᄂᆞᆫ 뉘으츨씨라 몸과 ᄠᅳ괘 便뼌安한ᄒᆞ야 훤히 便뼌安한ᄒᆞᆯ 得득ᄒᆞ니 오ᄂᆞᆳ날ᅀᅡ 眞진實씷ㅅ 부텻 아ᄃᆞ리라 부

"小果(소과)를 빨리 가졌다."고 하여, (사리불이) 스스로 "(일을) 그르게 하였다."고 하였니라.】 世尊(세존)이시여, 내가 예전부터 (날이) 저물도록 (밤이) 새도록 내 몸을 꾸짖었더니, 오늘 부처께 (전에) 못 듣던 예전에 없는 法(법)을 듣고 疑悔(의회)를 끊어 버려【悔(회)는 뉘우치는 것이다.】, 몸과 뜻이 便安(편안)하여 훤히 便安(편안)함을 得(득)하니, 오늘날에야 眞實(진실)로 부처의 아들이다. 부처의

[4 뒤]

小숗果광[5]를 ᄲᆞᆯ리[6] 가죠라[7] ᄒᆞ야 제[8] 외오[9] 호라[10] ᄒᆞ니라】 世솅尊존하 내 아래브터[11] 져므ᄃᆞ록[12] 새ᄃᆞ록[13] 내 모ᄆᆞᆯ 구짓다니[14] 오ᄂᆞᆯ 부텨씌 몯 듣ᄌᆞᆸ던 네 업슨 法법을 듣ᄌᆞᆸ고 疑읭悔횡[15]를 그처[16] ᄇᆞ려[17]【悔횡ᄂᆞᆫ 뉘으츨 씨라[18]】 몸과 ᄠᅳᆮ괘[19] 便뼌安한ᄒᆞ야 훤히[20] 便뼌安한호ᄆᆞᆯ 得득호니[21] 오ᄂᆞᆳ날ᅀᅡ[22] 眞진實씷ㅅ 부텻 아ᄃᆞ리라[23] 부텻

---

5) 小果: 소과. 작은 열매이다.

6) ᄲᆞᆯ리: [빨리, 速(부사): ᄲᆞᆯㄹ(← ᄲᆞᄅᆞ다: 빠르다, 速, 형사)- + -이(부접)]

7) 가죠라: 가지(가지다, 持)- + -∅(과시)- + -오(화자)- + -라(← -다: 평종)

8) 제: 저(자기, 己) + -ㅣ(← -이: 주조)

9) 외오: [그릇, 그르게, 잘못, 誤(부사): 외(그르다, 誤: 형사)- + -오(부접)]

10) 호라: ㅎ(← ᄒᆞ-: 하다, 爲)- + -∅(과시)- + -오(화자)- + -라(← -다: 평종)

11) 아래브터: 아래(예전, 昔) + -브터(-부터: 보조사, 비롯함)

12) 져므ᄃᆞ록: 져므(← 져믈다: 저물다, 暮)- + -ᄃᆞ록(-도록: 연어, 도달)

13) 새ᄃᆞ록: 새(새다, 날이 밝다, 明)- + -ᄃᆞ록(연어, 도달)

14) 구짓다니: 구짓(← 구짖다: 꾸짖다, 叱)- + -다(← -더-: 회상)- + -∅(← -오-: 화자)- + -니(연어, 설명 계속)

15) 疑悔: 의회. 의심(疑心)과 후회(後悔)이다.

16) 그처: 긏(끊다, 斷)- + -어(연어)

17) ᄇᆞ려: ᄇᆞ리(버리다: 보용, 완료)- + -어(연어)

18) 뉘으츨 씨라: 뉘읓(후회하다, 悔)- + -을(관전) # ㅆ(← ᄉᆞ: 것, 의명) + -이(서조)- + -∅(현시)- + -라(← -다: 평종)

19) ᄠᅳᆮ괘: ᄠᅳᆮ(뜻, 意) + -과(접조) + -ㅣ(← -이: 주조)

20) 훤히: [훤히, 훤하게(부사): 훤(훤: 불어) + -ㅎ(← -ᄒᆞ-: 형접)- + -이(부접)]

21) 得호니: 得ㅎ[← 得ᄒᆞ다: 得(득: 불어) + -ᄒᆞ(동접)-]- + -오(화자)- + -니(연어, 설명 계속)

22) 오ᄂᆞᆳ날ᅀᅡ: 오ᄂᆞᆳ날[오늘, 今日: 오ᄂᆞᆯ(오늘, 今日) + 날(날, 日)] + -ᅀᅡ(-이야말로: 한정 강조)

23) 아ᄃᆞ리라: 아ᄃᆞᆯ(아들, 子) + -이(서조)- + -∅(현시)- + -라(← -다: 평종) ※ '오ᄂᆞᆳ날ᅀᅡ 眞實ㅅ 부텻 아ᄃᆞ리라'는 '오늘날에야 진실로 부처의 아들이다.'로 의역하여 옮긴다.

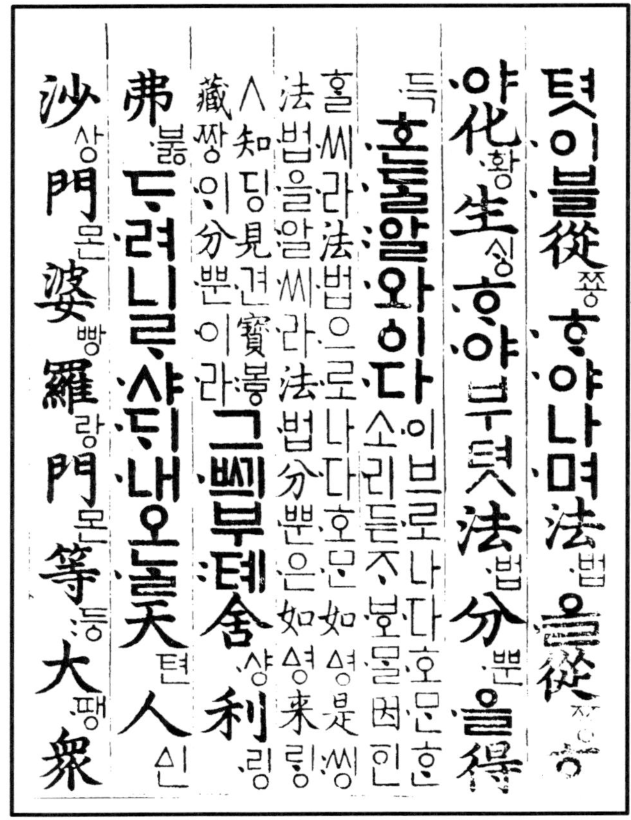

텨 이블 從쭁ᄒᆞ야 나며 法법을 從쭁ᄒᆞ야 化황生싱ᄒᆞ야 부텻 法법分뿐을 得득ᄒᆞᆫ ᄃᆞᆯ 알와이다 이브로 나다 ᄒᆞ논 ᄒᆞᆫ 소리 듣ᄌᆞᄫᆞ몰 因인ᄒᆞᆯ 씨라 法법으로 나다 ᄒᆞ논 如영是씽法법을 알 씨라 法법分뿐은 如영來링ㅅ 知딩見견 寶봉藏짱ㅅ 分뿐이라 그ᄢᅴ 부텨 舍샹利링弗붏ᄃᆞ려 니ᄅᆞ샤ᄃᆡ 내 오ᄂᆞᆯ 天텬人신 沙상門몬 婆빵羅랑門몬 等등 大땡衆

입을 從(종)하여 나며 法(법)을 從(종)하여 化生(화생)하여 부처의 法分(법분)을 得(득)한 것을 알았습니다. 【'입으로 났다.'고 한 것은 (부처로부터) 한 소리를 들은 것을 因(인)하는 것이다. '法(법)으로 났다.'고 한 것은 如是法(여시법)을 아는 것이다. 法分(법분)은 如來(여래)의 知見(지견)·寶藏(보장)의 分(분)이다.】 그때에 부처가 舍利弗(사리불)더러 이르시되, "내가 오늘 天人(천인)·沙門(사문)·婆羅門(바라문) 等(등)의 大衆(대중)

이블 從쭁ᄒᆞ야 나며 法법을 從쭁ᄒᆞ야 化황生싱[24]ᄒᆞ야 부텻 法법分뿐[25]을 得득ᄒᆞᆫ ᄃᆞᆯ 알와이다[26]【이ᄇᆞ로 나다 호ᄆᆞᆫ ᄒᆞᆫ 소리 듣ᄌᆞᄫᆞᆯ 因인ᄒᆞᆯ[27] 씨라 法법으로 나다 호ᄆᆞᆫ 如셩是씽法법[28]을 알 씨라 法법分뿐은 如셩來링ㅅ 知딩見견[29] 寶볼藏짱[30]ᄋᆡ 分뿐[31]이라】 그 ᄢᅴ 부톄 舍샹利링弗붏ᄃᆞ려[32] 니ᄅᆞ샤ᄃᆡ[33] 내 오ᄂᆞᆯ 天텬人신[34] 沙상門몬[35] 婆빵羅랑門몬[36] 等등 大땡衆즁[37]

---

24) 化生: 화생. 사생(四生)의 하나로서, 변태(變態)를 통해서 태어나는 것이다. 다른 물건에 기생하지 않고 스스로 업력에 의하여 갑자기 화성(化成)하는 생물이다.

25) 法分: 법분. 부처가 남긴 가르침이다.

26) 알와이다: 알(알다, 깨닫다, 證)- + -Ø(과시)- + -와(← -과- ← -아-: 확인)- + -Ø(← -오-: 화자)- + -이(상높, 아높)- + 다(평종) ※ '-과-/-와-'는 주어가 화자일 때에 실현되는 확인 표현의 선어말 어미인 '-거-/-아-'의 변이 형태이다.

27) 因ᄒᆞᆯ: 因ᄒᆞ[인하다(말미암다): 因(인: 불어) + -ᄒᆞ(동접)-]- + -ㄹ(관전)

28) 如是法: 여시법. 온갖 사물(현상)의 있는 있는 그대로의 참모습을 설명하는 법(法)이다.

29) 知見: 지견. 지식과 견문을 아울러 이르는 말이다.

30) 寶藏: 보장. 부처의 미묘한 교법을 보배 창고에 비유하여 이르는 말이다.

31) 分: 분. 역할이다.

32) 舍利弗ᄃᆞ려: 舍利弗(사리불) + -ᄃᆞ려(-더러, -에게: 부조, 상대)

33) 니ᄅᆞ샤ᄃᆡ: 니ᄅᆞ(이르다, 曰)- + -샤(← -시-: 주높)- + -ᄃᆡ(← -오ᄃᆡ: -되, 연어, 설명 계속)

34) 天人: 천인. 천신(天神)과 사람(人)이다.

35) 沙門: 사문. 부지런히 모든 좋은 일을 닦고 나쁜 일을 일으키지 않는다는 뜻으로, 불문에 들어가서 도를 닦는 사람(중, 僧)을 이르는 말이다.

36) 婆羅門: 바라문. '브라만(Brahman)'의 음역어이다. 인도 카스트 제도에서 가장 높은 지위인 승려 계급을 이른다.

37) 大衆: 대중. 많이 모인 승려, 또는 비구·비구니·우바새·우바니를 통틀어 이르는 말이다.

즁中듕에 니르ᄂᆞ니 내 녜 二ᅀᅵᆼ萬먼億
ᅙᅳᆨ 부텨ᄭᅴ 無뭉上쌍道똫ᄅᆞᆯ 爲윙ᄒᆞᆫ
젼ᄎᆞ로 샹녜 너를 教공化황ᄒᆞ며 너도
長땽夜양애 나ᄅᆞᆯ 조차 비호거든 내 方
방便뼌으로 너를 引인導똫ᄒᆞᆯᄊᆡ 내 法
법中듕에 나 잇ᄂᆞ니 長땽夜양애 조차 비호다 ᄒᆞ샤ᄆᆞᆫ 正
졍智딩 ᄇᆞᆰ디 몯ᄒᆞᆫ ᄆᆞᆯ 니ᄅᆞ시니라 舍샹利링弗붏아 내

中(중)에 이르나니, 내가 옛날에 二萬億(이만억)의 부처께 無上道(무상도)를 爲(위)하는 까닭으로, 항상 너를 教化(교화)하며 너도 長夜(장야)에 나를 좇아 배우는데, 내가 方便(방편)으로 너를 引導(인도)하므로 (네가) 나의 法中(법중)에 나 있나니【'長夜(장야)에 좇아 배웠다.'라고 하신 것은 正智(정지)가 밝지 못한 것을 이르셨니라.】, 舍利弗(사리불)아 내가

[5뒤]

中듕에 니르노니[38] 내 녜 二ᅀᅵᆼ萬먼億흑 부텨씌 無뭉上썅道똫[39]ᄅᆞᆯ 爲윙ᄒᆞ논 젼ᄎᆞ로[40] 샹녜[41] 너를 教ᄀᆞᇢ化황ᄒᆞ며 너도 長땽夜양애 나ᄅᆞᆯ 조차[42] ᄇᆡ호거든[43] 내 方방便뼌으로 너를 引인導똫ᄒᆞᆯᄊᆡ 내[44] 法법中듕에 나앳ᄂᆞ니[45]【長땽夜양애 조차 ᄇᆡ호다 ᄒᆞ샤ᄆᆞᆫ 正졍智딩[46] ᄇᆞᆰ디 몯호ᄆᆞᆯ 니ᄅᆞ시니라[47]】 舍샹利링弗붏아 내

---

38) 니르노니: 니르(이르다, 曰)- + -ㄴ(← -ᄂᆞ-: 현시)- + -오(화자)- + -니(연어, 설명 계속)

39) 無上道: 무상도. 그 이상의 위가 없는 불타(佛陀) 정각(正覺)의 지혜(智慧)이다.

40) 젼ᄎᆞ로: 젼ᄎᆞ(까닭, 이유, 由: 명사) + -로(부조, 방편)

41) 샹녜: 늘, 항상, 恒(부사)

42) 조차: 좇(좇다, 따르다, 隨)- + -아(연어)

43) ᄇᆡ호거든: ᄇᆡ호[배우다, 學: ᄇᆡᆼ(버릇이 되다, 습관이 되다, 習)- + -오(사접)-]- + -거든(-는데: 연어, 설명 계속)

44) 내: 나(나, 我: 인대, 정칭) + -ㅣ(← -ᄋᆡ: 관조)

45) 나앳ᄂᆞ니: 나(나다, 出)- + -아(연어) + 잇(← 이시다: 보용, 완료 지속)- + -ᄂᆞ(현시)- + -니(연어, 설명 계속)

46) 正智: 正智(정지) + -Ø(← -이: 주조) ※ '正智(정지)'는 진리를 보는 바른 지혜이다.

47) 니ᄅᆞ시니라: 니ᄅᆞ(이르다, 曰)- + -시(주높)- + -Ø(과시)- + -니(원칙)- + -라(← -다: 평종)

[6앞]

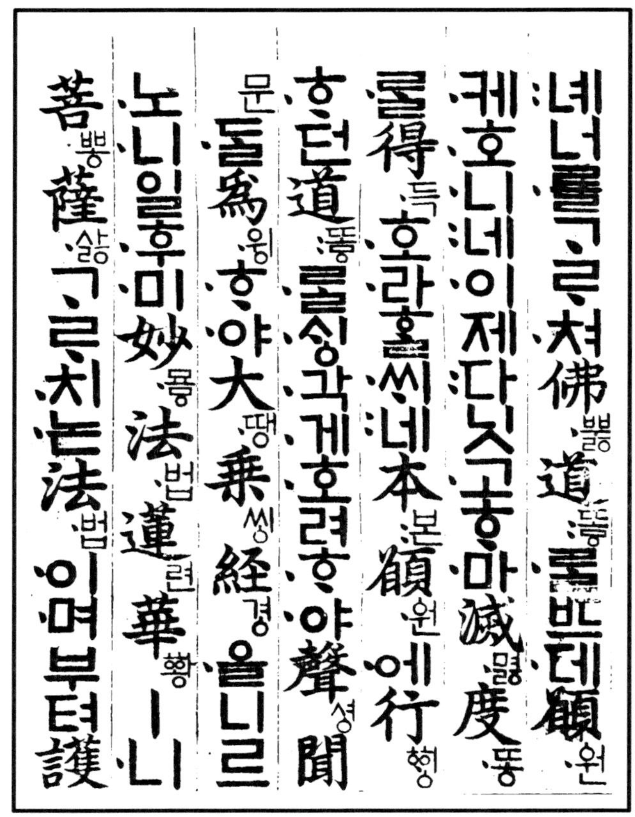

녜 너를 ᄀᆞᄅᆞ쳐 佛뿛道뚷ᄅᆞᆯ ᄠᅳ데 願원
케 ᄒᆞ니 네 이제 다 닛고 ᄒᆞ마 滅멿度똥
ᄅᆞᆯ 得득ᄒᆞ라 ᄒᆞᆯᄊᆡ 네 本본願원에 行ᅘᆡᆼ
ᄒᆞ던 道뚷ᄅᆞᆯ ᄉᆡᇰ각게 ᄒᆞ려 ᄒᆞ야 聲셩聞
문돌 爲윙ᄒᆞ야 大땡乘씽經경을 니르
노니 일후미 妙묳法법蓮련華황ㅣ니
菩뽕薩삻 ᄀᆞᄅᆞ치ᄂᆞᆫ 法법이며 부텨 護

옛날에 너를 가르쳐 (네가) 佛道(불도)를 (너의) 뜻에 願(원)하게 하니, 네가 이제 다 잊고 "이미 滅度(멸도)를 得(득)하였다."고 하므로, 네가 本願(본원)에 行(행)하던 道(도)를 생각하게 하려 하여, (내가) 聲聞(성문)들을 爲(위)하여 大乘經(대승경)을 이르니 (그) 이름이 妙法蓮華(묘법연화)이니, (이는) 菩薩(보살)을 가르치는 法(법)이며 부처가 護念(호념)하는 녜[48] 너를 ᄀᆞᄅᆞ쳐 佛ᄲᅮᇙ道또ᇢᄅᆞᆯ ᄠᅳ데[49] 願원케[50] 호니[51] 네 이제 다 닛고[52] ᄒᆞ마 滅며ᇙ度똥[53]ᄅᆞᆯ 得득호라[54] ᄒᆞᆯᄊᆡ 네 本본願원[55]에 行ᅘᆡᇰᄒᆞ던 道또ᇢᄅᆞᆯ ᄉᆡᇰ각게[56] 호려[57] ᄒᆞ야 聲셩聞문ᄃᆞᆯ[58] 爲윙ᄒᆞ야 大땡乘씨ᇰ經경[59]을 니르노니[60] 일후미[61] 妙묘ᇢ法법蓮련華ᅘᅪᆼㅣ니 菩ᄫᅩᆼ薩사ᇙ ᄀᆞᄅᆞ치논[62] 法법이며 부텨 護ᅘᅩᆼ念념ᄒᆞ논[63]

---

48) 녜: 옛날, 昔.

49) ᄠᅳ데: ᄠᅳᆮ(뜻, 意) + -에(부조, 위치)

50) 願케: 願ㅎ[원하다, 바라다: 願(원: 불어) + -ᄒᆞ(동접)-]- + -게(연어, 사동)

51) 호니: ㅎ(← ᄒᆞ다: 보용, 사동)- + -오(화자)- + -니(연어, 설명 계속)

52) 닛고: 닛(← 닞다: 잊다, 忘)- + -고(연어, 계기)

53) 滅度: 멸도. 모든 번뇌를 남김없이 소멸한 열반, 또는 그 경지이다.

54) 得호라: 得ㅎ[← 得ᄒᆞ다(득하다, 얻다): 得(득: 불어) + -ᄒᆞ(동접)-]- + -Ø(과시)- + -오(화자)- + -라(← -다: 평종)

55) 本願: 본원. 부처님이 성불하기 전에, 곧 보살행을 닦을 때에 발한 서원을 본원(本願)이라고 한다. 본원에는 총원(總願)과 별원(別願)이 있다.

56) ᄉᆡᇰ각게: ᄉᆡᇰ각[← ᄉᆡᇰ각ᄒᆞ다(생각하다, 思): ᄉᆡᇰ각(생각) + -ᄒᆞ(동접)-]- + -게(연어, 사동)

57) 호려: ㅎ(← ᄒᆞ다: 하다, 보용, 사동)- + -오려(-으려: 연어, 의도)

58) 聲聞ᄃᆞᆯ: 聲聞ᄃᆞᆯ[← 聲聞ᄃᆞᆯㅎ(성문들); 聲聞(성문) + -ᄃᆞᆯㅎ(-들: 복접)] ※ 聲聞(성문)은 설법을 듣고 사제(四諦)의 이치를 깨달아 아라한(阿羅漢)이 되고자 하는 불제자이다.

59) 大乘經: 대승경. 대승(大乘)의 교법(敎法)을 해설한 다섯 가지의 불경(佛經)이다. 곧 '화엄경(華嚴經)·범망경(梵網經)·반야경(般若經)·법화경(法華經)·유마경(維摩經)'이다.

60) 니르노니: 니르(이르다, 說)- + -ㄴ(← -ᄂᆞ-: 현시)- + -오(화자)- + -니(연어, 설명 계속)

61) 일후미: 일훔(이름, 名) + -이(주조)

62) ᄀᆞᄅᆞ치논: ᄀᆞᄅᆞ치(가르치다, 敎)- + -ㄴ(← -ᄂᆞ-: 현시)- + -오(대상)- + -ㄴ(관전)

63) 護念ᄒᆞ논: 護念ㅎ[← 護念ᄒᆞ(호념하다): 護念(호념) + -ㅎ(← -ᄒᆞ-: 동접)-]- + -ㄴ(← -ᄂᆞ-: 현시)- + -오(대상)- + -ㄴ(관전) ※ '護念(호념)'은 불보살이 선행을 닦는 중생을 늘 잊지 않고 보살펴 주는 일이다.

[6뒤]

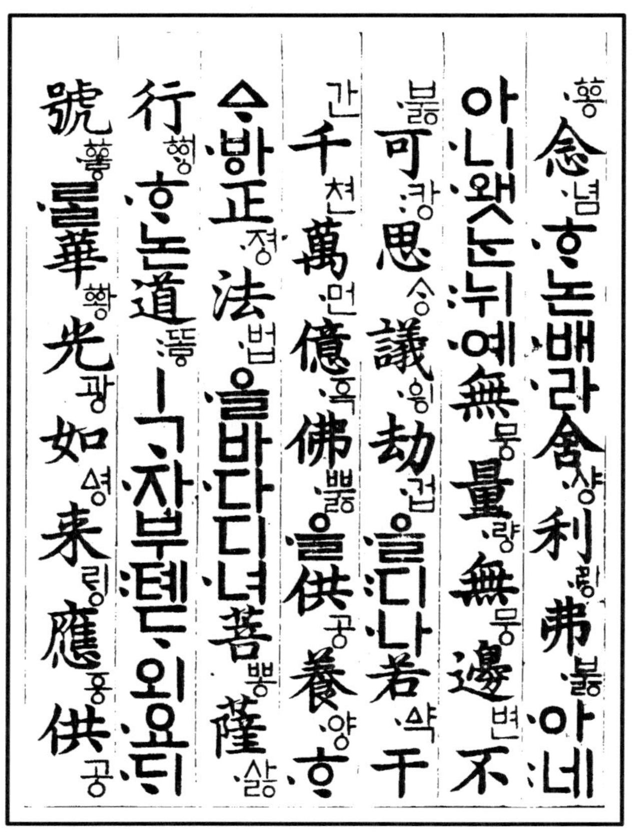

홇念념ᄒᆞ논 배라 舍샹利링弗붏아 네 아니 왯논 뉘예 無뭉量량無뭉邊변不붏可캉思송議읭劫겁을 디나 若샥干간千쳔萬먼億흑佛뿛을 供공養양ᄒᆞᅀᆞ방 正졍法법을 바다 디녀 菩뽕薩삻行ᅘᆡᆼᄒᆞ논 道똫ㅣ ᄀᆞ자 부텨 ᄃᆞ외요ᄃᆡ 號홓ㄹᆞᆯ 華ᅘᆓᆼ光광如ᅀᅧᆼ來ᄅᆡᆼ應ᅙᅳᆼ供공

바이다. 舍利弗(사리불)아, 네가 아니 와 있는 세상에 無量無邊(무량무변)하고 不可思議(불가사의)한 劫(겁)을 지나, 대략(若干) 千萬億(천만억)의 佛(불)을 供養(공양)하여 正法(정법)을 받아 지녀서 菩薩(보살)이 行(행)하는 道(도)가 갖추어져 있어, 부처가 되되 號(호)를 華光如來(화광여래) · 應供(응공) ·

[6 뒤]

배라[64] 舍샹利링弗붏아 네 아니 왯ᄂᆞᆫ[65] 뉘예[66] 無뭉量량無뭉邊변[67] 不붏可캉思ᄉᆞᆼ議읭[68] 劫겁[69]을 디나 若약干간[70] 千쳔萬먼億흑 佛뿛을 供공養양ᄒᆞᅀᆞᄫᅡ[71] 正졍法법을 바다 디녀[72] 菩뽕薩삻 行ᅘᆡᇰᄒᆞ논[73] 道똫ㅣ ᄀᆞ자[74] 부톄 ᄃᆞ외요ᄃᆡ[75] 號흫ᄅᆞᆯ 華황光광如셩來링[76] 應흥供공[77]

64) 배라: 바(바, 所: 의명) + -ㅣ(← -이-: 서조)- + -Ø(현시)- + -라(← -다: 평종)

65) 왯ᄂᆞᆫ: 오(오다, 來)- + -아(연어) + 잇(← 이시다: 있다, 보용, 완료 지속)- + -ᄂᆞ(현시)- + -ㄴ(관전) ※ '왯ᄂᆞᆫ'은 '와 잇ᄂᆞᆫ'이 축약된 형태이다.

66) 뉘예: 뉘(누리, 세상, 世) + -예(← -에: 부조, 위치) ※ '아니 왯ᄂᆞᆫ 뉘'는 '전세(前世)'이다.

67) 無量無邊: 무량무변. 헤아릴 수 없고 끝도 없이 많음을 이르는 말이다.

68) 不可思議: 불가사의. 사람의 생각으로는 미루어 헤아릴 수 없이 매우 많음을 나타낸다.

69) 劫: 겁. 천지가 한번 개벽한 뒤부터 다음 개벽할 때까지의 기간을 말한다.

70) 若干: 약간. 대략(부사) ※ '若干'은 '얼마쯤'의 뜻으로 쓰인 부사인데, 여기서는 '대략'으로 의역하여 옮긴다.

71) 供養ᄒᆞᅀᆞᄫᅡ: 供養ᄒᆞ[공양하다: 供養(공양: 명사) + -ᄒᆞ(동접)-]- + -ᅀᆞᇦ(← -ᄉᆞᆸ-: 객높)- + -아(연어)

72) 디녀: 디니(지니다, 持)- + -어(연어)

73) 行ᄒᆞ논: 行ᄒᆞ[행하다: 行(행: 불어) + -ᄒᆞ(동접)-]- + -ㄴ(← -ᄂᆞ-) + -오(대상)- + -ㄴ(관전)

74) ᄀᆞ자: ᄀᆞᆽ(갖추어져 있다, 具: 형사)- + -아(연어)

75) ᄃᆞ외요ᄃᆡ: ᄃᆞ외(되다, 爲)- + -요ᄃᆡ(← -오ᄃᆡ: -되, 설명 계속)

76) 華光如來: 화광여래. '여래(如來)'는 십호의 하나이다. 진리로부터 진리를 따라서 온 사람이라는 뜻으로 '부처'를 달리 이르는 말이다.

77) 應供: 응공. 여래 십호(如來十號)의 하나이다. 온갖 번뇌를 끊어서 인간, 천상의 모든 중생으로부터 공양을 받을 만한 사람이라는 뜻이다.

正졍遍변知딩明명行ᅘᆡᆼ足죡善쎤逝
쎙世솅間간解갱無뭉上썅士ᄊᆞᆼ調뚱
御ᅌᅥᆼ丈땽夫붕天텬人ᅀᅵᆫ師ᄉᆞᆼ佛뿛世
솅尊존이라ᄒᆞ리니 ᄒᆞ마 妙묳法법을
아라 佛뿛道또ᇢ를
일우릴ᄊᆡ 記긩를 得득ᄒᆞ야 부톄 ᄃᆞ외
니라 授쓩記긩文문ᄃᆞᆯ히 다 두 가지니
처ᅀᅥᆷ은 부텨 供공養양ᄒᆞᅀᆞᄫᅧ 道또ᇢ
理링 行ᅘᆡᆼᄒᆞ미니 因ᅙᅵᆫ記긩오 버건 十
씹號ᅘᅡᇢ와 劫겁과 國귁괘니 果광記긩
라 이어긔 大땡因ᅙᅵᆫ 大땡果광ᄅᆞᆯ 記긩

正偏知(정변지) · 明行足(명행족) · 善逝(선서) · 世間解(세간해) · 無上士(무상사) · 調御丈夫(조어장부) · 天人師(천인사) · 佛世尊(불세존)이라고 하겠으니【 이미 妙法(묘법)을 알아 佛道(불도)를 이루겠으므로, 記(기)를 得(득)하여 부처가 되었니라. 授記文(수기문)들이 다 두 가지이니, 처음은 부처를 供養(공양)하며 道理(도리)를 行(행)하는 것이니 因記(인기)이고, 다음으로는 十號(십호)와 劫(겁)과 國(국)이니 果記(과기)이다. 여기에 大因(대인)과 大果(대과)를 記(기)하시어

正정偏변知딩[78] 明명行행足죡[79] 善썬逝쎙[80] 世셍間간解행[81] 無뭉上썅士쑹[82] 調똘御엉丈땽夫붕[83] 天텬人신師숭[84] 佛뿛世솅尊존[85]이라 ᄒᆞ리니【ᄒᆞ마 妙묠法법을 아라 佛뿛道똫ᄅᆞᆯ 일우릴ᄊᆡ[86] 記긩[87]ᄅᆞᆯ 得득ᄒᆞ야 부톄 ᄃᆞ외니라 授쓯記긩文문ᄃᆞᆯ히[88] 다 두 가지니 처ᅀᅥ믄[89] 부텨 供공養양ᄒᆞᅀᆞᄫᆞ며[90] 道똫理링 行ᅘᆡᇰ호미니 因인記긩오[91] 버건[92] 十씹號ᅘᅩᇢ[93]와 劫겁과 國귁괘니 果광記긩[94]라 이어긔[95] 大땡因인 大땡果광ᄅᆞᆯ 記긩ᄒᆞ샤

---

78) 正偏知: 정변지. 여래 십호(如來十號)의 하나이다. 온 세상의 모든 일을 모르는 것 없이 바로 안다는 뜻으로, '부처'를 달리 이르는 말이다.

79) 明行足: 명행족. 삼명(三明)의 신통한 지혜와 육도만행(六度萬行)을 갖추었다는 뜻이다.

80) 善逝: 선서. 잘 가신 분이라는 뜻이다. 피안(彼岸)에 가서 다시는 이 세상에 돌아오지 않는다고 하여 이렇게 이른다.

81) 世間解: 세간해. 세상의 모든 것을 안다는 뜻으로, '부처'를 달리 이르는 말이다.

82) 無上士: 무상사. 부처는 정(情)을 가진 존재 가운데 가장 높아서 그 위가 없는 대사라는 뜻이다.

83) 調御丈夫: 조어장부. 중생을 잘 이끌어 가르치는 사람이라는 뜻이다.이다.

84) 天人師: 천인사. 하늘과 인간 세상의 모든 중생들의 스승이라는 뜻이다.

85) 佛世尊: 불세존. 여래 십호(如來十號)의 하나. 세상에서 가장 존귀하다는 뜻으로, '부처'를 달리 이르는 말이다.

86) 일우릴ᄊᆡ: 일우[이루다, 成: 일(이루어지다, 成: 자동)- + -우(사접)-]- + -리(미시)- + -ㄹᄊᆡ(-므로: 연어, 이유)

87) 記: 기. 수기(受記)이다. 부처로부터 내생에 부처가 되리라고 하는 예언을 받는 것이다.

88) 授記文ᄃᆞᆯ히: 授記文ᄃᆞᆶ[수기문들: 授記文(수기문) + -ᄃᆞᆶ(-들: 복접)] + -이(주조)

89) 처ᅀᅥ믄: 처ᅀᅥᆷ[처음, 初: 첫(← 첫: 관사) + -엄(명접)] + -은(주조)

90) 供養ᄒᆞᅀᆞᄫᆞ며: 供養ᄒᆞ[공양하다: 供養(공양: 명사) + -ᄒᆞ(동접)-]- + -ᅀᆞᇦ(← -ᅀᆞᆸ-: 객높)- + -ᄋᆞ며(연어, 나열)

91) 因記오: 因記(인기) + -∅(← -이-: 서조)- + -오(← -고: 연어, 나열) ※ '因記(인기)'는 수기를 받게 되는 동기이다.

92) 버건: 벅(다음가다, 此)- + -어(연어) + -ㄴ(← -는: 보조사, 주제) ※ '버건'는 '다음으로는'으로 의역하여 옮긴다.

93) 十號: 십호. 부처님의 열 가지 이름. 불타(佛陀)의 위덕이 무한하기 때문에 그에 따른 칭호도 무량(無量)해야 할 것이므로 열 가지로 불타의 무량공덕(無量功德)을 호칭해 온 것이 십호이다.

94) 果記: 과기. 수기의 결과이다.

95) 이어긔: 여기, 여기에, 此處(지대, 지시, 정칭)

ᄒᆞ샤 小ᄉᆖᇢ乘ᄊᆼ을 나ᅀᅩ시니라 號ᅘᅩᇢ를
華ᅘᅪᇰ光광이라 호ᄆᆞᆫ 華ᅘᅪᇰᄂᆞᆫ 因ᅙᅵᆫ行ᅘᆡᆼ
을 表ᄇᆖᇢᄒᆞ고 光광ᄋᆞᆫ 能ᄂᆞᆼ히 發ᄇᆞᇙ明명
ᄒᆞᄂᆞ니 ᄆᆞᆺ 처ᅀᅥᆷ 領령悟ᅌᅩᆼᄒᆞ야 이 道ᄐᆖᇢ
를 發ᄇᆞᇙ明명
ᄒᆞᆯ 씨니라
領령ᄋᆞᆫ 바ᄃᆞᆯ 씨니 領령悟ᅌᅩᆼᄂᆞᆫ 아다 ᄒᆞᆫ
마리라 發ᄇᆞᇙ明명ᄋᆞᆫ ᄇᆞᆯᄀᆞᆯ 낼 씨라
ᄒᆞ마 佛뿛記긩를 受쓯ᄒᆞᅀᆞ보ᄃᆡ ᄉᆞᆫ지
한 劫겁 디낸 後ᅘᆖᇢ에ᅀᅡ 果광得득호ᄆᆞᆫ
成쎵佛뿛호ᄆᆞᆫ 智딩를 븓고 果광得득
호ᄆᆞᆫ 行ᅘᆡᆼ을 븓ᄂᆞ니 小ᄉᆖᇢ乘ᄊᆼ이 비록
實씷智딩를 알오도 큰 行ᅘᆡᆼ을 닷디 몯
ᄒᆞ니 이를 니ᄅᆞᆫ 素송法법身신佛뿛이니

小乘(소승)으로 나아가게 하셨니라. 號(호)를 華光(화광)이라고 한 것은 華(화)는 因行(인행)을 表(표)하고 光(광)은 能(능)히 發明(발명)하나니, 제일 처음 領悟(영오)하여 이 道(도)를 發明(발명)하기 때문이니라.

領(영)은 받는 것이니, 領悟(영오)는 '알았다'고 한 말이다. 發明(발명)은 밝음을 내는 것이다.

이미 佛記(불기)를 受(수)하되 오히려 많은 劫(겁)를 지낸 後(후)에야 果(과)를 得(득)한 것은, 成佛(성불)함은 智(지)를 의지하고 果(과)를 得(득)함은 行(행)을 의지하나니, 小乘(소승)이 비록 實智(실지)를 알고도 큰 行(행)을 닦지 못하니, 이를 이른 것이 素法身佛(소법신불)이다.

小숗乘씽[96]을 나소시니라[97] 號ᅘᅩᇢ를 華ᅘᅪᆼ光광이라 호ᄆᆞᆫ 華ᅘᅪᆼᄂᆞᆫ 因인行ᅘᆡᆼ[98]ᄋᆞᆯ 表뵬ᄒᆞ고 光광ᄋᆞᆫ 能능히 發벓明명ᄒᆞᄂᆞ니[99] 믓 처섬 領령悟ᅌᅩᆼ[1]ᄒᆞ야 이 道ᄠᅩᇢ를 發벓明명ᄒᆞᆯᄊᆡ니라[2]

領령은 바ᄃᆞᆯ 씨니[3] 領령悟ᅌᅩᆼᄂᆞᆫ 아다[4] ᄒᆞᆫ 마리라 發벓明명은 ᄇᆞᆯ고ᄆᆞᆯ[5] 낼 씨라 ᄒᆞ마 佛뿛記긩[6]를 受쓯ᄒᆞᅀᆞᆸ보ᄃᆡ ᄉᆞᆫ지[7] 한 劫겁 디낸 後ᅘᅮᇢ에ᅀᅡ 果광 得득호ᄆᆞᆫ 成쎵佛뿛호ᄆᆞᆫ 智딩를 브고 果광 得득호ᄆᆞᆫ 行ᅘᆡᆼᄋᆞᆯ 브ᄂᆞ니 小숗乘씽이 비록 實씷智딩[8]를 알오도 큰 行ᅘᆡᆼᄋᆞᆯ 닷디[9] 몯ᄒᆞ니 이를 닐온[10] 素송法법身신佛뿛[11]이라

---

96) 小乘: 소승. 수행을 통한 개인의 해탈을 가르치는 교법이다. 석가모니가 죽은 지 약 100년 뒤부터 시작하여 수백 년간 지속된 교법으로 성문승(聲聞乘)과 연각승(緣覺乘)이 있다. 소극적이고 개인적인 열반만을 중시한 나머지, 자유스럽고 생명력이 넘치는 참된 인간성의 구현을 소홀히 하는 데에 반발하여 대승이 일어났다.

97) 나소시니라: 나소[나아가게 하다, 進: 나ᇫ(← 낫다, ㅅ불: 나아가다, 進, 자동)- + -오(사접)-]- + -시(주높)- + -Ø(과시)- + -니(원칙)- + -라(← -다: 평종)

98) 因行: 인행. 수행에 방해가 되는 외부의 요인에 흔들리지 아니하고 오롯이 수행정진하는 것이다.

99) 發明ᄒᆞᄂᆞ니: 發明ᄒᆞ[발명하다: 發明(발명) + -ᄒᆞ(동접)-]- + -ᄂᆞ(현시)- + -니(연어, 설명 계속) ※ '發明(발명)'은 드러내어서 밝히는 것이다.

1) 領悟: 영오. 깨달아서 이해하는 것이다.

2) 發明ᄒᆞᆯᄊᆡ니라: 發明ᄒᆞ[발명하다: 發明(발명) + -ᄒᆞ(동접)-]- + -ㄹᄊᆡ(-므로: 연어, 이유) + -Ø(← -이-: 서조)- + -Ø(현시)- + -니(원칙)- + -라(← -다: 평종)

3) 지ᅀᅳᆯ 씨니: 지ᇫ(← 짓다, ㅅ불: 짓다, 製)- + -을(관전) + # ᄊᆞ(← ᄉᆞ: 것, 의명) + -이(서조)- + -니(연어, 설명의 계속)

4) 아다: 아(← 알다: 알다, 知)- + -Ø(과시)- + -다(평종)

5) ᄇᆞᆯ고ᄆᆞᆯ: ᄇᆞᆰ(밝다, 明)- + -옴(명전) + -ᄋᆞᆯ(목조)

6) 佛記: 불기. 석가모니의 예언을 적은 글이다.

7) ᄉᆞᆫ지: 오히려, 猶(부사)

8) 實智: 실지. 모든 존재의 있는 그대로의 진실한 모습을 밝게 아는 지혜이다.

9) 닷디: 닷(← 닭다: 닦다, 修)- + -디(-지: 연어, 부정)

10) 닐온: 닐(← 니ᄅᆞ다: 이르다, 說)- + -Ø(과시)- + -오(대상)- + -ㄴ(관전, 명사적 용법) ※ '닐온' 관형사형 전성 어미의 명사적 용법으로 쓰였으므로, '이른 것이'로 의역하여 옮긴다.

11) 素法身佛: 소법신불. 천연의 불성을 갖추었을 뿐이고 조그마한 해행(解行)도 없는 부처이다. ※ '해행(解行)'은 불교(佛敎)의 진리(眞理)를 연구(硏究)하여 이를 실천(實踐) · 수행(修行)하는 것이다.

라莊장嚴엄
이업슬씨
素송ᄂᆞᆫ
ᄒᆡᆯ씨라
모로매劫겁을디내야부텨供공養양
ᄒᆞᅀᆞᄫᆞ며菩뽕薩삻道똥行ᅘᆡᆼᄒᆞ야큰
ᄆᆞᅀᆞᄆᆞᆯ너펴萬먼德득을일우옳디니
萬먼德득이ᄀᆞᆺ자사十씹號ᅘᆞᇢᄀᆞᆺᄌᆞ신
부텨ᄃᆞ외시ᄂᆞ니自ᄍᆞᆼ性셩天텬眞진
佛뿛의가ᄌᆞᆯ비ᅀᆞᆸ디아니라頓돈教
공론無뭉量량不붏思ᄉᆞ議ᅌᅴᆼ劫겁디
나다ᄒᆞ논바ᄅᆞ正졍智딩無뭉明명을
다그처ᄇᆞ려種죵智딩다두려ᄇᆞ면無
뭉邊변劫겁엣迷몡惑획이一읧時씽

莊嚴(장엄)이 없으므로

素(소)는 흰 것이다.

모름지기 劫(겁)을 지내어 부처를 供養(공양)하며 菩薩道(보살도)를 行(행)하여, 큰 마음을 넓히어 萬德(만덕)을 이룰 것이니, 萬德(만덕)이 갖추어져야 十號(십호)가 갖추어지신 부처가 되시나니, 自性天(자성천)의 眞佛(진불)에 비교할 것이 아니다. 頓教(돈교)로는 無量(무량)한 不思議(불사의)의 劫(겁)을 지났다고 하는 것은, 바로 正智(정지)와 無明(무명)을 다 끊어 버려 種智(종지)가 다 원만하면, 無邊(무변)의 劫(겁) 동안에 있은 迷惑(미혹)이 一時(일시)에

莊장嚴엄[12]이 업슬씨

素송ᄂᆞᆫ 힐 씨라

모로매 劫겁을 디내야 부텨 供공養양ᄒᆞᅀᆞᄫᆞ며 菩뽕薩삻道또ᇙ[13] 行ᅘᅵᆼᄒᆞ야 큰 ᄆᆞᅀᆞ믈 너펴[14] 萬먼德득을 일우오ᇙ[15] 디니[16] 萬먼德득이 ᄀᆞ자ᅀᅡ[17] 十씹號ᅘᅩᇢ ᄀᆞᄌᆞ신 부톄 ᄃᆞ외시ᄂᆞ니 自ᄍᆼ性셩天텬[18] 眞진佛뿛의 가ᄌᆞᆯ비ᅀᆞᄫᆞᇙ[19] 디[20] 아니라 頓돈敎ᄀᆞᇢ론[21] 無뭉量량不붏思ᄉᆞᆼ議ᅌᅴᆼ 劫겁 디나다[22] ᄒᆞ몬 바ᄅᆞ[23] 正졍智딩[24] 無뭉明명[25]을 다 그처[26] ᄇᆞ려 種죵智딩[27] 다 두려ᄫᅳ면[28] 無뭉邊변 劫겁엣[29] 迷몡惑ᅘᅬᆨ[30]이 一ᅙᅵᇙ時씽예

---

12) 莊嚴: 장엄. ① 좋고 아름다운 것으로 국토를 꾸미고, 훌륭한 공덕을 쌓아 몸을 장식하고, 향이나 꽃 따위를 부처에게 올려 장식하는 일이다. ② 악한 것으로부터 몸을 삼가는 일이다.

13) 菩薩道: 보살도. 보살이 닦는 수행. 위로는 깨달음을 구하고, 아래로는 중생을 교화하는 보살의 수행이다.

14) 너펴: 너피[넓히다, 廣: 넙(넓다, 廣: 형사)-+-히(사접)-]-+-어(연어)

15) 일우옳: 일우[이루다, 成: 일(이루어지다, 成: 자동)-+-우(사접)-]-+-오(대상)-+-ᇙ(관전)

16) 디니: ᄃᆞ(←ᄃᆞ: 것, 의명)+-이(서조)-+-니(연어, 설명 계속)

17) ᄀᆞ자ᅀᅡ: ᄀᆞᆽ(갖추어져 있다, 具)-+-아ᅀᅡ(-아야: 연어, 필연적 조건)

18) 自性天: 자성천. 하늘(天)의 이름이다.

19) 가ᄌᆞᆯ비ᅀᆞᄫᆞᇙ: 가ᄌᆞᆯ비(비교하다, 비유하다, 比)-+-ᅀᆞᇦ(←-ᅀᆞᆸ-: 객높)-+-오(대상)-+-ᇙ(관전)

20) 디: 디(지, 줄: 의명)+-Ø(←-이: 보조)

21) 頓敎론: 頓敎(돈교)+-로(부조, 방편)+-ㄴ(←-ᄂᆞᆫ: 보조사, 주제) ※ '頓敎(돈교)'는 문자나 언어를 떨치고 수행의 차례를 말하지 않고, 말이 끊어진 진여(眞如)를 가리킨다.

22) 디나다: 디나(지나다, 過)-+-Ø(과시)-+-다(평종)

23) 바ᄅᆞ: [바로, 直(부사): 바ᄅᆞ(바르다, 直: 형사)-+-Ø(부접)]

24) 正智: 정지. 모든 분별을 끊고 대상을 있는 그대로 파악하는 바른 지혜이다.

25) 無明: 무명. 십이연기(十二緣起)의 하나이다. 잘못된 의견이나 집착 때문에 진리를 깨닫지 못하는 마음의 상태를 이른다. 모든 번뇌의 근원이 된다.

26) 그처: 긏(끊다, 斷)-+-어(연어)

27) 種智: 종지. 현상계의 모든 존재의 각기 다른 모습과 그 속에 감추어져 있는 참 모습을 알아내는 부처의 지혜이다.(=一切種智, 일체종지)

28) 두려ᄫᅳ면: 두렇(←두렵다, ㅂ불: 둥글다, 圓)-+-으면(연어, 조건)

29) 劫엣: 劫(겁)+-에(부조, 위치)+-ㅅ(-의: 관조) ※ '劫(겁)엣'은 '劫(겁) 동안의'로 옮긴다.

30) 迷惑: 미혹. 무엇에 홀려 정신을 차리지 못하는 것이다.

[8뒤]

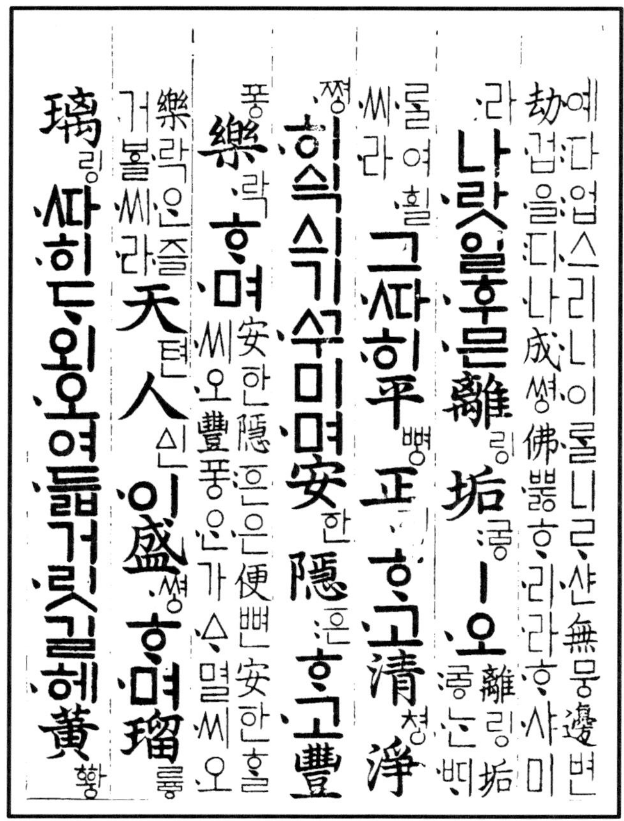

예 다 업스리니 이롤 니르샨 無뭉邊변
劫겁을 디나 成쎵佛뿛ᄒᆞ리라 ᄒᆞ샤미
라 나랏 일후믄 離링垢궇ㅣ오 離링垢궇ᄂᆞᆫ ᄠᅵ
롤 여흴 씨라 그 ᄯᅡ히 平뼝正졍ᄒᆞ고 淸청淨
쪙히 싁싀기 ᄭᅮ미며 安한隱ᅙᅳᆫᄒᆞ고 豐
풍樂락ᄒᆞ며 安한隱ᅙᅳᆫ은 便뼌安한ᄒᆞᆯ 씨오 豐풍은 가ᅀᆞ멸 씨오
樂락은 즐거ᄫᅳᆯ 씨라 天텬人신이 盛쎵ᄒᆞ며 瑠률
璃링 ᄯᅡ히 ᄃᆞ외오 여듧 거릿 길헤 黃황

다 없겠으니, 이를 이르신 바 '無邊(무변)의 劫(겁)'을 지나서 成佛(성불)하리라."고 하신 것이다.】, 나라의 이름은 離垢(이구)이요【離垢(이구)는 때를 떨치는 것이다.】, 그 땅이 平正(평정)하고 淸淨(청정)히 장엄하게 꾸며지며 安隱(안은)하고 豐樂(풍락)하며【安隱(안은)은 便安(편안)한 것이요, 豐(풍)은 부유한 것이요, 樂(낙)은 즐거운 것이다.】天人(천인)이 盛(성)하며 瑠璃(유리)가 땅이 되고 여덟 거리의 길에 黃金(황금)으로

다 업스리니 이를 니ᄅᆞ샨 無뭉邊변劫겁[31]을 디나 成쎵佛뿛ᄒᆞ리라 ᄒᆞ샤미라[32]】 나랏 일후믄 離링垢궇ㅣ오[33]【離링垢궇ᄂᆞᆫ ᄣᅵ롤[34] 여흴[35] 씨라】 그 ᄯᅡ히 平뼝正졍ᄒᆞ고 淸쳥淨쪙히 싁싀기[36] ᄭᅮ미며[37] 安한隱흔[38]ᄒᆞ고 豊퐁樂락[39]ᄒᆞ며【安한隱흔은 便뼌安한홀 씨오 豊퐁ᄋᆞᆫ 가ᄉᆞ멸[40] 씨오 樂락ᄋᆞᆫ 즐거ᄫᅳᆯ[41] 씨라】 天텬人신이 盛쎵ᄒᆞ며 瑠륳璃링[42] ᄯᅡ히[43] ᄃᆞ외오 여듧 거릿[44] 길헤[45] 黃ᅘᅪᇰ金금으로

---

31) 無邊 劫: 무변 겁. 끝이 없는 겁(劫)이다.

32) ᄒᆞ샤미라: ᄒᆞ(하다, 曰)- + -샤(← -시-: 주높)- + -ㅁ(← -옴: 명전) + -이(서조)- + -Ø(현시)- + -라(← -다: 평종)

33) 離垢ㅣ오: 離垢(이구) + -ㅣ(← -이-: 서조)- + -오(← -고: 연어, 나열) ※ '離垢(이구)'는 때(垢)를 떨치는 것이다.

34) ᄣᅵ롤: ᄣᅵ(때, 티끌, 垢) + -롤(목조)

35) 여흴: 여희(떨쳐내다, 여의다, 訣別)- + -ㄹ(관전)

36) 싁싀기: [엄숙하게, 장엄하게(부사): 싁싁(장엄: 불어) + -Ø(← -ᄒᆞ-: 형접)- + -이(부접)]

37) ᄭᅮ미며: ᄭᅮ미(꾸며지다, 飾)- + -며(연어, 나열) ※ 'ᄭᅮ미다'는 원래 타동사이나, 여기서는 목적어가 없으므로 자동사인 '꾸며지다'로 의역하여 옮긴다.

38) 安隱: 안은. 편안한 것이다.

39) 豊樂: 풍락. 부유하고 즐거운 것이다.

40) 가ᄉᆞ멸: 가ᄉᆞ멸(부유하다, 富)- + -ㄹ(관전)

41) 즐거ᄫᅳᆯ: 즐거ᇦ[← 즐겁다, ㅂ불(즐겁다, 喜): 즑(즐거워하다, 歡: 자동)- + -업(형접)-]- + -을(관전)

42) 瑠璃: 瑠璃(유리) + -Ø(← -이: 주조) ※ '琉璃(유리)'는 거무스름한 푸른빛이 나는 보석이다.

43) ᄯᅡ히: ᄯᅡㅎ(땅,) + -이(보조)

44) 거릿: 거리(거리, 街) + -ㅅ(-의: 관조)

45) 길헤: 길ㅎ(길, 道) + -에(부조, 위치)

[9앞]

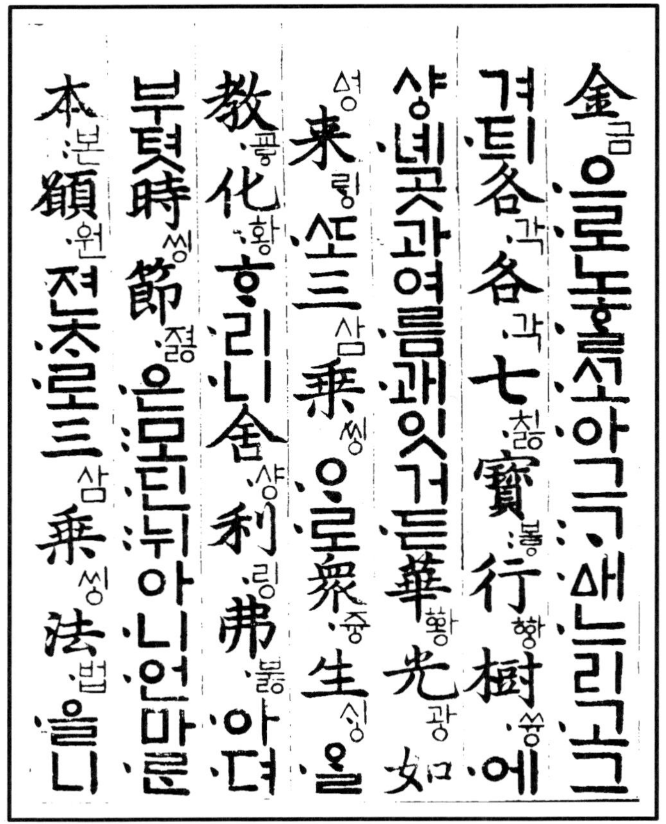

金금으로 노ᄒᆞᆯ 꼬아 그ᄀᆞᅀᆡ 느리고 그
곁ᅴ 各각各각 七칧寶봉行ᅘᆡᇰ樹쓩에
샹녜 곶과 여름괘 잇거든 華황光광如
ᅀᅧᆼ來ᄅᆡᆼ 또 三삼乘씽으로 衆즁生ᄉᆡᆼᄋᆞᆯ
敎ᄀᆞᇢ化황ᄒᆞ리니 舍샹利링弗붏아 뎌
부텻 時씽節졇은 모딘 누ᅵ 아니언마ᄅᆞᆫ
本본願원 젼ᄎᆞ로 三삼乘씽法법을 니

끈을 꼬아서 그 가(邊)에 늘어뜨리고, 그 곁에 各各(각각) 七寶(칠보)의 行樹(행수)에 늘 꽃과 열매가 있는데, 華光如來(화광여래)가 또 三乘(삼승)으로 衆生(중생)을 敎化(교화)하겠으니, 舍利弗(사리불)아 저 부처의 時節(시절)은 모진 세계가 아니건마는 本願(본원) 때문에 三乘法(삼승법)을 이르리라.

[9앞]

노ᄒᆞᆯ[46] ᄭᅩ아[47] 그 ᄀᆞᅀᅢ[48] 느리고[49] 그 겨틔 各각各각 七칧寶봏[50] 行ᅘᆡᆼ樹쓩[51]에 샹녜 곳과[52] 여름괘[53] 잇거든 華ᅘᅪᆼ光광如ᅀᅧᆼ來링 ᄯᅩ 三삼乘씽ᄋᆞ로 衆즁生ᄉᆡᆼᄋᆞᆯ 敎ᄀᆞᇢ化황ᄒᆞ리니 舍샹利링弗붏아 뎌 부텻 時씽節졇은 모딘[54] 뉘[55] 아니언마ᄅᆞᆫ[56] 本본願원[57] 젼ᄎᆞ로 三삼乘씽法법[58]을 니르리라

---

46) 노ᄒᆞᆯ: 노ㅎ(끈, 줄, 繩) + -ᄋᆞᆯ(목조)

47) ᄭᅩ아: ᄭᅩ(꼬다, 結)- + -아(연어)

48) ᄀᆞᅀᅢ: ᄀᆞᇫ(← ᄀᆞᆺ: 가, 邊) + -애(-에: 부조, 위치)

49) 느리고: 느리[늘이다, 垂: 늘(늘다, 長)- + -이(사접)-]- + -고(연어, 나열, 계기)

50) 七寶: 칠보. 일곱 가지 주요 보배다. 무량수경에서는 금·은·유리·파리·마노·거거·산호를 이르며, 법화경에서는 금·은·마노·유리·거거·진주·매괴를 이른다.

51) 行樹: 행수. 죽 벌여서 서 있는 큰 나무이다. ※ '七寶 行樹(칠보 행수)'는 일곱 가지 보배로 된 나무이다.

52) 곳과: 곳(← 곶: 꽃, 花) + -과(접조)

53) 여름괘: 여름[열매, 實: 열(열다, 結: 동사)- + -음(명접)] + -과(접조) + -ㅣ(← -이: 주조)

54) 모딘: 모디(← 모딜다: 모질다, 猛)- + -Ø(현시)- + -ㄴ(관전)

55) 뉘: 뉘(누리, 세상, 世) + -Ø(← -이: 보조)

56) 아니언마ᄅᆞᆫ: 아니(아니다, 非)- + -언마ᄅᆞᆫ(-건마는: 연어, 인정 대조)

57) 本願: 본원. 부처가 되기 이전, 즉 보살로서 수행할 때에 세운 서원(誓願)이다.

58) 三乘法: 삼승법. 성문(聲聞) · 연각(緣覺) · 보살(菩薩)에 대한 세 가지 교법(敎法)이다.

[9 뒤]

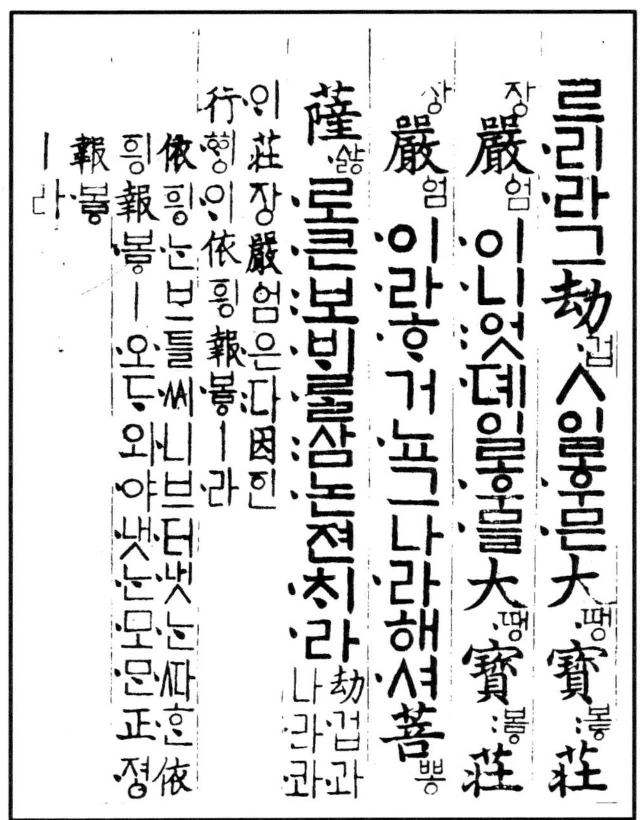
르리라 그 劫겁ㅅ 일후믄 大땡寶봉莊
장嚴엄이니 엇뎨 일후믈 大땡寶봉莊
장嚴엄이라 ᄒᆞ거뇨 그 나라해셔 菩뽕
薩삻로 큰 보ᄇᆡ를 삼ᄂᆞᆫ 젼ᄎᆞ라 劫겁과 나라과
이 莊장嚴엄은 다 因힌 行ᅘᆡᆼ이 依힁報봉ㅣ라
依힁ᄂᆞᆫ 브틀 씨니 브터 낫ᄂᆞᆫ 짜ᄒᆞᆫ 依 힁報봉ㅣ오 ᄃᆞ외야 낫ᄂᆞᆫ 모ᄆᆞᆫ 正졍
報봉ㅣ라

그 劫(겁)의 이름은 大寶莊嚴(대보장엄)이니, 어찌 이름을 大寶莊嚴(대보장엄)이라고 하였느냐? 그 나라에서 菩薩(보살)로 큰 보배를 삼는 까닭이다.【劫(겁)과 나라의 莊嚴(장엄)은 다 因行(인행)의 依報(의보)이다.

依(의)는 의지하는 것이니, 의지하여 나 있는 곳(땅)은 依報(의보)이요, 되어서 나 있는 몸은 正報(정보)이다.

그 劫겁ㅅ 일후믄 大땡寶봉莊장嚴엄이니 엇뎨 일후믈 大땡寶봉莊장嚴엄이라 ᄒᆞ거뇨[59] 그 나라해셔[60] 菩뽕薩삻로 큰 보ᄇᆡ롤 삼ᄂᆞᆫ[61] 젼ᄎᆡ라[62]【劫겁과 나라콰ᄋᆡ[63] 莊장嚴엄은 다 因인行ᅘᆡᆼ[64]ᄋᆡ 依ᅙᅴᆼ報봉ㅣ라[65]

依ᅙᅴᆼ는 브틀 씨니[66] 브터 냇ᄂᆞᆫ[67] 싸ᄒᆞᆫ[68] 依ᅙᅴᆼ報봉ㅣ오 ᄃᆞ외야 냇ᄂᆞᆫ 모ᄆᆞᆫ 正졍報봉ㅣ라[69]

---

59) ᄒᆞ거뇨: ᄒᆞ(하다, 云)- + -Ø(과시)- + -거(확인)- + -뇨(-느냐: 의종, 설명)

60) 나라해셔: 나라ㅎ(나라, 國) + -애(-에: 부조, 위치) + -셔(-서: 보조사, 위치 강조)

61) 삼ᄂᆞᆫ: 삼(삼다, 爲)- + -ㄴ(← -ᄂᆞ-: 현시)- + -오(대상)- + -ㄴ(관전)

62) 젼ᄎᆡ라: 젼ᄎᆞ(까닭, 故) + -ㅣ(← -이-: 서조)- + -Ø(현시)- + -라(← -다: 평종)

63) 나라콰ᄋᆡ: 나라ㅎ(나라, 國) + -과(접조) + -ᄋᆡ(관조)

64) 因行: 인행. 수행에 방해가 되는 외부의 요인에 흔들리지 아니하고 오롯이 수행정진하는 것이다.

65) 依報ㅣ라: 依報(의보) + -ㅣ(← -이-: 서조)- + -Ø(현시)- + -라(← -다: 평종) ※ '依報(의보)'는 과거에 지은 행위의 과보로 받은 부처나 중생의 몸이 의지하고 있는 국토와 의식주 등이다.

66) 브틀 씨니: 븥(붙다, 의지하다, 附)- + -을(관전) # ㅆ(← ᄉᆞ: 것, 의명) + -이(서조)- + -니(연어, 설명 계속)

67) 냇ᄂᆞᆫ: 나(나다, 出)- + -아(연어) + 잇(← 이시다: 있다, 보용, 완료 지속)- + -ᄂᆞ(현시)- + -ㄴ(관전) ※ '냇ᄂᆞᆫ'은 '나 잇ᄂᆞᆫ'이 축약된 형태이다.

68) 싸ᄒᆞᆫ: 싸ㅎ(땅, 곳, 地, 處) + -ᄋᆞᆫ(보조사, 주제)

69) 正報ㅣ라: 正報(정보) + -ㅣ(← -이-: 서조)- + -Ø(현시)- + -라(← -다: 평종) ※ '正報(정보)'는 과거의 업인(業因)에 따라 내생(來生)에 어떠한 몸으로 나타나느냐로 받는 과보이다. 부처나 중생의 몸이다.

[10앞]

舍샹利링弗붏이因인行ᅘᆡᆼ애大땡智
딩로미틀사ᄆᆞᆯᄊᆡ나랏일후미ᄠᅵ를여
희다ᄒᆞ고因인行ᅘᆡᆼ애菩뽕薩삻ᄋᆞᆯᄀᆞᄅᆞ
치시논法법을發벓明명ᄒᆞᆯᄊᆡ劫겁일
후미大땡寶봉莊장嚴엄이라淸청淨
ᄍᆡᆼᄒᆞ미ᄭᆞ미면더러ᄫᅳᆫᄒᆞᆰ기업고
安안隱ᅙᅳᆫ豐풍樂락ᄒᆞ면三삼災징苦
콩ㅣ업고天텬人ᅀᅵᆫ이盛쎵ᄒᆞ면三삼
惡학道ᄄᆞᇢㅣ업스리라여듧거릿길흔
八밣正졍道ᄄᆞᇢㅣ모ᄃᆞ미오七칧寶봉
行ᅘᆡᆼ樹쓩ᄂᆞᆫ七칧覺각支징의내요미
니諸경佛뿛ㅅ依ᅙᅴᆼ報봉ㅣ다그러ᄒᆞ
시니因인行ᅘᆡᆼ이ᄀᆞᄐᆞ실ᄊᆡ니라衆즁
生ᄉᆡᆼ의依ᅙᅴᆼ報봉ᄂᆞᆫ나랏일후믄堪캄

舍利弗(사리불)이 因行(인행)에 大智(대지)로 근본을 삼으므로 나라의 이름이 '때를 떠났다(離垢).'고 하고, 因行(인행)에 菩薩(보살)을 가르치시는 法(법)을 發明(발명)하므로 劫(겁)의 이름이 大寶莊嚴(대보장엄)이다. 淸淨(청정)히 장엄하게 꾸미면 더러운 흙이 없고, 安隱豊樂(안은풍락)하면 三災(삼재)의 苦(가) 없고, 天人(천인)이 盛(성)하면 三惡道(삼악도)가 없으리라. 여덟 거리의 길은 八正道(팔정도)가 모인 것이요, 七寶行樹(칠보행수)는 七覺支(칠각지)가 내는 것이니 諸佛(제불)의 依報(의보)가 다 그러하시니, 因行(인행)과 같으시기 때문이니라. 衆生(중생)의 依報(의보)는 나라의 이름은 堪忍(감인)이요,

舍샹利링弗붏이 因인行ᅘᆡᇰ애 大땡智딩로 미틀[70] 사ᄆᆞᆺ씨 나랏 일후미 ᄣᅵ롤[71] 여희다 ᄒᆞ고 因인行ᅘᆡᇰ애 菩뽕薩삻 ᄀᆞᄅᆞ치시논 法법을 發벓明명ᄒᆞᆯ씨 劫겁 일후미 大땡寶봉莊장嚴엄이라 清쳥淨쪙히 싁싀기[72] ᄭᅮ미면 더러ᄫᅳᆫ ᄒᆞᆰ기 업고 安ᅙᅡᆫ隱ᅙᅳᆫ豊퐁樂락[73] ᄒᆞ면 三삼災징[74] 苦콩ㅣ 업고 天텬人ᅀᅵᆫ이 盛쎵ᄒᆞ면 三삼惡ᅙᅡᆨ道똥이[75] 업스리라 여ᄃᆞᇑ 거릿 길ᄒᆞᆫ[76] 八밣正졍道똥ᄋᆡ[77] 모도미오[78] 七칧寶봉 行ᅘᆡᇰ樹쓩는 七칧覺각支징의[79] 내요미니[80] 諸졍佛뿛ㅅ 依ᅙᅴᆼ報봉ㅣ 다 그러ᄒᆞ시니 因인行ᅘᆡᇰ이[81] ᄀᆞᄐᆞ실씨니라[82] 衆즁生싱의 依ᅙᅴᆼ 報봉[83]ᄂᆞᆫ 나랏 일후믄 堪캄忍ᅀᅵᆫ이오

---

70) 미틀: 밑(밑, 근본, 本)+-을(목조)

71) ᄣᅵ롤: ᄣᅵ(때, 티끌, 垢) + -롤(목조)

72) 싁싀기: [엄숙하게, 장엄하게, 嚴(부사): 싁싁(불어) + -Ø(←-ᄒᆞ-: 형접)- + -이(부접)]

73) 安隱豊樂: 안은풍락. 편안하고 그윽하며 풍요롭고 즐거운 것이다.

74) 三災: 삼재. 수재(水災), 화재(火災), 풍재(風災)의 세 가지 재앙(災殃)이다. 큰 삼재(三災)라고 한다.

75) 三惡道이: 三惡道(삼악도) + -이(주조) ※ '三惡道(삼악도)'는 악인이 죽어서 가는 세 가지의 괴로운 세계로서, 지옥도(地獄道), 축생도(畜生道), 아귀도(餓鬼道)가 있다.

76) 길ᄒᆞᆫ: 길ㅎ(길, 道) + -ᄋᆞᆫ(보조사, 주제) ※ '여ᄃᆞᇑ 거릿 길ㅎ'은 '八正道(팔정도)'를 직역하여 옮긴 표현이다.

77) 八正道ᄋᆡ: 八正道(팔정도) + -ᄋᆡ(관조, 의미상 주격) ※ '八正道(팔정도)'는 깨달음과 열반으로 이끄는 올바른 여덟 가지 길이다. 정견(正見), 정사유(正思惟), 정어(正語), 정업(正業), 정명(正命), 정정진(正精進), 정념(正念), 정정(正定)이다.

78) 모도미오: 몯(모이다, 集)- + -옴(명전) + -이(서조)- + -오(←-고: 연어, 나열)

79) 七覺支의: 七覺支(칠각지) + -의(관조, 의미상 주격) ※ '七覺支(칠각지)'는 불도 수행에서 참과 거짓, 선악을 살피어서 올바로 취사선택하는 일곱 가지 지혜이다. 택법각분, 정진각분, 희각분, 제각분, 사각분, 정각분, 염각분을 이른다.

80) 내요미니: 내[내다, 出: 나(나다, 出: 자동)- + -ㅣ(←-이-: 사접)-]- + -옴(명전) + -이(서조)- + -니(연어, 설명 계속)

81) 因行이: 因行(인행) + -이(-과: 부조, 비교) ※ '因行(인행)'은 수행에 방해가 되는 외부의 요인에 흔들리지 아니하고 오롯이 수행정진하는 것이다.

82) ᄀᆞᄐᆞ실씨니라: ᄀᆞᇀ(같다, 如)- + -ᄋᆞ시(주높)- + -ㄹ씨(-므로: 연어, 이유) + -Ø(←-이-: 서조)- + -Ø(현시)- + -니(원칙)- + -라(←-다: 평종)

83) 依報: 의보. 과거에 지은 행위의 과보로 받은 부처나 중생의 몸이 의지하고 있는 국토와 의식주 등이다.

忍신
·이·오
堪감忍신·은 ·어·루 ·ᄎᆞᆷ·다 ·혼 :마·리·니 娑
상婆빵世솅界갱衆·즁生싱·이 三삼
毒·똑·과 ·녀나·문 煩뻔惱:놓·ᄅᆞᆯ 잘 ·ᄎᆞ·마
受쓯ᄒᆞᇙ·씨 忍:신土:통ㅣ·라 ·ᄒᆞᄂᆞ·니·라
劫·겁 일·후·믄 五:옹濁·똑·이·오 ·그 ·짜·해 ·굳
과 沙상礫·력·이 ·짜·히 ᄃᆞ·외·니 ·또 因힌行
·ᅘᆡᆼ·이 ·ᄀᆞᆮᄒᆞᆯ·씨·니·라 도ᄅᆞᆫ ᄢᅧ 求꿓ᄒᆞ·면 離
링垢곻清청淨쪙ᄒᆞᆫ 相·샹·이 :다 ·곧 心심
地띵·며 安한隱·흔豐풍樂·락ᄒᆞᆫ :이 ·리 性
·셩德득·이 ·니 :업·셔 :더·러·ᄫᅳᆫ·며 ·조·ᄒᆞ·미
올·마 變·변·호·미 샹·녜 :사ᄅᆞ·미 게 잇ᄂᆞ·니
衆즁生싱·이 堪감忍:신苦:콩·ᄅᆞᆯ ᄒᆞ·디 아·니

堪忍(감인)은 능히 참았다고 한 말이니, 娑婆世界(사바세계)의 衆生(중생)이 三毒(삼독)과 그 밖의 煩惱(번뇌)를 잘 참아 受(수)하므로, 忍土(인토)이라고 하느니라.

劫(겁)의 이름은 五濁(오탁)이요, 그 땅에 구덩이와 沙礫(사력)이 땅이 되니, (이는) 또 因行(인행)과 같기 때문이니라. 돌이켜서 求(구)하면 離垢清淨(이구청정)한 相(상)이 다 곧 心地(심지)이며 安隱豊樂(안은풍락)한 일이 性德(성덕)이 아닌 것이 없어, 더러우며 깨끗함에 옮아서 變(변)한 것이 항상 사람에게 있나니, 衆生(중생)이 堪忍(감인)의 苦(고)를 하지 아니하며,

堪캄忍ᅀᅵᆫ은 어루[84] ᄎᆞᆷ다 ᄒᆞᆫ 마리니 娑상婆빵世솅界갱[85] 衆즁生ᄉᆡᆼ이 三삼毒똑[86]과 녀나ᄆᆞᆫ[87] 煩뻔惱놓ᄅᆞᆯ 잘 ᄎᆞ마 受쓯홀ᄊᆡ 忍ᅀᅵᆫ土통ㅣ라[88] ᄒᆞᄂᆞ니라

劫겁 일후믄 五옹濁똭[89]이오 그 ᄯᅡ해 굳과[90] 沙상礫력[91]이 ᄯᅡ히 ᄃᆞ외니 ᄯᅩ 因인行ᅘᆡᆼ이 ᄀᆞᄐᆞᆯᄊᆡ니라 도ᄅᆞᅘᅧ[92] 求꿓ᄒᆞ면 離링垢궇清청淨쪙[93]ᄒᆞᆫ 相샹이 다 곧 心심地띵며[94] 安한隱ᅙᅳᆫ豊퐁樂락ᄒᆞᆫ 이리 性셩德득[95] 아니니[96] 업서 더러ᄫᅳ며 조호ᄆᆡ[97] 올마 變변호미 샹녜 사ᄅᆞᄆᆡ 게[98] 잇ᄂᆞ니 衆즁生ᄉᆡᆼ이 堪캄忍ᅀᅵᆫ 苦콩ᄅᆞᆯ ᄒᆞ디 아니ᄒᆞ며

---

84) 어루: 가히, 능히, 可(부사)

85) 娑婆世界: 사바세계. 괴로움이 많은 인간 세계로서, 석가모니불이 교화하는 세계를 이른다.

86) 三毒: 삼독. 사람의 착한 마음을 해치는 세 가지 번뇌이다. 욕심, 성냄, 어리석음 따위를 독(毒)에 비유하여 이르는 말이다.

87) 녀나ᄆᆞᆫ: [그 밖의, 다른, 他(관사): 녀(←녀느: 다른 것, 他, 명사) + 남(남다, 餘: 동사)-]- + -ᄋᆞᆫ(관전▷관접)]

88) 忍土ㅣ라: 忍土(인토) + -ㅣ(←-이-: 서조)- + -Ø(현시)- + -라(←-다: 평종) ※ '忍土(인토)'는 삼독(三毒)과 번뇌를 참아 내는 세계라는 뜻으로, '사바(娑婆)'를 달리 이르는 말이다.

89) 五濁: 오탁. 세상의 다섯 가지 더러움이다. 곧, '겁탁(劫濁)·견탁(見濁)·번뇌탁(煩惱濁)·중생탁(衆生濁)·명탁(命濁)'을 이른다. 이같은 말기적 현상을 드러내는 시대를 오탁악세(五濁惡世)라고 한다.

90) 굳과: 굳(궁덩이, 坑) + -과(접조)

91) 沙礫: 사력. 강이나 바다의 바닥에서 오랫동안 갈리고 물에 씻겨 반질반질하게 된 잔돌이다.

92) 도ᄅᆞᅘᅧ: 도ᄅᆞᅘᅧ[돌이키다, 逆: 돌(돌다, 回: 자동)- + -ᄋᆞ(사접)- + -ᅘᅧ(강접)-]- + -어(연어)

93) 離垢清淨: 이구청정. '이구(離垢)'는 때를 떨쳐 버리는 것이다. 그리고 '청정(清淨)'은 나쁜 짓으로 지은 허물이나 번뇌의 더러움에서 벗어난 깨끗하고 계행(戒行)이 아주 조촐한 것이다. ※ '청정(清淨)'에는 자성청정과 이구청정이 있다. 自性清淨(자성청정)은 중생이 갖추고 있는 진여심(眞如心)의 체성(體性)은 본래 청정하여 물들거나 거리낌이 없는 것이다. 그리고 離垢清淨(이구청정)은 중생의 자성청정(自性清淨)의 심체(心體)가 모든 번뇌의 더러움을 깨끗이 여의었으므로 이구청정(離垢清淨)이라고 한다.

94) 心地며: 心地(심지) + -며(←-이며: 연어, 나열) ※ '心地(심지)'는 마음의 본바탕이다.

95) 性德: 성덕. 천태종(天台宗)에서 일컫는 말로, 만유(萬有)는 다 제각기 본성(本性)에 선(善)·악(惡)·미(迷)·오(悟) 등(等) 여러 가지 성능(性能)을 갖추어 있다는 뜻이다.

96) 아니니: 아니(아니다, 非)- + -Ø(현시)- + -ㄴ(관전) # 이(이, 것, 者: 의명) + -Ø(←-이: 주조)

97) 조호ᄆᆡ: 좋(←조ᄒᆞ다: 깨끗하다, 淨)- + -옴(명전) + -ᄋᆡ(-에: 부조, 위치)

98) 사ᄅᆞᄆᆡ 게: 사ᄅᆞᆷ(사람, 人) + -ᄋᆡ(관조) # 게(거기에: 의명, 위치) ※ '사ᄅᆞᄆᆡ 게'는 '사람에게'로 의역하여 옮긴다.

니ᄒᆞ며五옹濁땩業업을니르왇디아
니ᄒᆞ며邪쌍諂텸行ᅘᆡᇰ을行ᅘᆡᇰ티아니
ᄒᆞ면眞진實씷ㅅ離링垢꿓平뼝正져ᇰ
安한隱흔豐풍樂락ᄒᆞᆫ나라히리라
뎌菩뽕薩삻ᄃᆞᆯ히無뭉量량無뭉邊변
不붏可캉思ᄉᆞᆼ議ᅌᅴᆼ라筭솬數ᄉᆞᆼ譬핑
喩ᅌᅲᆼ이몯미츯배니부텻智딩力륵아
니면能능히알리업스리라ᄃᆞᆫ뇨려ᄒᆞᇙ
저긔보ᄇᆡ옛고지바ᄅᆞᆯ바ᄃᆞ리니이菩

五濁(오탁)의 業(업)을 일으키지 아니하며, 邪諂(사첨)의 行(행)을 行(행)하지 아니하면, 眞實(진실)의 離垢(이구) · 平正(평정) · 安隱(안은) · 豊樂(풍락)한 나라이리라.】 저 菩薩(보살)들이 無量無邊(무량무변)하고 不可思議(불가사의)라서 算數(산수)와 譬喩(비유)가 못 미치는 바이니, 부처의 智力(지력)이 아니면 能(능)히 알 이가 없으리라. (보살들이) 다니려 할 적에 보배로 된 꽃이 발을 받치겠으니 이 菩薩(보살)들이

五옹濁똭 業업을 니르왇디[99] 아니ᄒᆞ며 邪쌍諂텸[1] 行ᅘᆡᆼᄋᆞᆯ 行ᅘᆡᆼ티 아니ᄒᆞ면 眞진實
씷ㅅ 離링垢궇 平뼝正졍 安한隱흔 豐퐁樂락ᄒᆞᆫ 나라히리라[2]】 뎌 菩뽕薩삻ᄃᆞᆯ히[3]
無뭉量량無뭉邊변 不붏可캉思ᄉᆞᆼ議읭라[4] 算솬數숭 譬핑喩융의 몯 미츯[5]
배니[6] 부텻 智딩力륵 아니면 能능히 알 리[7] 업스리라 ᄃᆞᆮ뇨려[8] ᄒᆞᆰ
저긔 보ᄇᆡ옛[9] 고지 바ᄅᆞᆯ[10] 바ᄃᆞ리니[11] 이 菩뽕薩삻ᄃᆞᆯ히

---

99) 니르왇디: 니르왇[받아 일으키다, 起: 닐(일어나다, 起: 자동)- + -으(사접)- + -왇(접미, 강조)-]- + -디(-지: 연어, 부정)

1) 邪諂: 사첨. 올바르지 못하게 아첨하는 것이다.

2) 나라히리라: 나라ㅎ(나라, 國) + -이(서조)- + -리(미시)- + -라(← -다: 평종)

3) 菩薩ᄃᆞᆯ히: 菩薩ᄃᆞᆯㅎ[보살들: 菩薩(보살) + -ᄃᆞᆯㅎ(-들: 복접)] + -이(주조)

4) 不可思議라: 不可思議(불가사의) + -Ø(← -이-: 서조)- + -Ø(현시)- + -라(← -아: 연어)

5) 미츯: 및(미치다, 及)- + -ㅭ(관전)

6) 배니: 바(바, 所: 의명) + -ㅣ(← -이-: 서조)- + -니(연어, 설명 계속)

7) 알리: 알(알다, 知)- + -ㄹ(관전) # 이(리, 者: 의명, 사람) + -Ø(← -이: 주조)

8) ᄃᆞᆮ뇨려: ᄃᆞᆮ니[다니다: ᄃᆞᆮ(닫다, 달리다, 走)- + 니(가다, 行)-]- + -오려(-려: 연어, 의도)

9) 보ᄇᆡ옛: 보ᄇᆡ(보배, 寶) + -예(← -에: 부조, 위치) + -ㅅ(-의: 관조) ※ '보ᄇᆡ옛'은 '보배로 된'으로 의역하여 옮긴다.

10) 바ᄅᆞᆯ: 발(발, 足) + -ᄋᆞᆯ(목조)

11) 바ᄃᆞ리니: 받(바치다, 承)- + -ᄋᆞ리(미시)- + -니(연어, 설명 계속)

薩삻ᄃᆞᆯ히 첫 發벓意ᅙᅵᆼ 아니라 다 德
득根ᄀᆞᆫ源원을 오래 심거 無뭉量량 百
ᄇᆡᆨ千쳔萬먼億흑 부텻긔 梵뻠行ᅘᆡᆼ을
조히 닷가 長땽常썅 諸졍佛뿛이 일ᄏᆞ
라 讚잔歎탄ᄒᆞ샤미 ᄃᆞ외야 샹녜 佛뿛
慧ᅘᅰᆼᄅᆞᆯ 닷가 큰 神씬通통이 ᄀᆞ자 一ᅙᅵᇙ
切촁法법門몬ᄋᆞᆯ 잘 아라 고다 거즛

첫 發意(발의)가 아니라, 다 德(덕)의 根源(근원)을 오래 심어 無量(무량)한 百千萬億(백천만억)의 부처께 梵行(범행)을 깨끗하게 닦아, 長常(장상, 항상) 諸佛(제불)이 일컬어 讚歎(찬탄)하신 것이 되어, 항상 佛慧(불혜)를 닦아 큰 神通(신통)이 갖추어져서, 一切(일체)의 法門(법문)을 잘 알아 곧아서 거짓 된 바가

[11 뒤]

첫 發벓意힁[12] 아니라 다 德득 根근源원을 오래[13] 심거[14] 無뭉量량百빅千쳔萬먼億흑 부텨씌[15] 梵뻠行ᅘᆡᆼ[16]을 조히[17] 닷가 長땽常썅[18] 諸졍佛뿛이 일ᄏᆞ라[19] 讚잔歎탄ᄒᆞ샤미[20] ᄃᆞ외야 샹네 佛뿛慧ᅘᆒᆼ[21]ᄅᆞᆯ 닷가 큰 神씬通통[22]이 ᄆᆞ자 一힗切쳉 法법門몬[23]ᄋᆞᆯ 잘 아라 고다[24] 거츤[25] 줄

---

12) 發意: 발의. 무슨 일을 생각해 내는 것이다.
13) 오래: [오래, 久(부사): 오라(오래다, 久)- + -ㅣ(← -이: 부접)]
14) 심거: 심(← 시므다, 심다, 殖)- + -어(연어)
15) 부텨씌: 부텨(부처, 佛) + -씌(-께: 부조, 상대, 높임)
16) 梵行: 범행. 맑고 깨끗한 행실이나 불도의 수행을 이른다.
17) 조히: [깨끗이, 조촐히(부사): 조ㅎ(← 조ᄒᆞ다: 깨끗하다, 淨)- + -이(부접)]
18) 長常: 장상, 항상, 常(부사)
19) 일ᄏᆞ라: 일ᄏᆞᆯ(← 일ᄏᆞᆮ다, ㄷ불: 일컫다, 칭찬하다, 稱)- + -아(연어)
20) 讚歎ᄒᆞ샤미: 讚歎ᄒᆞ[찬탄하다: 讚歎(찬탄: 명사) + -ᄒᆞ(동접)-]- + -샤(← -시-: 주높)- + -ㅁ(← -옴: 명전) + -이(보조) ※ '讚歎(찬탄)'은 칭찬하며 감탄하는 것이다.
21) 佛慧: 불혜. 부처의 지혜이다.
22) 神通: 신통. 신묘하게 하는 것이 깊고 통달한 것이다.
23) 法門: 법문. 중생을 열반에 들게 하는 문이라는 뜻으로, 부처의 교법을 이르는 말.
24) 고다: 곧(곧다, 直)- + -아(연어)
25) 거츤: 거츠(← 거츨다: 거짓되다, 허망하다, 僞)- + -Ø(현시)- + -ㄴ(관전)

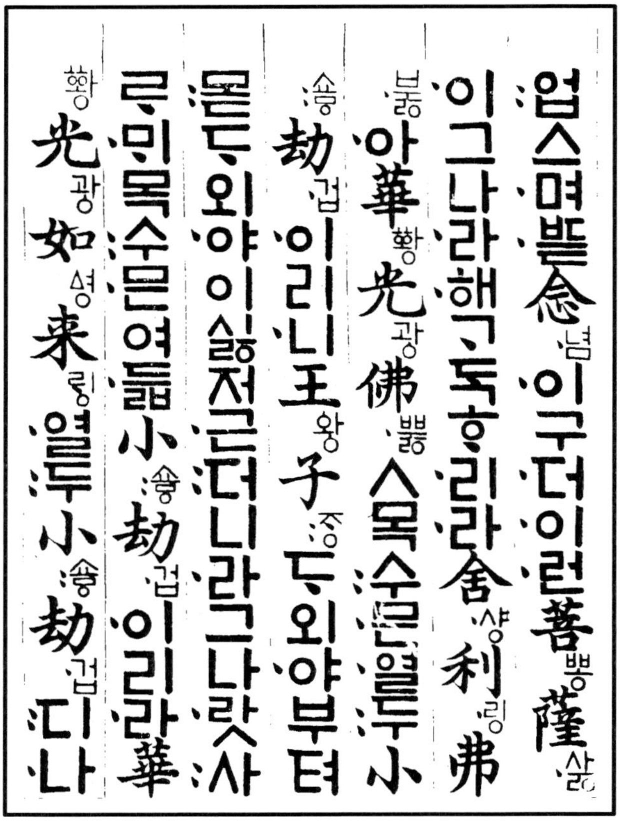

없으며, 뜻과 念(염)이 굳어 이런 菩薩(보살)이 그 나라에 가득하리라. 舍利弗(사리불)아, 華光佛(화광불)의 목숨은 열두 小劫(소겁)이겠으니, (화광불이) 王子(왕자)가 되어 부처가 못 되어 있을 적은 (목숨의 시간에서) 덜었니라. 그 나라의 사람의 목숨은 여덟 小劫(소겁)이리라. 華光如來(화광여래)가 열두 小劫(소겁)을 지나

업스며 뜬 念념[26]이 구더 이런 菩뽕薩삻이 그 나라해 ᄀᆞ득ᄒᆞ리라[27] 舍샹利링弗붏아 華ᅘᅪᆼ光광佛뿛ㅅ 목수믄[28] 열두 小숗劫겁이리니[29] 王왕子ᄌᆞᆼ ᄃᆞ외야 부텨 몯 ᄃᆞ외야 이싫 저근 더니라[30] 그 나랏 사ᄅᆞ미 목수믄 여듧 小숗劫겁이리라 華ᅘᅪᆼ光광如셩來링 열두 小숗劫겁 디나

---

26) 뜬 念: ‘뜬 念’은 『묘법연화경』의 원문에 있는 志念(지념)을 직역한 것으로, ‘뜬(뜻)’은 ‘志(지)’에 해당하고 ‘念(염)’은 ‘신념(信念)’에 해당한다.

27) ᄀᆞ득ᄒᆞ리라: ᄀᆞ득ᄒᆞ[가득하다, 充滿: ᄀᆞ득(가득: 부사) + -ᄒᆞ(형접)-]- + -리(미시)- + -라(← -다: 평종)

28) 목수믄: 목숨[목숨, 壽: 목(목, 喉) + 숨(숨, 息)] + -은(보조사, 주제)

29) 小劫이리니: 小劫(소겁) + -이(서조)- + -리(미시)- + -니(연어, 설명 계속) ※ ‘小劫(소겁)’은 사람의 목숨이 8만 살부터 100년마다 한 살씩 줄어서 열 살이 되기까지의 동안이다. 또는 열 살에서 100년마다 한 살씩 늘어서 8만 살에 이르는 동안이다. ※ 사람의 목숨이 팔만 살에서부터 일 백년마다 한 살씩 줄어들어 열 살에 이르기까지의 동안을 ‘감겁(減劫)’이라고 한다. 그리고 열 살에서부터 일백 년마다 한 살씩 늘어 팔만 살에 이르는 동안을 ‘증겁(增劫)’이라고 한다. 여기서 일증겁과 일감겁을 합하여 ‘일소겁’이라고 하는데, 아주 긴 세월을 뜻한다.

30) 더니라: 더(← 덜다: 덜다, 除)- + -∅(과시)- + -니(원칙)- + -라(← -다: 평종)

[12 뒤]

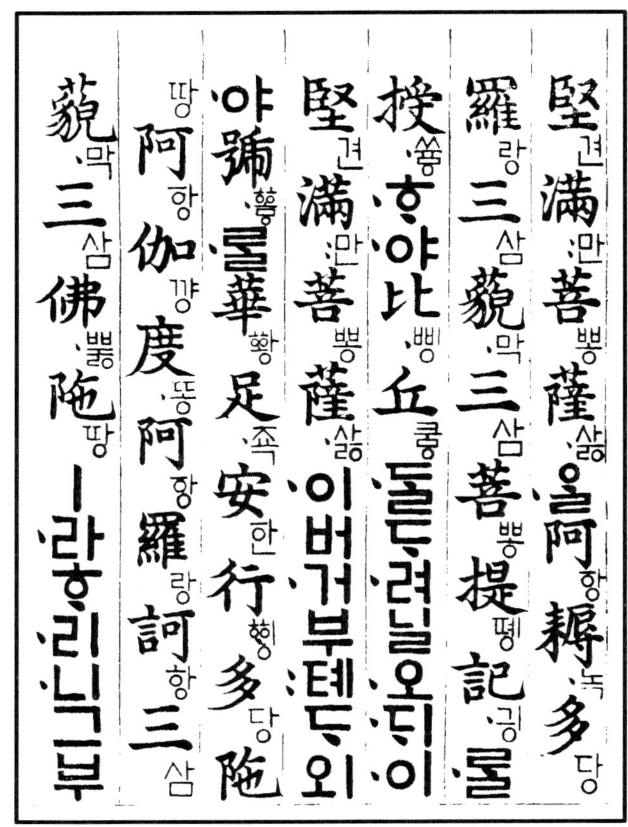

堅견滿만菩뽕薩삻ᄋᆞᆯ阿항耨녹多당
羅랑三삼藐막三삼菩뽕提똉記긩ᄅᆞᆯ
授쓯ᄒᆞ야比삥丘쿨ᄃᆞ려닐오ᄃᆡ이
堅견滿만菩뽕薩삻이버거부텨ᄃᆞ외
야號ᅘᆞᇂᄅᆞᆯ華ᅘᅪᇰ足족安한行ᅘᆡᇰ多당陁
땅阿항伽꺙度똥阿항羅랑訶항三삼
藐막三삼佛뿛陁땅ㅣ라ᄒᆞ리니그부

堅滿菩薩(견만보살)에게 阿耨多羅三藐三菩提(아뇩다라삼먁삼보리)의 記(기)를 授(수)하여, 比丘(비구)들더러 이르되 “이 堅滿菩薩(견만보살)이 다음으로 부처가 되어 號(호)를 華足安行(화족안행), 多陁阿伽度(다타아가도), 阿羅訶(아라하), 三藐三佛陁(삼먁삼불타)이라고 하리니, 그 부처의

堅견滿만菩뽕薩삻ᄋᆞᆯ 阿항耨녹多당羅랑三삼藐막三삼菩뽕提똉記긩ᄅᆞᆯ 授쓯ᄒᆞ야 比뼁丘쿻ᄃᆞᆯᄃᆞ려[31] 닐오ᄃᆡ[32] 이 堅견滿만菩뽕薩삻이 버거[33] 부톄 ᄃᆞ외야 號ᅘᅩᇢᄅᆞᆯ 華ᅘᅪᆼ足죡安한行ᅘᅧᆼ 多당陁땅阿항伽꺙度똥[34] 阿항羅랑訶항[35] 三삼藐막三삼佛뿛陁땅[36] ㅣ라 ᄒᆞ리니 그 부텻

---

31) 比丘ᄃᆞᆯᄃᆞ려: 比丘ᄃᆞᆯ[비구들, 比丘等: 比丘(비구) + -ᄃᆞᆯ(복접)] + -ᄃᆞ려(-에게: 부조, 상대)

32) 닐오ᄃᆡ: 닐(← 니ᄅᆞ다: 이르다, 言)- + -오ᄃᆡ(-되: 연어, 설명 계속)

33) 버거: 벅(다음가다, 次: 동사)- + -어(연어) ※ '버거'는 '다음으로'로 의역하여 옮긴다.

34) 多陁阿伽度: 다타아가도. 부처님의 다른 이름이다.

35) 阿羅訶: 아라하. 번역하여 응공(應供)이다. 온갖 번뇌를 끊어서 인간 · 천상(天上)의 중생(衆生)들로부터 공양을 받을 만한 덕이 있는 사람이라는 뜻이다. 부처님 십호(十號)의 하나이며, 아라한(阿羅漢)이라고도 한다.

36) 三藐三佛陁: 삼먁삼불타. ※ '三藐三佛陁(삼먁삼불타)'는 번역하여 정변지(正遍知) · 정등각(正等覺) · 등정각(等正覺)이다. 부처 십호(十號)의 하나로서, 부처님이 깨달은 지혜(知慧)를 이른다. 곧 부처의 깨달음인 정등각이다.

[13 앞]

나라도 또 이와 같으리라. 【法華(법화)의 妙道(묘도)가 燈明(등명)께로부터 根源(근원)하여, 妙光(묘광)께 傳持(전지)하여, 然燈(연등)께 이어서, 부처와 부처가 손에 전하시며, 光明(광명)과 光明(광명)이 서로 이으시므로, 舍利弗(사리불)이 (법화의 묘도를) 得(득)하여 記號(기호)를 華光(화광)이라고 하니, 이 道(도)를 發明(발명)하여 눈을 둔 이가 모두 보게 하였니라. 堅滿(견만)이 (법화의 묘도를) 得(득)하여 또 號(호)를 華足安行(화족안행)이라고 하면, 이 道(도)를 좇아 발을 둔 이가 모두 다니게 하였니라. 그 나라의 菩薩行(보살행)에 이르러 보배로 된 꽃이 발을 받치면, 그 教化(교화)를 좇을 사람이 이 道(도)에 나라토[37] ᄯᅩ 이[38] ᄀᆞᆮᄒᆞ리라[39]【法법華ᅘᅪᆼ 妙묘ᇢ道또ᇢㅣ[40] 燈드ᇰ明며ᇰᄉᆡ 根근源ᅌᅯᆫᄒᆞ야 妙묘ᇢ光과ᇰᄉᆡ 傳뚼持띵[41]ᄒᆞ야 然ᅀᅧᆫ燈드ᇰ[42]ᄉᆡ 니ᅀᅥ[43] 부텨와 부텨왜[44] 소ᄂᆞᆯ[45] 심기시며[46] 光과ᇰ明며ᇰ과 光과ᇰ明며ᇰ괘 서르 니ᅀᆞ실ᄊᆡ 舍샹利링弗부ᇙ이 得득ᄒᆞ야 記깅號ᅘᅩᇢ[47]ᄅᆞᆯ 華ᅘᅪᆼ光과ᇰ이라 ᄒᆞ니 이 道또ᇢᄅᆞᆯ 發버ᇙ明며ᇰᄒᆞ야 눈 뒷ᄂᆞ니[48] 모다[49] 보게 ᄒᆞ니라 堅견滿만이 得득ᄒᆞ야 ᄯᅩ 號ᅘᅩᇢ ᄅᆞᆯ 華ᅘᅪᆼ足죡安ᅙᅡᆫ行ᅘᆡᆼ이라 ᄒᆞ면 이 道또ᇢᄅᆞᆯ 조차 발 뒷ᄂᆞ니 모다 녀게[50] ᄒᆞ니라 그 나랏 菩뽕薩사ᇙ行ᅘᆡᆼ[51]애 니르러[52] 보ᄇᆡ옛[53] 고지 바ᄅᆞᆯ 바ᄃᆞ면[54] 그 教교ᇢ化ᅘᅪᆼ 조ᄎᆞᆯ 사ᄅᆞ미 이 道또ᇢ애

---

37) 나라토: 나라ㅎ(나라, 國) + -도(보조사, 첨가)

38) 이: 이(이, 此: 지대, 정칭) + -∅(←-이: 부조, 비교)

39) ᄀᆞᆮᄒᆞ리라: ᄀᆞᆮᄒᆞ(같다, 如)- + -리(미시)- + -라(←-다: 평종)

40) 妙道ㅣ: 妙道(묘도) + -ㅣ(←-이: 주조)

41) 傳持: 전지. 교법(教法)을 전하여 받아 지니는 것이나, 또는 그런 일이다.

42) 然燈: 연등. 연등불(燃燈佛)이다. 정광불(錠光佛)의 딴 이름으로, 석가모니에게 미래에 성불(成佛)한다는 예언을 한 부처이다.

43) 니ᅀᅥ: 닛(←닛다, ㅅ불: 잇다, 繼)- + -어(연어)

44) 부텨왜: 부텨(부처, 佛) + -와(←-과: 접조) + -ㅣ(←-이: 주조)

45) 소ᄂᆞᆯ: 손(손, 手) + -ᄋᆞᆯ(-에: 목조, 보조사적 용법, 의미상 부사격)

46) 심기시며: 심기(전하다, 傳)- + -시(주높)- + -며(연어, 나열)

47) 記號: 기호. 앞선 부처로부터 수기(受記)한 호(號)이다.

48) 뒷ᄂᆞ니: 두(두다, 置)- + -∅(←-어: 연어) + 잇(←이시다: 보용, 완료 지속)- + -ᄂᆞ(현시)- + -ㄴ(관전) # 이(이, 者: 의명) + -∅(←-이: 주조) ※ '뒷ᄂᆞ니'는 '두어 잇ᄂᆞᆫ 이'가 축약된 형태이다.

49) 모다: [모두, 皆(부사): 몯(모이다, 集)- + -아(연어▻부접)]

50) 녀게: 녀(다니다, 行)- + -게(연어, 도달)

51) 菩薩行: 보살행. 보살이 부처가 되려고 수행하는, 자기와 남을 이롭게 하는 원만한 행동이다.

52) 니르러: 니를(이르다, 至)- + -어(연어)

53) 보ᄇᆡ옛: 보ᄇᆡ(보배, 寶) + -예(←-에: 부조, 위치) + -ㅅ(-의 : 관조) ※ '보ᄇᆡ옛'은 '보배로 된'으로 의역하여 옮긴다.

54) 바ᄃᆞ면: 받(받치다, 承)- + -ᄋᆞ면(연어, 조건)

[13 뒤]

다니지 아니할 이가 없으니라. 또 記號(기호)가 華足安行(화족안행)인 것은 果(과)를 가져서 因行(인행)한 것을 取(취)하고,

取(취)는 가지는 것이니 버리지 아니하는 뜻이다.

菩薩(보살)이 보배로 된 꽃이 발을 받치는 것은 因(인)을 말미암아 果(과)에 가는 것을 取(취)하니, 因果(인과)가 서로 처음과 나중(乃終)이 되어 옮고 옮아 이 道(도)에서 떠나지 아니한 것은, 이어서 끊기지 아니하게 하고자 하시므로 옮겨 記(기)하신 것이 있느니라.】 舍利弗(사리불)아, 華光佛(화광불)이 滅度(멸도)한 後(후)에

녀디 아니ᄒᆞ리[55] 업스니라 ᄯᅩ 記긩號ᅘᅩᇢ ㅣ 華ᅘᅪᇰ足죡安한行ᅘᆡᇰ은[56] 果과ᇰ를 가져셔 因인行ᅘᆡᇰ호ᄆᆞᆯ 取츙ᄒᆞ고[57]

取츙ᄂᆞᆫ 가질 씨니 ᄇᆞ리디 아니ᄒᆞ논[58] ᄠᅳ디라[59]

菩뽕薩삻이 보ᄇᆡ옛[60] 고지 발 바도ᄆᆞᆫ 因인을 브터 果과ᇰ애 가ᄆᆞᆯ[61] 取츙ᄒᆞ니 因인果광ㅣ 서르[62] 처ᅀᅥᆷ[63] 乃냉終즁이 ᄃᆞ외야 올맘[64] 이 道ᄯᅩᇢ애 여희디 아니호ᄆᆞᆫ 니ᅀᅥ 긋디[65] 아니케[66] 코져[67] ᄒᆞ실ᄊᆡ 옮겨 記긩ᄒᆞ샤미[68] 잇ᄂᆞ니라 】 舍샹利링弗붏아 華ᅘᅪᇰ光광佛뿛 滅멿度ᄯᅩᇰᄒᆞᆫ[69] 後ᅘᅮᇢ에

55) 아니ᄒᆞ리: 아니ᄒᆞ[아니하다, 不(보용, 부정): 아니(아니, 不: 부사, 부정) + -ᄒᆞ(동접)-]- + -ㄹ(관전) # 이(이, 者: 의명) + -∅(← -이: 주조)

56) 華足安行ᄋᆞᆫ: 華足安行(화족안행) + -ᄋᆞᆫ(보조사, 주제) ※ '華足安行ᄋᆞᆫ'은 문맥을 고려하여 '화족안행인 것은'으로 의역하여 옮긴다.

57) 取ᄒᆞ고: 取ᄒᆞ[취하다: 取(취: 불어) + -ᄒᆞ(동접)-]- + -고(연어, 나열) ※

58) 아니ᄒᆞ논: 아니ᄒᆞ[아니하다, 不(보용, 부정): 아니(아니, 不: 부사, 부정) + -ᄒᆞ(동접)-]- + -ㄴ(← -ᄂᆞ-: 현시)- + -오(대상)- + -ㄴ(관전)

59) ᄠᅳ디라: ᄠᅳᆮ(뜻, 意) + -이(서조)- + -∅(현시)- + -라(← -다: 평종)

60) 보ᄇᆡ옛: 보ᄇᆡ(보배, 寶) + -예(← -에: 부조, 위치) + -ㅅ(-의: 관조) ※ '보ᄇᆡ옛'는 '보배로 된'으로 의역하여 옮긴다.

61) 가ᄆᆞᆯ: 가(가다, 去)- + -ㅁ(← -옴: 명전) + -ᄋᆞᆯ(목조)

62) 서르: 서로, 相(부사)

63) 처ᅀᅥᆷ: [처음, 初: 처ᅀᅥ(← 첫: 첫, 관사) + -엄(명접)]

64) 올맘: 옮(옮다, 移)- + -암(동작의 반복)

65) 긋디: 긋(← 긏다: 끊어지다, 切)- + -디(-지: 연어, 부정)

66) 아니케: 아니ㅎ[← 아니ᄒᆞ다(아니하다, 無: 보용, 부정): 아니(아니, 不: 부사, 부정) + -ᄒᆞ(동접)-]- + -게(연어, 사동)

67) 코져: ㅎ(← ᄒᆞ다: 하다, 보용, 사동)- + -고져(-고자: 연어, 의도)

68) 記ᄒᆞ샤미: 記ᄒᆞ[기하다(수기하다): 記(기, 수기: 불어) + -ᄒᆞ(동접)-]- + -샤(← -시- : 주높)- + -ㅁ(← -옴 : 명전) + -이(주조)

69) 滅度ᄒᆞᆫ: 滅度ᄒᆞ[멸도하다: 滅度(멸도: 명사) + -ᄒᆞ(동접)-]- + -∅(과시)- + -ㄴ(관전) ※ '滅度(멸도)'는 승려가 죽는 것이다.(= 입적, 入寂)

[illegible]·에正·졍法·법·이世·솅間간·애이·쇼ᄆᆞᆫ·설·흔두小·숑劫·겁·이·오像·썅法·법·이世·솅間간·애이·쇼ᄆᆞ·도·설·흔두小·숑劫·겁·이리·라 法·법·이·처섬盛·쎵·히行·ᅘᆡᇰᄒᆞᇙ저·긘사ᄅᆞ·미能능·히現·현量·량·ᄋᆞ로體·톙得·득ᄒᆞ·야아·로·미正·졍·이·오 量·량·이·세가·지·니ᄒᆞ나ᄒᆞᆫ現·현量·량·이·니佛·뿛果·광·ᄅᆞᆯ자바·니ᄅᆞ·니·라後·ᅘᅮᇢ·에得·득ᄒᆞᆫ智·딩·ᄅᆞᆯ니ᄅᆞ·와다實·씷相·샹·애理·링·보·미·둘·히잇ᄂᆞ·니ᄒᆞ나ᄒᆞᆫ

正法(정법)이 世間(세간)에 있은 것은 서른두 小劫(소겁)이요, 像法(상법)이 世間(세간)에 있은 것도 서른두 小劫(소겁)이리라." 【法(법)이 처음 盛(성)히 行(행)할 적에는 사람이 能(능)히 現量(현량)으로 體得(체득)하여 아는 것이 正(정, 정법)이요,

量(양)이 세 가지니, 하나는 現量(현량)이니 佛果(불과)를 잡아 일으켰니라. 後(후)에 得(득)한 智(지)를 일으켜서 다 實相(실상)의 理(이)를 보는 것이 둘이 있나니, 하나는

正정法법[70]이 世솅間간애 이쇼ᄆᆞᆫ[71] 셜흔두 小숗劫겁이오 像썅法법[72]이 世솅間간애 이숌도 셜흔두 小숗劫겁이리라【法법 이 처ᅀᅥᆷ 盛쎵히 行ᅘᆡᆼᄒᆞᇙ 저긘[73] 사ᄅᆞ미 能능히 現현量량[74]ᄋᆞ로 體톙得득ᄒᆞ야 아로미 正졍이오

量량이 세 가지니 ᄒᆞ나ᄒᆞᆫ[75] 現현量량이니 佛뿛果광[76]ᄅᆞᆯ 자바 니ᄅᆞ니라[77] 後ᅘᅮᇢ에 得득ᄒᆞᆫ 智딩ᄅᆞᆯ 니ᄅᆞ와다[78] 相샹[79] 理링 보미 둘히[80] 잇ᄂᆞ니 ᄒᆞ나ᄒᆞᆫ

70) 正法: 정법. 삼법시(三法時)의 하나이다. 삼시법의 하나로서, 석가모니가 열반한 뒤 오백 년 또는 천 년 동안이다. 교법 · 수행 · 증과가 다 있어, 정법이 행하여진 시기이다.

71) 이쇼ᄆᆞᆫ: 이시(있다, 有)- + -옴(명전) + -ᄋᆞᆫ(보조사, 주제)

72) 像法: 상법. 삼시법의 하나이다. 정법시 다음의 천 년 동안이다. 이 동안에는 교법이 있기는 하지만 진실한 수행은 이루어지지 않으며, 증과를 얻는 사람도 없다

73) 저긘: 적(적, 때, 時: 의명) + -의(-에: 부조, 위치) + -ㄴ(← -는: 보조사, 주제)

74) 現量: 현량. 삼량(三量)의 하나로서, 비판과 분별이 없이 바깥의 사상(事象)을 그대로 깨달아 아는 일을 이른다. ※ '삼량(三量)'은 인식의 세 가지 근원으로, '현량((現量), 비량(比量), 비량(非量)'이 있다. '현량(現量)'은 언어와 분별을 떠난 직접 지각이나 직접 체험이다. 비량(比量)은 추리에 의한 인식이다. 비량(非量)은 그릇된 직접 지각과, 그릇된 추리에 의한 인식이다.

75) ᄒᆞ나ᄒᆞᆫ: ᄒᆞ나ㅎ(하나, 一: 수사, 양수) + -ᄋᆞᆫ(보조사, 주제)

76) 佛果: 불과. 불도를 닦아 이르는 부처의 지위이다.

77) 니ᄅᆞ니라: 니ᄅᆞ[일으키다, 起: 닐(일다, 일어나다, 起: 자동)- + -ᄋᆞ(사접)-]- + -Ø(과시)- + -니(원칙)- + -라(← -다: 평종)

78) 니ᄅᆞ와다: 니ᄅᆞ왇[일으키다, 起: 닐(일다, 일어나다, 起: 자동)- + -ᄋᆞ(사접)- + -왇(강접)-]- + -아(연어)

79) 實相: 실상. 불교에서 이르는 모든 존재의 참된 본성이다.

80) 둘히: 둘ㅎ(둘, 二: 수사, 양수) + -이(주조)

定位(정위)이니 定心(정심)이 맑아 境(경)을 다 밝게 證(증)하므로 이름이 '現量(현량)'이니, 現(현)은 밝은 것이다. 둘은 '散心(산심)의 現量(현량)'이니 散心(산심)은 흩어진 마음이다. 五識(오식)이 色(색) 等(등)을 緣(연)할 時節(시절)에 親(친)히 밝게 取(취)하듯 하니, 境體(경체)에 좁게 붙어 分明(분명)히 顯現(현현)한 것이니, 現(현)은 親(친)한 것이다. 둘은 '比量(비량)'이니 凡夫(범부)로부터 等覺(등각)에 이르도록 다 잡아 일으키니, 견주어서 아는 것이니 멀리서 연기를 보고 불이 있는 것을 견주어서 알듯 하니, (이는) 비록 불을 못 보아도 말씀이 虛(허)하지 아니한 까닭이다. 比(비)는 견주는

定뗭位윙[81]니 定뗭心심[82]이 ᄆᆞᆯ가 境경[83]을 다 ᄇᆞᆯ기[84] 證징ᄒᆞᆯᄊᆡ[85] 일후미 現현量량이니 現현은 ᄇᆞᆯᄀᆞᆯ 씨라 둘흔 散산心심[86] 現현量량이니 散산心심은 흐튼[87] ᄆᆞᅀᆞ미라 五옹識식[88]이 色ᄉᆡᆨ 等등 緣원ᄒᆞᇙ[89] 時씽節졇에 親친히 ᄇᆞᆯ기 取츙ᄒᆞᄃᆞᆺ ᄒᆞ니 境경體톙[90]예 조비[91] 브터 分분明명히 顯현現현[92]ᄒᆞᆯ 씨니 現현은 親친ᄒᆞᆯ 씨라 둘흔 比빙量량[93]이니 凡뻠夫붕[94]로셔 等등覺각[95]애 니르리 다 자바 니ᄅᆞ니 가ᄌᆞᆯ벼 알 씨니 머리셔 ᄂᆡ[96]를 보고 블 잇ᄂᆞᆫ ᄃᆞᆯ 가ᄌᆞᆯ벼 아ᄃᆞᆺ[97] ᄒᆞ니 비록 브를 몯 보아도 말ᄊᆞ미 虛헝티 아니ᄒᆞᆫ 젼ᄎᆞ라 比빙ᄂᆞᆫ 가ᄌᆞᆯ빌 씨라

---

81) 定位: 정위. 定位. 정해진 위치이다.

82) 定心: 정심. 마음을 한곳에 집중하여 산란하지 않는 상태인데, 정심은 산심(散心)에 대립한다.

83) 境: 경. 경계이다.

84) ᄇᆞᆯ기: [밝게, 明(부사): ᄇᆞᆰ(밝다, 明: 형사)- + -이(부접)]

85) 證ᄒᆞᆯᄊᆡ: 證ᄒᆞ[증하다, 깨닫다, 증명하다: 證(증: 불어) + -ᄒᆞ(동접)-]- + -ㄹᄊᆡ(-므로: 연어, 이유)

86) 散心: 산심. 한곳에 집중되지 않은 산란한 마음이다.

87) 흐튼: 흩(흩어지다, 散)- + -Ø(과시)- + -ㄴ(관전)

88) 五識: 오식. 안(眼) · 이(耳) · 비(鼻) · 설(舌) · 신(身)의 기관으로, 각각 색(色) · 성(聲) · 향(香) · 미(味) · 촉(觸)의 대상을 식별하는 안식(眼識) · 이식(耳識) · 비식(鼻識) · 설식(舌識) · 신식(身識)의 다섯 가지 마음 작용이다.

89) 緣ᄒᆞᇙ: 緣ᄒᆞ[연하다: 緣(연: 불어) + -ᄒᆞ(동접)-]- + -ㅭ(관전) ※ '緣(연)'은 말미암거나 어떤 현상이나 사물 따위가 원인이나 이유가 되는 것이다.

90) 境體: 경체. 경계의 몸이다.

91) 조비: [좁게, 狹(부사): 좁(좁다, 狹)- + -이(부접)]

92) 顯現: 현현. 물에 비친 달이나 거울 속의 모습 같이, 마음이 대상과 닮은 형상을 본뜨는 작용이다.

93) 比量: 비량. 삼량(三量)의 하나이다. 이미 아는 사실을 가지고 비교해서 아직 알지 못하는 사실을 추측하는 것이다. 곧 현재에 나타나지 않은 경계를 추측해 아는 것이다.

94) 凡夫: 범부. 견도(見道) 이전으로 올바른 이치를 깨닫지 못한 사람이다. 곧 지혜가 얕고 우둔한 중생을 불교에서 범부라 한다.

95) 等覺: 등각. 보살이 수행하는 단계로서, 보살의 수행이 꽉 차서 지혜와 공덕이 부처의 묘각과 같아지려는 지위이다.

96) ᄂᆡ를: ᄂᆡ(내, 냄새, 煙)] + -를(목조)

97) 아ᄃᆞᆺ: 아(← 알다: 알다, 知)- + -ᄃᆞᆺ(-듯: 연어, 흡사)

[15 앞]

셋은 證言量(증언량)이니 諸佛(제불)의 經敎(경교)로 證(증)하는 것이다. 聖人(성인)으로부터 (시간이) 벌어지는 것이 더욱 멀면, 사람이 오직 比量(비량)으로부터 아는 것이 像(상)이다. 正法(정법)은 敎(교)와 理(이)와 行(행)과 果(과)가 갖추어져 있고, 像法(상법)은 敎(교) · 理(이) · 行(행)이 있고 果(과)가 없으므로, 옛날은 聖賢(성현)이 得道(득도)한 이가 많더니 이제는 (성인의 도를) 못 듣겠으니, 이것이 正法(정법)과 像法(상법)의 效驗(효험)이 다른 것이다. 末法(말법)에 가면 속절없이 似量(사량)이 다녀서 荒唐(황당)하여 實(실)이 없으니, 비록 敎(교)와 理(리)가 있어도 行(행)과 果(과)가 없니라.】 그때에 四部衆(사부중)인 比丘(비구) ·

세ᄒᆞᆫ 證징言언量량[98]이니 諸졍佛뿛 經경敎곻[99]로 證징ᄒᆞᆯ 씨라

聖셩人신 버으로미[1] 더욱 멀면 사ᄅᆞ미 오직 比빙量량ᄋᆞ로브터 아로미 像쌍이라 正졍法법[2]은 敎곻와 理링와 行혱과 果광[3]왜 ᄀᆞᆽ고 像쌍法법은 敎곻理링行혱이 잇고 果광ㅣ 업슬ᄊᆡ 네ᄂᆞᆫ 聖셩賢현이 得득道똫ᄒᆞ니[4] 만터니 이젠 몯 드르리소니[5] 이 正졍法법 像쌍法법의 效횽驗엄 달오미라 末맗法법의 가면 쇽절업시 似ᄊᆞᆼ量량[6]이 ᄃᆞ녀[7] 荒황唐땅ᄒᆞ야 實씷 업스니 비록 敎곻理링 이셔도 行혱 果광ㅣ 업스니라】 그 ᄢᅴ 四ᄉᆞᆼ部뽕衆즁[8] 比삥丘쿻[9]

---

98) 證言量: 증언량. 불경에 적힌 문자의 가르침을 통해서 진리를 깨닫는 것이다.

99) 經敎: 경교. 불경(佛經)에 나타난 교리(敎理)이다.

1) 버으로미: 버을(벌어지다, 멀어지다, 隔)- + -옴(명전) + -이(주조)

2) 正法: 정법(= 正法時, 정법시). 부처님의 가르침이 이 세상에서 행해지는 기간이다. '정법(正法)·상법(像法)·말법(末法)'이라는 3시기 중에 정법이 행해지는 시기이다. 이 시기에는 가르침(敎)과 이치(理)와 실천(行), 그 결과로 인한 깨달음(果)이 바르게 갖춰져서 부처님의 가르침, 즉 정법이 완전히 행해진다. 이는 일반적으로 불멸 후 500년까지라고 본다.

3) 敎와 理와 行과 果: 교와 이와 행과 과. 깨달음에 이르는 네 과정이다. 교(敎)는 언어로 표현된 가르침이며, 이(理)는 가르침이 뜻하는 이치와 도리이다, 행(行)은 도리에 따라 닦는 수행이며, 과(果)는 수행의 결과로 얻은 깨달음이다.

4) 得道ᄒᆞ니: 得道ᄒᆞ[득도하다: 得道(득도) + -ᄒᆞ(동접)-]- + -∅(과시)- + -ㄴ(관전) # 이(이, 者: 의명) + -∅(← -이: 주조)

5) 드르리소니: 들(← 듣다, ㄷ불: 듣다, 聞)- + -으리(미시)- + -ㅅ(감동)- + -오(화자)- + -니(연어, 설명 계속)

6) 似量: 사량. 잘못된 추측이다.

7) ᄃᆞ녀: ᄃᆞᆮ니[다니다, 行: ᄃᆞᆮ(닫다, 달리다, 走)- + 니(가다, 行)-]- + -어(연어)

8) 四部衆: 사부중. 불교 교단을 구성하는 네 부류의 사람이다. 비구(比丘), 비구니(比丘尼), 우바새(優婆塞), 우바이(優婆夷).

9) 比丘: 비구. 출가하여 구족계(具足戒)를 받은 남자 승려이다.

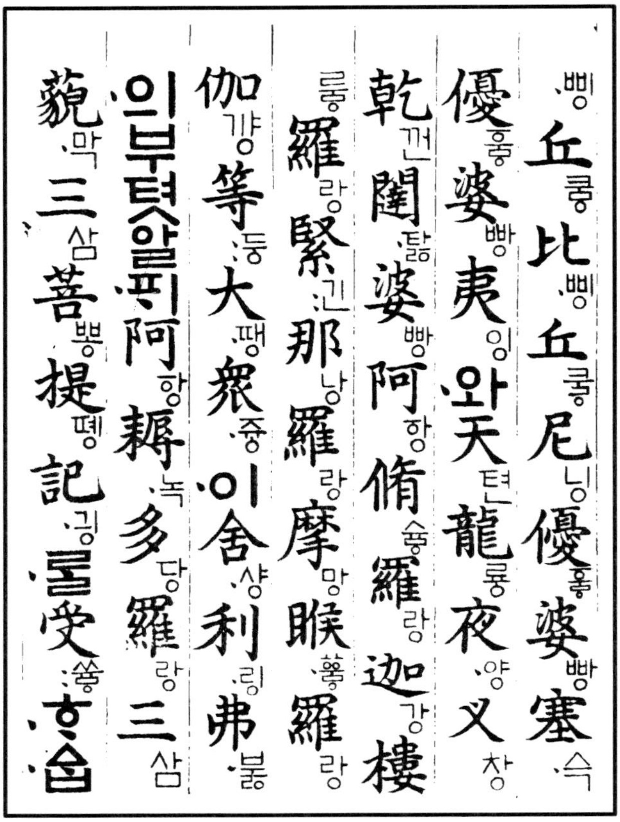
·삥丘쿻比·삥丘쿻尼닝優훟婆빵塞·ᄉᆡᆨ
優훟婆빵夷잉와天텬龍룡夜·양叉창
乾껀闥·탏婆빵阿항脩슣羅랑迦강樓
룽羅랑緊·긴那낭羅랑摩망睺훟羅랑
伽꺙等·등大·땡衆·즁·이舍·샹利·링弗·뿛
의부텨알ᄑᆡ阿항耨·녹多당羅랑三삼
藐·막三삼菩뽕提똉記·긩·를受·쓭·ᄒᆞ·숩

比丘尼(비구니)·優婆塞(우바새)·優婆夷(우바이)와 天(천)·龍(용)·夜叉(야차)·乾闥婆(건달바)·阿脩羅(아수라)·迦樓羅(가루라)·緊那羅(긴나라)·摩睺羅迦(마후라가) 等(등)의 大衆(대중)이, 舍利弗(사리불)이 부처의 앞에서 阿耨多羅三藐三菩提(아뇩다라삼먁삼보리)의 記(기)를 受(수)하거늘,

比삥丘쿨尼닝[10] 優훙婆빵塞슥[11] 優훙婆빵夷잉[12]와 天텬[13] 龍룡[14] 夜양叉창[15] 乾껀闥탏婆빵[16] 阿항脩슣羅랑[17] 迦강樓룽羅랑[18] 緊긴那낭羅랑[19] 摩망睺훟羅랑迦강[20] 等등 大땡衆즁이 舍샹利링弗붏의[21] 부텻 알ᄑᆡ[22] 阿항耨녹多당羅랑三삼藐막三삼菩뽕提뗑[23] 記긩[24]ᄅᆞᆯ 受쓯ᄒᆞᅀᆞᆸ거늘[25]

---

10) 比丘尼: 비구니. 출가하여 구족계를 받은 여자 승려이다.
11) 優婆塞: 우바새. 출가하지 않고 재가(在家)에서 부처의 가르침에 따르는 남자 신도이다.
12) 優婆夷: 우바이. 출가하지 않고 재가(在家)에서 부처의 가르침에 따르는 여자 신도이다.
13) 天: 천. 각 하늘(諸天)을 다스리는 천신(天神)을 이른다.
14) 龍: 용. 인도 신화에서 거대한 뱀의 형상을 지닌 '나가(Naga)'는 지하세계에서 대지의 보물을 지키는 존재로 묘사되는데, 불교에서는 불법(佛法)을 수호하는 용왕(龍王)으로 표현된다.
15) 夜叉: 야차. 팔부중(八部衆)의 하나로서, 사람을 괴롭히거나 해친다는 사나운 귀신이다.
16) 乾闥婆: 건달바. 건달바(Gandharra)왕. 팔부중(八部衆)의 하나이다. 수미산 남쪽의 금강굴에 살며 제석천(帝釋天)의 아악(雅樂)을 맡아보는 신으로, 술과 고기를 먹지 않고 향(香)만 먹으며 공중으로 날아다닌다고 한다.
17) 阿脩羅: 아수라. 팔부중(八部衆)의 하나이다. 싸우기를 좋아하는 귀신으로, 항상 제석천과 싸움을 벌인다.
18) 迦樓羅: 가루라. 인도신화에 나오는 상상의 새이다. 모습은 독수리와 비슷하고 날개는 봉황의 날개와 같다. 한번 날개를 펴면 360리나펼쳐진다고 한다. 사는 곳은 수미산 사해(四海)이다.
19) 緊那羅: 긴나라. 긴나라(kiṃnara)는 의인(疑人)·인비인(人非人)이라 번역한다. 팔부중(八部衆)의 하나로서, 노래하고 춤추는 신(神)으로 형상은 사람인지 아닌지 애매하다고 한다.
20) 摩睺羅迦: 마후라가(mahoraga). '대망신(大睺神)·대복행(大腹行)'이라 번역한다. 팔부중(八部衆)의 하나로서, 몸은 사람과 같고 머리는 뱀과 같은 형상을 한 음악의 신(神)이다. 또는 땅으로 기어 다닌다는 거대한 용(龍)이다.
21) 舍利弗의: 舍利弗(사리불) + -의(← -이: 주조) ※ 문맥을 감안하면 '舍利弗의'는 '舍利弗이'를 오기한 형태이다.
22) 알ᄑᆡ: 앒(앞, 前) + -ᄋᆡ(-에: 부조, 위치)
23) 阿耨多羅三藐三菩提: 아뇩다라삼먁삼보리. 가장 완벽한 깨달음을 뜻하는 말이다.
24) 記: 기. 수기(受記)이다.
25) 受ᄒᆞᅀᆞᆸ거늘: 受ᄒᆞ[수하다: 受(수: 불어) + -ᄒᆞ(동접)-]- + -ᅀᆞᆸ(객높) + -거늘(연어, 상황)

[16 앞]

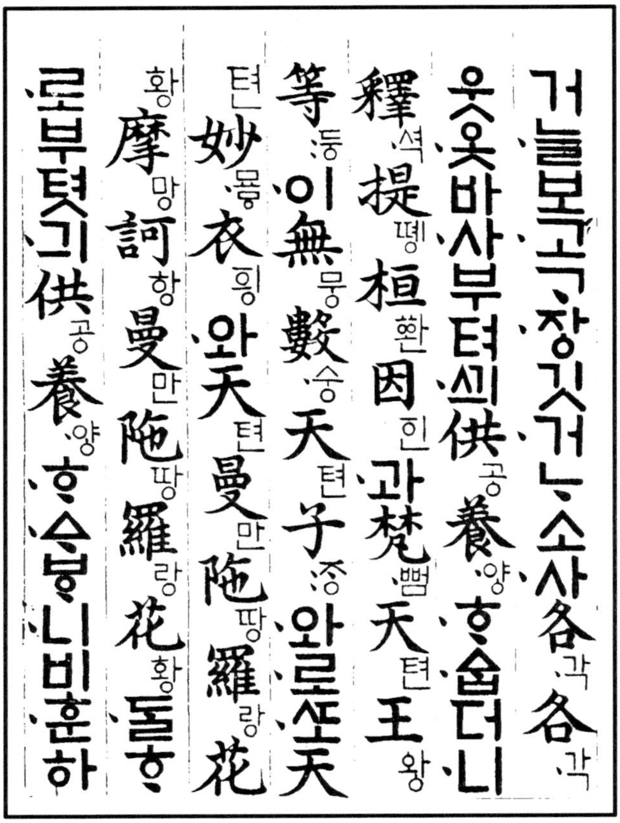
거늘 보ᅀᆞᆸ고 ᄀᆞ장 깃거 ᄂᆞ 소사 各각各각
웃옷 바사 부텨ᄭᅴ 供공養양ᄒᆞᅀᆞᆸ더니
釋셕提뗑桓환因ᅙᅵᆫ과 梵뻠天텬王왕
等등이 無뭉數숭 天텬子ᄌᆞᆼ와로 ᄯᅩ 天
텬妙묳衣ᅙᅴᆼ와 天텬曼만陁땅羅랑花
황 摩망訶항曼만陁땅羅랑花황 ᄃᆞᆼ ᄒᆞ
로 부텻긔 供공養양ᄒᆞᅀᆞᄫᆞ니 비흔 하

보고 매우 기뻐하여 솟아서 날아, 各各(각각) 웃옷을 벗어 부처께 供養(공양)하더니, 釋提桓因(석제환인)과 梵天王(범천왕) 等(등)이 無數(무수)한 天子(천자)와 함께 또 天妙衣(천묘의)와 天曼陁羅花(천만다라화)와 摩訶曼陁羅花(마하만다라화) 등으로 부처께 供養(공양)하니, 흩뿌린 하늘의 보고[26] ᄀᆞ장[27] 깃거[28] ᄂᆞ소사[29] 各각各각 옷옷 바사 부텨씌 供공養양ᄒᆞᅀᆞᆸ더니 釋셕提뗑桓뽠因힌[30]과 梵뻠天텬王왕[31] 等등이 無뭉數숭 天텬子ᄌᆞᆼ와로[32] ᄯᅩ 天텬妙묠衣힁[33]와 天텬曼만陁땅羅랑花황 摩망訶항曼만陁땅羅랑花황 돌ᄒᆞ로[34] 부텻긔 供공養양ᄒᆞᅀᆞᄫᆞ니 비흔[35] 하ᄂᆞᆳ[36]

26) 大衆이 … 보고: 서술어인 '보고'에 대응하는 주어는 앞 쪽에 있는 '大衆이'이다. 곧, 이 문맥은 '大衆이 舍利弗이 부처 앞에서…記를 受하는 것을 보고'로 표현할 수 있다.

27) ᄀᆞ장: 매우, 甚(부사)

28) 깃거: 깄(기뻐하다, 歡)- + -어(연어)

29) ᄂᆞ소사: ᄂᆞ솟[솟아서 날다, 踊躍: ᄂᆞ(← ᄂᆞᆯ다: 날다, 飛)- + 솟(솟다, 踊)-]- + -아(연어)

30) 釋提桓因: 석제환인. 십이천의 하나이다. 수미산 꼭대기에 있는 도리천의 임금으로, 사천왕과 삼십이천을 통솔하면서 불법과 불법에 귀의하는 사람을 보호하고 아수라의 군대를 정벌한다고 한다.(=帝釋天)

31) 梵天王: 범천왕. 색계(色界) 초선천(初禪天)의 우두머리이다. 제석천(帝釋天)과 함께 부처를 좌우에서 모시는 불법 수호의 신이다.

32) 天子와로: 天子(천자) + -와로(← -과로: 부조, 공동) ※ '天子(천자)'는 천계(天界)에 사는 신(神)이다.

33) 天妙衣: 천묘의. 하늘의 옷이다.

34) 돌ᄒᆞ로: 돌ㅎ(등, 等: 의명) + -ᄋᆞ로(부조, 방편)

35) 비흔: 빟(흩뿌리다, 散)- + -Ø(과시)- + -우(대상)- + -ㄴ(관전)

36) 하ᄂᆞᆳ: 하ᄂᆞᆯ(← 하ᄂᆞᆯㅎ: 하늘, 天) + -ㅅ(-의: 관조)

[16 뒤]

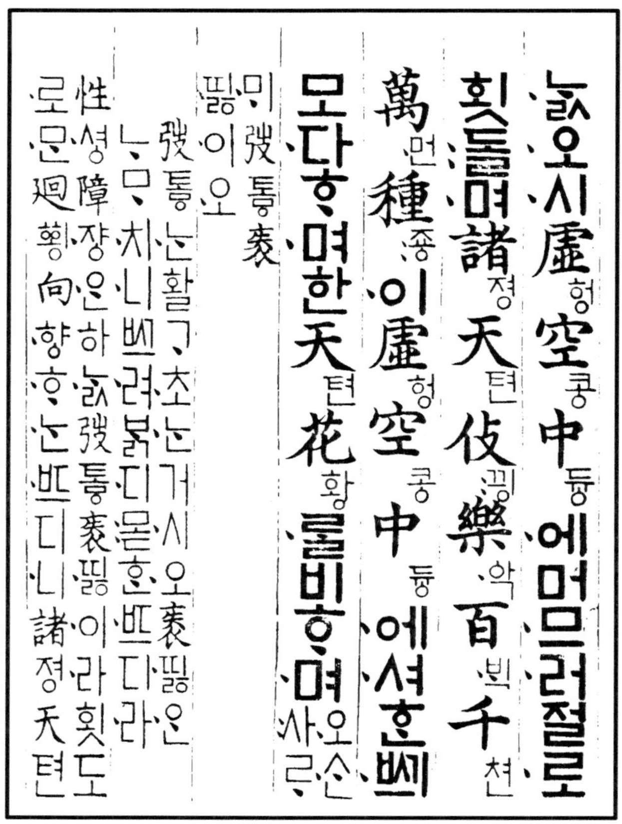
ᄂᆞᆳ 오시 虛헝空콩中듕에 머므러 절로 횟ᄃᆞᆯ며 諸졍天텬伎낑樂악 百빅千쳔 萬먼種죵이 虛헝空콩中듕에셔 ᄒᆞᆫᄢᅴ 모다 ᄒᆞ며 한 天텬花황ᄅᆞᆯ 비ᄒᆞ며 오ᄉᆞᆫ 사ᄅᆞ미 弢톻袠ᄄᆞᇙ이오 弢톻ᄂᆞᆫ 활ᄀᆞ초ᄂᆞᆫ 거시오 袠ᄄᆞᇙ은 ᄂᆞᄆᆞ치니 ᄢᅳ려 ᄇᆞᆰ디 몯ᄒᆞᆫ ᄠᅳ디라 性셩障쟝ᄋᆞᆫ 하ᄂᆞᆳ 弢톻袠ᄄᆞᇙ이라 횟도로ᄆᆞᆫ 廻횡向향ᄒᆞᄂᆞᆫ ᄠᅳ디니 諸졍天텬

옷이 虛空(허공) 中(중)에 머물러 저절로 휘돌며, 諸天(제천)의 伎樂(기악) 百千萬(백천만) 種(종)이 虛空(허공) 中(중)에서 한때에 모두 울리며, 많은 天花(천화)를 흩뿌리며【옷은 사람의 弢袠(도질)이오

弢(도)는 활을 간직하는 것이요 袠(질)은 자루이니, (弢袠은) 꾸려서 밝지 못한 뜻이다.

性障(성장)은 하늘의 弢袠(도질)이다. 휘돈 것은 廻向(회향)하는 뜻이니, 諸天(제천)이

오시 虛헝空콩 中듕에 머므러[37] 절로[38] 횟돌며[39] 諸졍天텬 伎끵樂악[40] 百빅千쳔萬먼 種죵이 虛헝空콩 中듕에셔 ᄒᆞᆫᄢᅴ[41] 모다[42] ᄒᆞ며[43] 한 天텬花황[44]를 비ᄒᆞ며【오ᅀᆞᆫ 사ᄅᆞᄆᆡ 弢톻衺떓[45]이오

弢톻ᄂᆞᆫ 활 ᄀᆞ초ᄂᆞᆫ[46] 거시오 衺떓ᄋᆞᆫ ᄂᆞᄆᆞ치니[47] ᄢᅳ려[48] 붊디 몯ᄒᆞᆫ ᄠᅳ디라 性셩障쟝[49]ᄋᆞᆫ 하ᄂᆞᆳ 弢톻衺떓이라 횟도로ᄆᆞᆫ[50] 廻횅向향[51]ᄒᆞᄂᆞᆫ ᄠᅳ디니 諸졍天텬이

---

37) 머므러: 머믈(머물다, 住)- + -어(연어)

38) 절로: [절로, 저절로, 自(부사): 절(← 저: 己, 인대, 재귀칭) + -로(부조▷부접)]

39) 횟돌며: 횟도[← 횟돌다(휘돌다, 旋): 횟(접두, 강조)- + 돌(돌다, 回: 동사)-]- + -며(연어, 나열)

40) 伎樂: 기악. 악사가 연주하는 음악이다.

41) ᄒᆞᆫᄢᅴ: [한때에, 함께, 一時(부사): ᄒᆞᆫ(한, 一: 관사, 양수) + ᄢᅵ(← ᄣᅳ: 때, 時) + -의(부조, 위치, 시간)] ※ 'ᄒᆞᆫᄢᅴ'는 『묘법연화경』의 원문에 '一時'로 기술되어 있으므로, '한때에'로 옮긴다.

42) 모다: [모두, 皆(부사): 몯(모이다, 集)- + -아(연어▷부접)]

43) ᄒᆞ며: ᄒᆞ(하다, 작동하다, 作)- + -며(연어, 나열) ※ 'ᄒᆞ다'는 문맥상 '울리다(연주되다)'로 의역하여 옮긴다.

44) 天花: 천화. 천상계에 핀다는 영묘한 꽃이다. 또는 천상계의 꽃에 비길 만한 영묘한 꽃이다.

45) 弢衺: 도질. '활집(弓甲, 궁갑)'이다.

46) ᄀᆞ초ᄂᆞᆫ: ᄀᆞ초[간직하다, 감추다, 藏: ᄀᆞᆽ(갖추어져 있다, 備: 형사)- + -호(사접)-]- + -ᄂᆞ(현시)- + -ㄴ(관전)

47) ᄂᆞᄆᆞ치니: ᄂᆞᄆᆞᆾ(자루, 주머니) + -이(서조)- + -니(연어, 설명 계속)

48) ᄢᅳ려: ᄢᅳ리(꾸리다, 싸다, 包)- + -어(연어)

49) 性障: 성장. 성품 자체로 말미암은 장애이다.

50) 횟도로ᄆᆞᆫ: 횟도[← 횟돌다(휘돌다, 旋): 횟(접두, 강조)- + 돌(돌다, 回: 동사)-]- + -옴(명전) + -ᄋᆞᆫ(보조사, 주제)

51) 廻向: 회향. 불교에서 자기가 닦은 선근공덕(善根功德)을 다른 사람이나 자기의 불과(佛果 : 수행의 결과)로 돌려 함께 하는 일이다.

[17 앞]

妙法(묘법)을 들은 것을 因(인)하여 性障(성장)을 떨쳐서 작은 것을 돌이켜서 큰 데에 向(향)하게 하므로, 옷을 벗어 부처를 供養(공양)하여 精誠(정성)을 바쳐 天猳(천도)를 끄르며 天袠(천질)을 떨쳐버린 것을 表(표)하였니라.

莊周(장주)가 이르되, "이미 되어서 살고 또 되어서 죽는데, 산 것이 애달프고 슬프게 여기며 사람이 슬퍼하나니, 天猳(천도)를 끄르며 天袠(천질)을 떨어 버려 어지럽게 고쳐 되어서, 넋이 갈 적에 몸이 좇는 것이 큰 돌아감이라."고 하였니라.

옷이 空中(공중)에 머물러 저절로 휘돈 것은 廻向(회향)의 精誠(정성)에 感(감)한 것이다. 】

妙$_{묘ᇹ}$法$_{법}$ 듣ᄌᆞ보ᄆᆞᆯ[52] 因$_{인}$ᄒᆞ야 性$_{셩}$障$_{쟝}$ᄋᆞᆯ 여희여 저근 거슬 두르ᅘᅧ[53] 큰 ᄃᆡ[54] 向$_{향}$ᄒᆞᆯᄊᆡ 옷 바사 부텨 供$_{공}$養$_{양}$ᄒᆞᅀᆞ바 精$_{졍}$誠$_{쎵}$을 바텨[55] 天$_{텬}$弢$_{톻}$ᄅᆞᆯ 그르며[56] 天$_{텬}$袠$_{띯}$을 ᄠᅥ러[57] ᄇᆞ료ᄆᆞᆯ 表$_{뵿}$ᄒᆞ니라

莊$_{장}$周$_{즇}$[58] ㅣ 닐오ᄃᆡ ᄒᆞ마 ᄃᆞ외야 살오 ᄯᅩ ᄃᆞ외야 죽거든 산 거시 ᄆᆞᆯᄫᅵ[59] 너기며 사ᄅᆞ미 슬허ᄒᆞᄂᆞ니[60] 天$_{텬}$弢$_{톻}$ᄅᆞᆯ 그르며 天$_{텬}$袠$_{톻}$을 ᄠᅥ러 ᄇᆞ려 어즈러ᄫᅵ[61] 고텨 ᄃᆞ외야 넉시 갏 저긔 모미 조초미[62] 큰 도라가미라[63] ᄒᆞ니라

오시 空$_{콩}$中$_{듕}$에 머므러 절로 횟도로ᄆᆞᆫ 廻$_{횅}$向$_{향}$ 精$_{졍}$誠$_{쎵}$의 感$_{감}$호미라[64]】

52) 듣ᄌᆞ보ᄆᆞᆯ: 듣(듣다, 聞)- + -ᄌᆞᇦ(← -ᄌᆞᆸ-: 객높)- + -옴(명전) + -ᄋᆞᆯ(목조)

53) 두르ᅘᅧ: 두르ᅘᅧ[돌이키다, 廻: 두르(두르다, 旋: 타동)- + -ᅘᅧ(강접)-]- + -어(연어)

54) ᄃᆡ: ᄃᆞ(데, 處: 의명) + -ᄋᆡ(-에: 부조, 위치)

55) 바텨: 바티[바치다, 獻: 받(받다, 受)- + -히(사접)-]- + -어(연어)

56) 그르며: 그르(끄르다, 풀다, 解)- + -며(연어, 나열)

57) ᄠᅥ러: ᄠᅥᆯ(떨다, 離)- + -어(연어) ※ 'ᄠᅥᆯ다(떨다)'는 달려 있거나 붙어 있는 것을 쳐서 떼어 내는 것이다.

58) 莊周: 장주. 장자(莊子)이다. 중국 전국 시대의 사상가(B.C.365?~B.C.270?). 이름은 주(周). 도가 사상의 중심인물로, 유교의 인위적인 예교(禮敎)를 부정하고 자연으로 돌아가자는 자연 철학을 제창하였다. 현종이 '남화진인'이라는 시호를 내렸다. 저서에 『장자』가 있다.

59) ᄆᆞᆯᄫᅵ: [애달프고 슬프게(부사): ᄆᆞᆲ(← ᄆᆞᆲ다, ㅂ불: 애달프고 슬프다, 형사)- + -이(부접)]

60) 슬허ᄒᆞᄂᆞ니: 슬허ᄒᆞ[슬퍼하다, 哀: 슳(슬퍼하다, 哀)- + -어(연어) + ᄒᆞ(보용)-]- + -ᄂᆞ(현시)- + -니(연어, 설명 계속)

61) 어즈러ᄫᅵ: [어지러이, 어지럽게, 耗(부사): 어즈러ᇦ(← 어즈럽다, ㅂ불: 어지럽다, 亂, 형사)- + -이(부접)]

62) 조초미: 좇(좇다, 따르다, 從)- + -옴(명전) + -이(주조)

63) 도라가미라: 도라가[돌아가다, 歸: 돌(돌다, 回)- + -아(연어) + 가(가다, 去)-]- + -ㅁ(← -옴: 명전)- + -이(서조)- + -Ø(현시)- + -라(← -다: 평종)

64) 感호미라: 感ㅎ[← 感ᄒᆞ다(감하다, 감동하다): 感(감: 불어) + -ᄒᆞ(동접)-]- + -옴(명전) + -이(서조)- + -Ø(현시)- + -라(← -다: 평종)

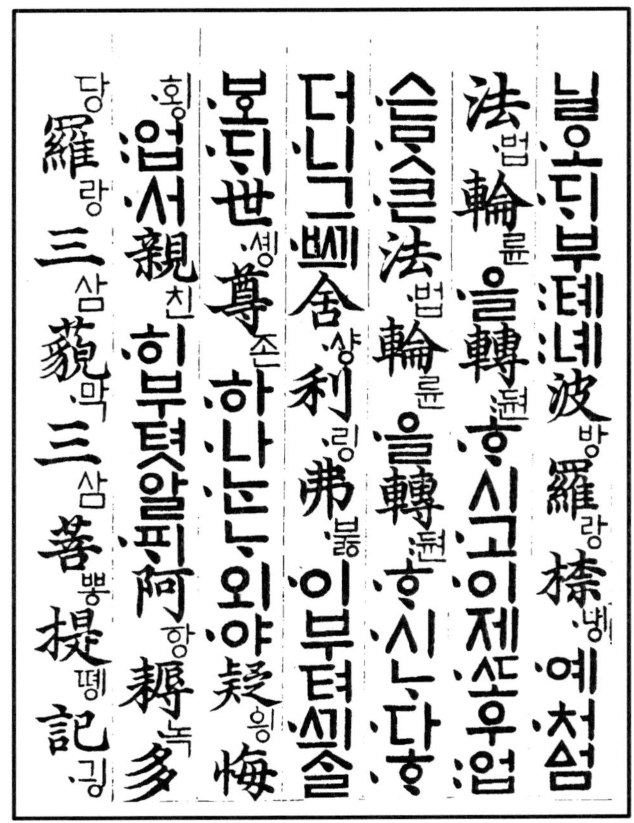

닐오ᄃᆡ 부톄 녜 波방羅랑榛ᄂᆡᆼ예 처ᅀᅥᆷ
法법輪륜을 轉뒨ᄒᆞ시고 이제 ᄯᅩ 우업
스ᄂᆞᆫ 큰 法법輪륜을 轉뒨ᄒᆞ시ᄂᆞ다 ᄒᆞ
더니 그ᄢᅴ 舍샹利링弗붏이 부텨ᄭᅴ ᄉᆞᆯ
ᄫᅩᄃᆡ 世솅尊존하 나ᄂᆞᆫ ᄂᆞ외야 疑읭悔
횡 업서 親친히 부텻 알ᄑᆡ 阿항耨녹多
당羅랑三삼藐막三삼菩뽕提똉記긩

이르되, "부처가 옛날에 波羅榛(바라내)에서 처음으로 法輪(법륜)을 轉(전)하시고, 이제 또 위가 없는 가장 큰 法輪(법륜)을 轉(전)하신다."고 하더니, 그때에 舍利弗(사리불)이 부처께 사뢰되 "世尊(세존)이시여, 나는 다시 疑悔(의회)가 없어 親(친)히 부처의 앞에 阿耨多羅三藐三菩提(아뇩다라삼먁보리)의 記(기)를 닐오ᄃᆡ 부톄 네 波방羅랑捺낭[65]애 처ᅀᅥᆷ 法법輪륜[66]을 轉뎐ᄒᆞ시고[67] 이제 ᄯᅩ 우[68] 업슨 ᄆᆞᆺ[69] 큰 法법輪륜을 轉뎐ᄒᆞ시ᄂᆞ다 ᄒᆞ더니 그 ᄢᅴ[70] 舍샹利링弗붏이 부텨ᄭᅴ ᄉᆞᆯᄫᆞᄃᆡ 世솅尊존하 나ᄂᆞᆫ ᄂᆞ외야[71] 疑읭悔횡[72] 업서 親친히 부텻 알ᄑᆡ[73] 阿항耨녹多당羅랑三삼藐막三삼菩뽕提똉 記긩를

---

65) 波羅捺: 바라내. 중인도 마갈타국 서북쪽에 있던 나라이다. 이 나라의 녹야원(鹿野園)에서 부처님이 처음으로 설법하셨다.

66) 法輪: 법륜. 사륜(四輪)의 하나이다. '부처의 교법'을 전륜왕의 금륜(金輪)이 산과 바위를 부수고 거침없이 나아가는 것에 비유하여 이르는 말이다.

67) 轉ᄒᆞ시고: 轉ᄒᆞ[전하다, 굴리다: 轉(전: 불어) + -ᄒᆞ(동접)-]- + -시(주높)- + -고(연어, 나열, 계기) ※ '轉(전)'은 굴리는 것이다.

68) 우: 우(← 우ㅎ: 위, 上)

69) ᄆᆞᆺ: 가장, 제일, 最(부사)

70) ᄢᅴ: ᄢᅳ(← ᄣᅳ: 때, 時) + -의(-에: 부조, 위치)

71) ᄂᆞ외야: [다시, 거듭하여, 復(부사): ᄂᆞ외(거듭하다, 復: 동사)- + -야(← -아: 연어 ▷ 부접)]

72) 疑悔: 의회. 의심과 뉘우침(後悔)이다.

73) 알ᄑᆡ: 알ᄑᆞ(앞, 前) + -ᄋᆡ(-에: 부조, 위치)

[18 앞]

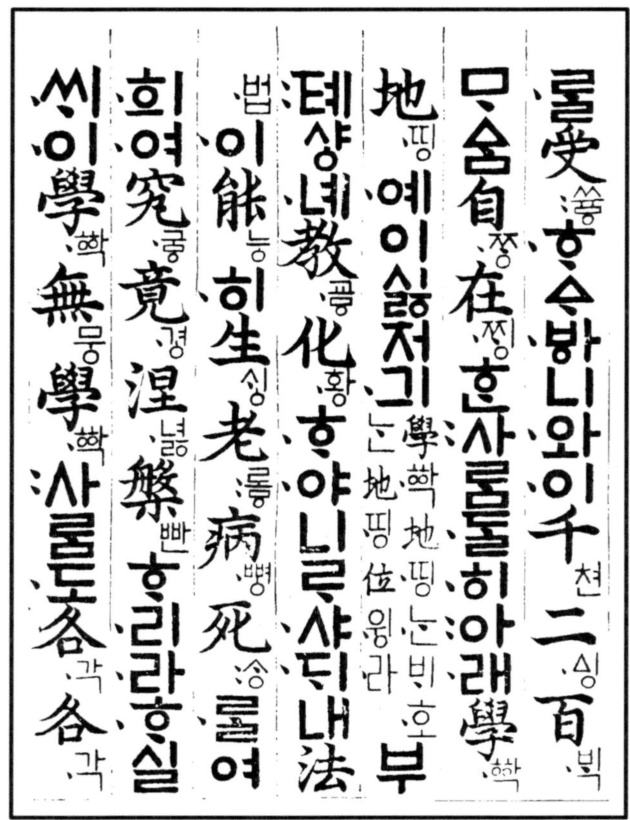

受(수)하거니와, 이 千二百(천이백)의 마음이 自在(자재)한 사람들이 옛날에 學地(학지)에 있을 적에【學地(학지)는 배우는 地位(지위)이다.】, 부처가 항상 教化(교화)하여 이르시되 "나의 法(법)이 能(능)히 生老病死(생로병사)를 떨쳐서 究竟涅槃(구경열반)하리라."고 하시므로, 이 學無學(학무학)의 사람도 各各(각각)

受쓔ᇢᄒᆞᅀᆞᄫᅡ니와[74] 이 千쳔二ᅀᅵᆼ百ᄇᆡᆨ ᄆᆞᅀᆞᆷ 自ᄍᆞᆼ在ᄍᆡᆼ[75]ᄒᆞᆫ 사ᄅᆞᆷᄃᆞᆯ히 아래[76] 學ᅘᅡᆨ地띵[77]예 이싫 저긔【學ᅘᅡᆨ地띵ᄂᆞᆫ ᄇᆡ호ᄂᆞᆫ[78] 地띵位ᄋᆔᆼ라】 부텨 샹녜 敎ᄀᆞᇢ化ᅘᅪᆼᄒᆞ야 니ᄅᆞ샤ᄃᆡ 내[79] 法법이 能ᄂᆞᆼ히 生ᄉᆡᆼ老ᄅᆞᇢ病뼝死ᄉᆞᆼ를 여희여 究ᄀᆞᇢ竟경涅녀ᇙ槃빤[80]ᄒᆞ리라 ᄒᆞ실ᄊᆡ 이 學ᅘᅡᆨ無뭉學ᅘᅡᆨ[81] 사ᄅᆞᆷ도 各각各각

74) 受ᄒᆞᅀᆞᄫᅡ니와: 受ᄒᆞ[수하다(받다): 受(수: 불어) + -ᄒᆞ(동접)-]- + -ᅀᆞᇦ(← -ᅀᆞᆸ-: 객높)- + -아니와(-거니와: 연어, 인정 첨가)

75) 自在: 자재. 속박이나 장애 없이 마음대로 하는 것이다.

76) 아래: 아래(옛날, 昔) + -애(-에: 부조, 위치)

77) 學地: 아직 번뇌가 남아 있어, 아라한(阿羅漢)의 경지에 이르기 위해서는 더 수행해야 하는 견도(見道) · 수도(修道)의 단계이다.

78) ᄇᆡ호ᄂᆞᆫ: ᄇᆡ호[배우다, 學: ᄇᆡᇦ(버릇이 되다, 길들다, 習: 자동)- + -오(사접)-]- + -ㄴ(← -ᄂᆞ-: 현시)- + -ㄴ(관전)

79) 내: 나(나, 我: 인대, 정칭) + -ㅣ(← -이: 관조)

80) 究竟涅槃: 구경열반. 가장 높은 경지에 이른 열반, 곧 부처의 경계이다.

81) 學無學: 학무학. 그 당시로서는 다 알지 못하여 무학(無學)에게서 배우는 것이나, 또는 배우는 사람이다. 학(學)은 배우는 것이고, 무학(無學)은 다 알아서 더 배울 것이 없는 것이다.

[18 뒤]

제ᄒᆞ마我앙見견과有웋無뭉見견等
둥을여희여涅녏槃빤을得득호라ᄒᆞ
더니이제世솅尊존알ᄑᆡ몯듣ᄌᆞᄫᆞ던이
ᄅᆞᆯ듣ᄌᆞᆸ고다疑읭惑ᅘᅬᆨ애ᄠᅥ러디옛ᄂᆞ
니ᄆᆞᅀᆞᆷ自ᄍᆞᆼ在ᄍᆡᆼᄒᆞ니ᄂᆞᆫ無뭉學ᅘᅡᆨ羅
랑漢한이오學ᅘᅡᆨ無뭉學ᅘᅡᆨ은小숗
聲셩聞문이니녜부텻敎공化황ᄅᆞᆯ닙
ᄉᆞ방제究궁竟경호라ᄒᆞ야見견을잔
쳐寂쩍에갯다가이제비록涅녏槃빤
을닐어도眞진實씷ㅅ滅멿度똥ㅣ아

"자기가 이미 我見(아견)과 有無見(유무견) 等(등)을 떨치어 涅槃(열반)을 得(득)하였다."고 하더니, 이제 世尊(세존)의 앞에서 (전에) 못 듣던 일을 듣고 다 疑惑(의혹)에 떨어져 있나니【 마음이 自在(자재)한 이는 無學(무학)의 羅漢(나한)이고, 學無學(학무학)은 小聲聞(소성문)이니, (학무학이) 옛날에 부처의 敎化(교화)를 입어서 "자기가 究竟(구경)하였다."고 하여, 見(견)을 가라앉혀 寂(적)에 가 있다가, 이제 비록 (부처가) 涅槃(열반)을 일러도 (그것이) 眞實(진실)의 滅度(멸도)가 아니라고

제[82] ᄒᆞ마 我ᅌᅡᆼ見견[83]과 有ᅌᅮᇢ無뭉見견[84] 等등을 여희여 涅녀ᇙ槃빤ᄋᆞᆯ 得득호라[85] ᄒᆞ더니 이제 世솅尊존 알ᄑᆡ 몯 듣ᄌᆞᆸ던 이ᄅᆞᆯ 듣ᄌᆞᆸ고 다 疑ᅌᅴᆼ惑ᅘᅬᆨ애 ᄠᅥ러디옛ᄂᆞ니[86] 【ᄆᆞᅀᆞᆷ 自ᄍᆞᆼ在ᄍᆡᆼᄒᆞ니ᄂᆞᆫ[87] 無뭉學ᅘᅡᆨ 羅랑漢한이오[88] 學ᅘᅡᆨ無뭉學ᅘᅡᆨᄋᆞᆫ 小셔ᇢ聲셩聞문[89]이니 네 부텻 敎ᄀᅸᇢ化ᅘᅪᆼᄅᆞᆯ 닙ᄉᆞᄫᅡ[90] 제 究구ᇢ竟경호라[91] ᄒᆞ야 見견을 잔쳐[92] 寂쪅[93]에 갯다가[94] 이제 비록 涅녀ᇙ槃빤ᄋᆞᆯ 닐어도[95] 眞진ㅅ 滅며ᇙ度똥[96]ㅣ 아니라

82) 제: 저(저, 자기, 己: 인대, 제귀칭) + -ㅣ(←-이: 주조)

83) 我見: 아견. 자아(自我)에 변하지 않고 항상 독자적으로 존속하는 실체가 있다고 집착하는 그릇된 견해이다.

84) 有無見: 유무견. 유견과 무견을 아울러서 이르는 말이다. 유견(有見)은 모든 것은 참으로 존재한다는 것이며, 무견(無見)은 모든 것은 자성과 실체가 없어서 공하고 무하다는 것이다.

85) 得호라: 得ㅎ[← 得ᄒᆞ다(득하다, 얻다): 得(득: 불어) + -ᄒᆞ(동접)-]- + -∅(과시)- + -오(화자)- + -라(←-다: 평종)

86) ᄠᅥ러디옛ᄂᆞ니: ᄠᅥ러디[떨어지다, 落: ᄠᅥᆯ(떨다, 離)- + -어(연어) + 디(지다, 落)-]- + 예(←-어: 연어) + 잇(← 이시다: 있다, 보용, 완료 지속)- + -ᄂᆞ(현시)- + -니(연어, 설명 계속)

87) 自在ᄒᆞ니ᄂᆞᆫ: 自在ᄒᆞ[자재하다: 自在(자재) + -ᄒᆞ(동접)-]- + -∅(과시)- + -ㄴ(관전) # 이(이, 者: 의명) + -ᄂᆞᆫ(보조사, 주제)

88) 羅漢이오: 羅漢(나한) + -이(서조)- + -오(←-고: 연어, 나열) ※ '羅漢(나한)'은 온갖 번뇌를 끊고, 사제(四諦)의 이치를 바로 깨달아 세상 사람들의 존경을 받을 만한 공덕을 갖춘 성자이다. 혹은 생사를 이미 초월하여 배울 만한 법도가 없게 된 경지의 부처이다.(= 아라한, 阿羅漢)

89) 小聲聞: 소성문. 작은 성문이다. ※ '聲聞(성문)'은 설법을 듣고 사제(四諦)의 이치를 깨달아 아라한이 되고자 하는 불제자이다.

90) 닙ᄉᆞᄫᅡ: 닙(입다, 당하다, 被)- + -ᅀᆞᇦ(←-ᄉᆞᇦ-: 객높)- + -아(연어)

91) 究竟호라: 究竟ㅎ[← 究竟ᄒᆞ다(구경하다): 究竟(구경) + -ᄒᆞ(동접)-]- + -∅(과시)- + -오(화자)- + -라(←-다: 평종) ※ '究竟(구경)'은 사물을 철저하게 끝까지 추구하는 것이다. 뜻이 바뀌어서 사리(事理)의 마지막 경계의 뜻으로도 쓰인다.

92) 잔쳐: 잔치(← 자치다: 잦히다, 가라앉히다, 消)- + -어(연어)

93) 寂: 적. 모든 번뇌를 남김없이 소멸하여 평온하게 된 열반의 상태이다.

94) 갯다가: 가(가다, 去)- + -∅(←-아: 연어) + 잇(← 이시다: 보용, 완료 지속)- + -다가(연어, 전환) ※ '갯다가'는 '가 잇다가'가 축약된 형태이다.

95) 닐어도: 닐(← 니ᄅᆞ다: 이르다, 說)- + -어도(연어, 양보)

96) 滅度: 멸도. 모든 번뇌의 얽매임에서 벗어나고, 진리를 깨달아 불생불멸의 법을 체득한 경지이다. 불교의 궁극적인 실천 목적이다.

니라ᄒᆞ샤ᄆᆞᆯ듣ᄌᆞᄫᆞᆯᄊᆡ
疑읭惑획ᄋᆞᆯᄒᆞ니라
方방便뼌品픔世솅尊존ㅅ偈껭예
니ᄅᆞ샤ᄃᆡ내方방便뼌ᄋᆞᆯᄒᆞ야苦콩
다ᄋᆞᆯ道똥ᄅᆞᆯ닐어涅녏槃뺜ᄋᆞᆯ뵈요
니내비록涅녏槃뺜ᄋᆞᆯ닐어도眞진
實씷ㅅ滅멿度똥ㅣ
아니라ᄒᆞ시니라
됴ᄒᆞ실쎠世솅尊존하願원ᄒᆞᆫᄃᆞᆫ四ᄉᆞᆼ
衆즁爲윙ᄒᆞ샤그因힌緣원ᄋᆞᆯ니ᄅᆞ샤
疑읭悔횡ᄅᆞᆯ여희에ᄒᆞ쇼셔그ᄢᅴ부톄

(부처가) 하신 것을 들으므로, (사리불이) 疑惑(의혹)을 하였니라.

方便品(방편품)에 있는 世尊(세존)의 偈(게)에 이르시되 "내가 方便(방편)을 하여 苦(고)가 다할 道(도)를 일러 涅槃(열반)을 보이니, 내가 비록 涅槃(열반)을 일러도 (그것은) 眞實(진실)의 滅度(멸도)가 아니다."고 하셨니라.】

좋으시구나, 世尊(세존)이시여! 願(원)하건대 四衆(사중)을 爲(위)하시어 그 因緣(인연)을 이르시어 疑悔(의회)를 떨치게 하소서. 그때에 부처가

ᄒᆞ샤ᄆᆞᆯ 듣ᄌᆞᄫᆞᆯᄊᆡ 疑ᅌᅴᆼ惑ᅘᅬᆨᄋᆞᆯ ᄒᆞ니라

方방便뼌品픔[97] 世솅尊존ㅅ 偈꼥[98]예 니ᄅᆞ샤ᄃᆡ 내 方방便뼌을 ᄒᆞ야 苦콩 다ᄋᆞᇙ[99] 道똥ᄅᆞᆯ 닐어 涅녏槃빤ᄋᆞᆯ 뵈요니[1] 내 비록 涅녏槃빤ᄋᆞᆯ 닐어도 眞진ㅅ 滅멿度똥[2] ㅣ 아니라 ᄒᆞ시니라】

됴ᄒᆞ실쎠[3] 世솅尊존하 願원ᄒᆞᆫᄃᆞᆫ[4] 四ᄉᆞᆼ衆즁[5] 爲윙ᄒᆞ샤 그 因인緣원을 니ᄅᆞ샤 疑ᅌᅴᆼ悔ᅘᅬᆼ[6]ᄅᆞᆯ 여희에[7] ᄒᆞ쇼셔 그 ᄢᅴ 부톄

---

97) 方便品: 방편품. 『묘법연화경』(妙法蓮華經))의 제2품이다. 부처님께서 사리불에게 『묘법연화경』의 이전에 말씀하신 3승(三乘)의 가르침이 그대로 1승(一乘) 진실의 교인 것을 알린 편(篇)이다.

98) 偈: 게. 부처의 공덕이나 가르침을 찬탄하는 노래 글귀이다.

99) 다ᄋᆞᇙ: 다ᄋᆞ(다하다, 盡)- + -ᇙ(관전)

1) 뵈요니: 뵈[보이다, 示: 보(보다, 見)- + -ㅣ(← -이-: 사접)-]- + -오(화자)- + -니(연어, 설명 계속)

2) 滅度: 멸도. 모든 번뇌(煩惱)의 속박에서 벗어나고, 진리를 깨달아 불생(不生) 불멸(不滅)의 법을 체득한 경지이다. 불교의 최고 이상이다.

3) 됴ᄒᆞ실쎠: 둏(좋다, 好)- + -ᄋᆞ시(주높)- + -Ø(현시)- + -ㄹ쎠(-구나: 감종)

4) 願ᄒᆞᆫᄃᆞᆫ: 願ᄒᆞ[원하다: 願(원: 명사) -ᄒᆞ(동접)-]- + -ㄴᄃᆞᆫ(-건대: 연어, 주제 제시) ※ '-ㄴᄃᆞᆫ'은 [-ㄴ(관전) + ᄃᆞ(것, 者: 의명) + -ㄴ(← -ᄂᆞᆫ: 보조사, 주제)]의 방식으로 형성된 연결 어미이다. 뒤 절의 내용이 화자가 보거나 듣거나 바라거나 생각하는 따위의 내용임을 미리 밝히는 연결 어미이다. ※ 여기서는 '願하건대'로 의역하여 옮긴다.

5) 四衆: 사중. 부처의 네 종류의 제자이다. 비구(比丘, 남자중), 비구니(比丘尼, 여자중), 우바새(優婆塞, 속세의 남자), 우바니(優婆尼, 속세의 여자) 이다.

6) 疑悔: 의회. 의심과 뉘우침(後悔)이다.

7) 여희에: 여희(떨치다, 離)- + -에(← -게: 연어, 사동)

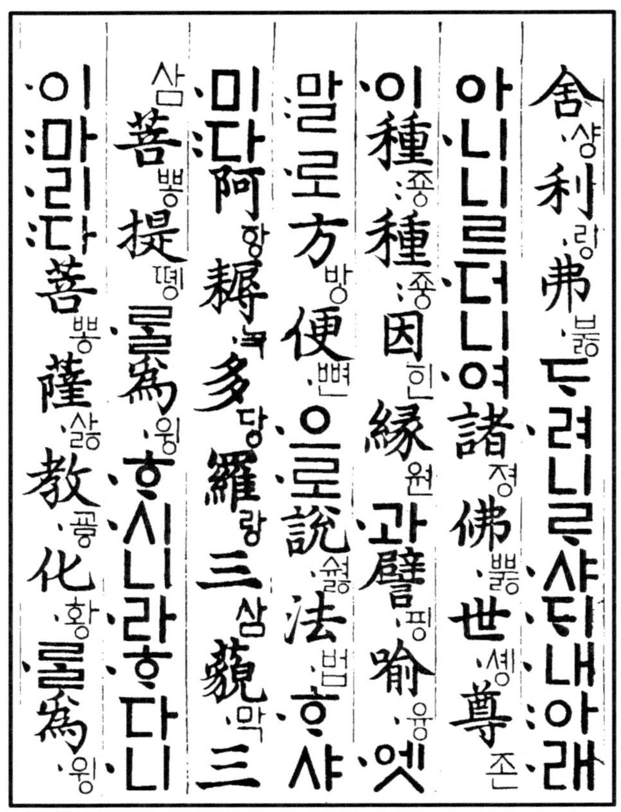
舍샹利링弗붏ᄃᆞ려 니ᄅᆞ샤ᄃᆡ 내 아래
아니 니ᄅᆞ더니여 諸졍佛뿛世솅尊존
이 種종種종因힌緣원과 譬핑喩융옛
말로 方방便뼌으로 說쉃法법ᄒᆞ샤
미 다 阿항耨녹多당羅랑三삼藐막三
삼菩뽕提똉ᄅᆞᆯ 爲윙ᄒᆞ시니라 ᄒᆞ다니
이 마리 다 菩뽕薩삻敎굥化황ᄅᆞᆯ 爲윙

舍利弗(사리불)더러 이르시되 "내가 옛날에 아니 일렀더냐? '(내가) 諸佛(제불)과 世尊(세존)이 種種(종종)의 因緣(인연)과 譬喩(비유)의 말로 方便(방편)으로 說法(설법)하신 것이 다 阿耨多羅三藐三菩提(아뇩다라삼먁삼보리)를 爲(위)하셨니라.'고 하였더니, 이 말이 다 菩薩(보살)의 敎化(교화)를 爲(위)하시는

舍샹利링弗붏ᄃᆞ려 니ᄅᆞ샤ᄃᆡ[8] 내 아래[9] 아니 니르더니여[10] 諸졍佛뿛世솅尊존이 種죵種죵 因인緣원과 譬핑喩융엣[11] 말로 方방便뼌으로 說숋法법ᄒᆞ샤미[12] 다 阿항耨녹多당羅랑三삼藐막三삼菩뽕提똉ᄅᆞᆯ 爲윙ᄒᆞ시니라 ᄒᆞ다니 이 마리 다 菩뽕薩삻 敎굫化황ᄅᆞᆯ 爲윙ᄒᆞ시논

---

8) 니ᄅᆞ샤ᄃᆡ: 니ᄅᆞ(이르다, 曰)- + -샤(←-시-: 주높)- + -ᄃᆡ(←-오ᄃᆡ: -되, 연어, 설명 계속)

9) 아래: 아래(예전, 옛날, 昔: 명사) + -애(-에: 부조, 위치)

10) 니르더니여: 니르(이르다, 言)- + -더(회상)- + -니(원칙)- + -여(-냐: 의종, 판정)

11) 譬喩엣: 譬喩(비유) + -에(부조, 위치) + -ㅅ(-의: 관조) ※ '譬喩엣'은 '비유로 (표현)하는'으로 의역하여 옮긴다. ※ '譬喩(비유)'는 어떤 현상이나 사물을 직접 설명하지 아니하고 다른 비슷한 현상이나 사물에 빗대어서 설명하는 일이다.

12) 說法ᄒᆞ샤미: 說法ᄒᆞ[설법하다: 說法(설법: 명사) + -ᄒᆞ(동접)-]- + -샤(←-시-: 주높)- + -ㅁ(←옴: 명전) + -이(주조)

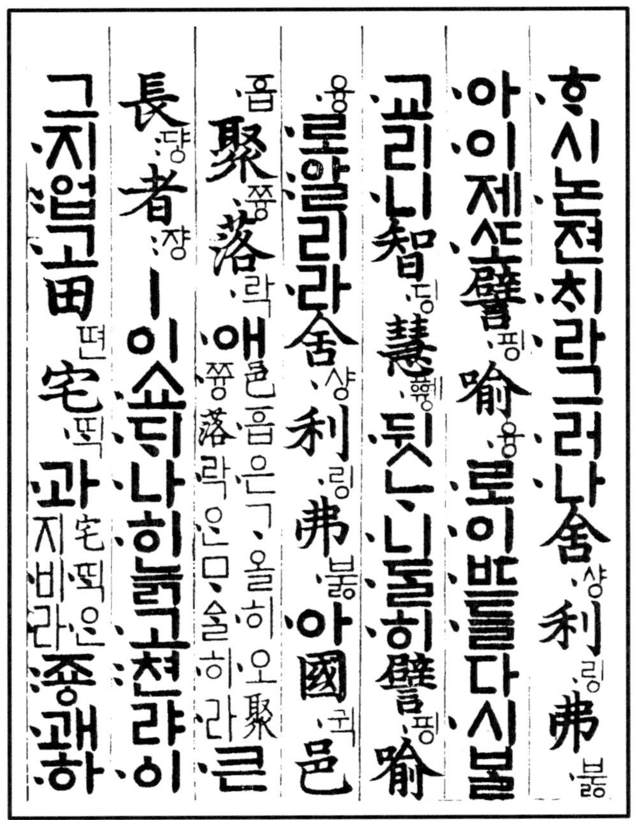
ᄒᆞ시논젼ᄎᆡ라그러나舍샹利링弗붏
아이제ᄯᅩ譬핑喩융로이ᄠᅳ들다시ᄇᆞᆯ
교리니智딩慧쀙뒷ᄂᆞ니ᄃᆞᆯ히譬핑喩
융로아ᄅᆞ리라舍샹利링弗붏아國귁邑
흡聚쭝落락애【邑흡ᄋᆞᆫᄀᆞ올히오聚쭝落락ᄋᆞᆫᄆᆞᅀᆞᆯ히라】큰
長댱者쟝ㅣ이쇼ᄃᆡ나히늙고쳔랴ᇰ이
그지업고田뗜宅ᄄᆡᆨ과【宅ᄄᆡᆨ은지비라】죵괘ᄒᆞ

까닭이다. 그러나 舍利弗(사리불)아, 이제 또 譬喩(비유)로 이 뜻을 다시 밝히겠으니, 智慧(지혜)를 두고 있는 이들이 譬喩(비유)로 알리라. 舍利弗(사리불)아, 國(국)의 邑(읍)과 聚落(취락)에【邑(읍)은 고을이요 聚落(취락)은 마을이다.】 큰 長者(장자)가 있되, 나이가 늙고 재물이 그지없고 田宅(전택)과【宅(택)은 집이다.】 종(僕)이 많더니

젼ᄎᆞ라[13] 그러나 舍샹利링弗붏아 이제 또 譬핑喩융로 이 ᄠᅳ들[14] 다시 ᄇᆞᆯ교리니[15] 智딩慧혱 뒷ᄂᆞ니ᄃᆞᆯ히[16] 譬핑喩융로 알리라 舍샹利링弗붏아 國귁 邑흡 聚쭝落락애【邑흡은 ᄀᆞ올히오[17] 聚쭝落락ᄋᆞᆫ ᄆᆞᅀᆞᆯ히라[18]】 큰 長댱者쟝[19]ㅣ 이쇼ᄃᆡ[20] 나히[21] 늙고 쳔랴이[22] 그지업고[23] 田뗜宅ᄯᅥᆨ[24]과【宅ᄯᅥᆨᄋᆞᆫ 지비라】 죵괘[25] 하더니

---

13) 젼ᄎᆞ라: 젼ᄎᆞ(까닭, 故) + -ㅣ(← -이-: 서조)- + -Ø(현시)- + -라(← -다: 평종)

14) ᄠᅳ들: ᄠᅳᆮ(뜻, 義) + -을(목조)

15) ᄇᆞᆯ교리니: ᄇᆞᆯ기[밝히다, 明: ᄇᆞᆰ(밝다, 明)- + -이(사접)-]- + -오(화자)- + -리(미시)- + -니(연어, 설명 계속)

16) 뒷ᄂᆞ니ᄃᆞᆯ히: 두(두다, 有)- + -Ø(← -어: 연어) # 잇(← 이시다: 보용, 완료 지속)- + -ᄂᆞ(현시)- + -ㄴ(관전) # 이ᄃᆞᆯㅎ[이들, 者等: 이(이, 者: 의명) + -ᄃᆞᆯㅎ(복접)] + -이(주조)

17) ᄀᆞ올히오: ᄀᆞ올ㅎ(고을, 邑) + -이(서조)- + -오(← -고: 연어, 나열)

18) ᄆᆞᅀᆞᆯ히라: ᄆᆞᅀᆞᆯㅎ(마을, 聚落) + -이(서조)- + -Ø(현시)- + -라(← -다: 평종)

19) 長者: 장자. 덕망이 뛰어나고 경험이 많아 세상일에 익숙한 어른이다.

20) 이쇼ᄃᆡ: 이시(있다, 有)- + -오ᄃᆡ(-되: 연어, 설명 계속)

21) 나히: 나ㅎ(나이, 年) + -이(주조)

22) 쳔랴이: 쳔량(재물, 財) + -이(주조)

23) 그지업고: 그지없[그지없다, 한없다: 그지(끝, 한도, 限: 명사) + 없(없다, 無: 형사)-]- + -고(연어, 나열)

24) 田宅: 전택. 논밭과 집을 아울러서 이르는 말이다.

25) 죵괘: 죵(종, 僕) + -과(접조) + -ㅣ(← -이: 주조)

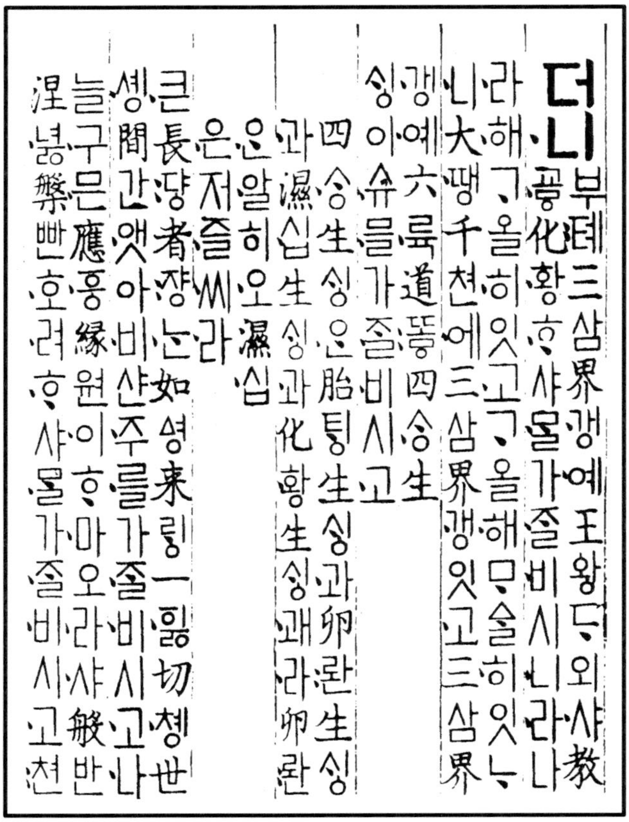

더니 부톄 三삼界갱예 王왕 ᄃᆞ외샤 教
굥化황ᄒᆞ샤ᄆᆞᆯ 가ᄌᆞᆯ비시니라 나
라해 ᄀᆞ올히 잇고 ᄀᆞ올해 ᄆᆞᅀᆞᆯ히 잇ᄂᆞ
니 大땡千천에 三삼界갱 잇고 三삼界
갱예 六륙道뚷 四ᄉᆞᆼ生
ᄉᆡᇰ이 이슈믈 가ᄌᆞᆯ비시고
四ᄉᆞᆼ生ᄉᆡᇰ은 胎ᄐᆡᆼ生ᄉᆡᇰ과 卵롼生ᄉᆡᇰ과 濕십生ᄉᆡᇰ과 化황生ᄉᆡᇰ괘라 卵롼ᄋᆞᆫ 알히오 濕십ᄋᆞᆫ 저즐씨라
큰 長댱者쟝ᄂᆞᆫ 如ᅀᅧᆼ來ᄅᆡᆼ 一ᅙᅵᇙ切촁世
솅間간앳 아비샤ᄆᆞᆯ 가ᄌᆞᆯ비시고 나
늘구믄 應ᅙᅳᆼ緣원이 ᄒᆞ마 오라샤 般반
涅녏槃빤ᄒᆞ려 ᄒᆞ샤ᄆᆞᆯ 가ᄌᆞᆯ비시고 쳔

【부처가 三界(삼계)에서 王(왕)이 되시어 教化(교화)하신 것을 비유하셨니라. 나라에 고을이 있고 고을에 마을이 있나니, 大千(대천)에 三界(삼계)가 있고 三界(삼계)에 六道(육도)와 四生(사생)이 있음을 비유하시고,

四生(사생)은 胎生(태생)과 卵生(난생)과 濕生(습생)이다. 卵(난)은 알이요 濕(습)은 젖는 것이다.

큰 長者(장자)는 如來(여래)가 一切(일체)의 世間(세간)에 있는 아버지이신 것을 비유하시고, 나이가 늙은 것은 應緣(응연)이 이미 오래시어 般涅槃(반열반)하려 하신 것을 비유하시고,

【부톄 三삼界갱[26]예 王왕 ᄃᆞ외샤 敎곻化황ᄒᆞ샤ᄆᆞᆯ 가ᄌᆞᆯ비시니라[27] 나라해 ᄀᆞ올히 잇고 ᄀᆞ올해 ᄆᆞᅀᆞᆯ히 잇ᄂᆞ니 大땡千쳔[28]에 三삼界갱 잇고 三삼界갱예 六륙道똫[29] 四ᄉᆞᆼ生ᄉᆡᆼ[30] 이슈믈 가ᄌᆞᆯ비시고

四ᄉᆞᆼ生ᄉᆡᆼ은 胎ᄐᆡᆼ生ᄉᆡᆼ[31]과 卵롼生ᄉᆡᆼ[32]과 濕십生ᄉᆡᆼ[33]과 化황生ᄉᆡᆼ괘라[34] 卵롼ᄋᆞᆫ 알히오[35] 濕십은 저즐 씨라

큰 長댱者쟝ᄂᆞᆫ 如ᅀᅧᆼ來ᄅᆡᆼ 一ᅙᅵᇙ切쳉 世솅間간앳 아비샨[36] 주를 가ᄌᆞᆯ비시고 나 늘구믄[37] 應ᅙᅳᆼ緣원[38]이 하마 오라샤[39] 般반涅녏槃빤[40]호려 ᄒᆞ샤ᄆᆞᆯ 가ᄌᆞᆯ비시고

---

26) 三界: 삼계. 중생이 생사 왕래하는 세 가지의 세계이다. 삼계에는 '욕계(慾界) · 색계(色界) · 무색계(無色界)'가 있다.

27) 가ᄌᆞᆯ비시니라: 가ᄌᆞᆯ비(비유하다, 喩)-+-시(주높)-+-Ø(과시)-+-니(원칙)-+-라(←-다: 평종)

28) 大千: 대천. 대천세계이다. 삼천세계(三千世界)의 셋째로, 십억(十億) 국토(國土)를 이른다. 곧 중천세계(中千世界)의 천 갑절이 되는 세계(世界)이다.

29) 六道: 육도. 중생이 선악의 원인에 의하여 윤회하는 여섯 가지의 세계이다. '지옥도 · 아귀도 · 축생도 · 아수라도 · 인간도 · 천상도' 등이 있다.

30) 四生: 사생. 생물이 태어나는 네 가지 형태로서, '태생(胎生) · 난생(卵生) · 습생(濕生) · 화생(化生)이 있다.

31) 胎生: 태생. 사생(四生)의 하나이다. 어미의 모태(母胎)로부터 생물이 태어나는 것이다.

32) 卵生: 난생. 난생은 알에서 태어나는 것이다.

33) 濕生: 습생. 지렁이나 벌레나 곤충과 같이 습한 곳에서 태어나는 것을 의미한다.

34) 化生괘라: 化生(화생)+-과(접조)+-ㅣ(←-이-: 서조)-+-Ø(현시)-+-라(←-다: 평종) ※ '化生(화생)'은 어느 것에 의존하지 않고 스스로의 업력(業力)으로 태어나는 것이다.

35) 알히오: 알ㅎ(알, 卵)+-이(서조)-+-오(←-고: 연어, 나열)

36) 아비샨: 아비(아버지, 父)+-Ø(←-이-: 서조)-+-샤(←-시-: 주높)-+-Ø(현시)-+-Ø(←-오-: 대상)-+-ㄴ(←-은: 관전)

37) 늘구믄: 늙(늙다, 老)-+-움(명전)+-은(보조사, 주제)

38) 應緣: 응연. 연(緣)에 응하는 것이다.

39) 오라샤: 오라(오래다, 久)-+-샤(←-시-: 주높)-+-Ø(←-아: 연어)

40) 般涅槃: 반열반. 육신의 완전한 소멸(죽음)이나 석가의 죽음을 뜻한다. 혹은 모든 번뇌를 완전히 소멸한 상태를 이르기도 한다. 여기서는 번뇌가 완전히 소멸한 상태를 이른다.

랴ᇰ이 그지업수믄 無뭉量량知딩見견
엣 法법쳔랴ᇰᄋᆞᆯ 가ᄌᆞᆯ비시고 田뗜宅ᄯᆡᆨ
만히 두믄 方방便뼌 智딩慧쀙엣 福복
바ᄐᆞᆯ 가ᄌᆞᆯ비시고 죠ᇰᄋᆞᆫ 慈ᄍᆞᆼ悲빙 게으
르디 아니ᄒᆞ샤 正졍道ᄄᆞᇢᄅᆞᆯ 도ᄫᆞ샤 여
러 機긩예 조차 일ᄒᆞ샤ᄆᆞᆯ 가ᄌᆞᆯ비시니
라 그지비 넙고 크디 다ᄆᆞᆫ ᄒᆞᆫ 門몬 이오
사ᄅᆞ미 만ᄒᆞ야 一ᅙᅵᇙ百ᄇᆡᆨ 二ᅀᅵᆼ百ᄇᆡᆨ 五
ᅌᅩᆼ百ᄇᆡᆨ 사ᄅᆞ매 니르리 그에 잇더라 五ᅌᅩᆼ
趣츙의 受쓩苦콩 모도ᄆᆞᆯ 가ᄌᆞᆯ비시니
라 지븐 三삼界갱ᄅᆞᆯ 가ᄌᆞᆯ비시고 ᄒᆞᆫ 門

재물이 그지없음은 無量(무량)한 知見(지견)으로 된 法(법)의 재물을 비유하시고, 田宅(전택)을 많이 둔 것은 方便(방편)과 智慧(지혜)가 있는 福(복)밭을 비유하시고, 종(僕)은 慈悲(자비)가 게으르지 아니하시어 正道(정도)를 도우시어 여러 機(기)에 좇아 일을 하신 것을 비유하셨니라.】 그 집이 넓고 크되 다만 한 門(문)이요, 사람이 많아 一百(일백), 二百(이백), 五百(오백) 사람에 이르도록 거기에 있더라.【五趣(오취)의 受苦(수고)가 모인 것을 비유하셨니라. 집은 三界(삼계)를 비유하시고 한 門(문)은 쳔랴ᇰ이[41] 그지업수믄[42] 無뭉量량 知딩見견엣 法법 쳔랴ᇰᄋᆞᆯ[43] 가ᄌᆞᆯ비시고 田뗜宅떡[44] 만히[45] 두ᄆᆞᆫ[46] 方방便뼌 智딩慧ᅘᅰᆼ옛 福복바ᄐᆞᆯ[47] 가ᄌᆞᆯ비시고 죠ᄋᆞᆫ 慈ᄍᆼ悲빙 게으르디 아니ᄒᆞ샤 正졍道ᄄᆞᇢᄅᆞᆯ 도ᄋᆞ샤[48] 여러 機긩[49]예 조ᄎᆞ 일ᄒᆞ샤ᄆᆞᆯ[50] 가ᄌᆞᆯ비시니라】 그 지비 넙고 쿠ᄃᆡ[51] 다ᄆᆞᆫ[52] ᄒᆞᆫ 門몬이오 사ᄅᆞ미 만ᄒᆞ야 一힗百빅 二싱百빅 五옹百빅 사ᄅᆞ매 니르리 그에[53] 잇더라【五옹趣츙[54]의 受쓯苦콩 모도ᄆᆞᆯ[55] 가ᄌᆞᆯ비시니라 지븐 三삼界갱ᄅᆞᆯ 가ᄌᆞᆯ비시고 ᄒᆞᆫ 門몬ᄋᆞᆫ

---

41) 쳔랴ᇰ이: 쳔량(재물, 財) + -이(주조) ※ '法 쳔량'은 '지견의 법'을 재물로 표현한 것이다.

42) 그지업수믄: 그지없[그지없다, 無限: 그지(한계, 限: 명사) + 없(없다, 無: 형사)-]- + -움(명전)- + -은(관전)

43) 쳔랴ᇰᄋᆞᆯ: 쳔량(재물, 財) + -ᄋᆞᆯ(-에: 목조, 의미상 부사격)

44) 田宅: 전택. 밭과 집이다.

45) 만히: [많이, 多(부사): 만ᄒᆞ(← 만ᄒᆞ다: 많다, 多: 형사)- + -이(부접)]

46) 두ᄆᆞᆫ: 두(두다, 置)- + -움(명전) + -ᄋᆞᆫ(보조사, 주제)

47) 福바ᄐᆞᆯ: 福밭(복밭) + -ᄋᆞᆯ(목조) ※ '福밭'은 복을 거두는 밭이라는 뜻으로, '삼보(三寶) · 부모 · 가난한 사람'을 비유적으로 이르는 말이다. 삼보를 공양하고 부모의 은혜에 보답하며 가난한 사람에게 베풀면 복이 생긴다고 한다.

48) 도ᄋᆞ샤: 도(← 돕다, ㅂ불: 돕다, 助)- + -ᄋᆞ샤(← -ᄋᆞ시-: 주높)- + -아(연어)

49) 機: 기. 교법(教法)을 받을 수 있는 중생의 능력을 이른다. '근기(根機)'나 '기근(根機)'이라고도 한다.

50) 일ᄒᆞ샤ᄆᆞᆯ: 일ᄒᆞ[일하다, 事: 일(일, 事) + -ᄒᆞ(동접)-]- + -샤(← -시-: 주높)- + -ㅁ(← -옴: 명전) + -ᄋᆞᆯ(목조)

51) 쿠ᄃᆡ: ㅋ(← 크다, 大)- + -오ᄃᆡ(-되: 연어, 설명 계속)

52) 다ᄆᆞᆫ: 다만, 오직, 唯(부사)

53) 그에: 거기에, 彼處(의명) ※ '大衆ᄃᆞᆯ히 그에'는 직역하면 '大衆들의 거기에'로 옮겨야 하지만, 문맥을 고려하여 '대중들에게'로 의역하여 옮긴다.

54) 五趣: 오취. 중생이 선악의 업보에 따라 가는 다섯 세계이다. 곧 천도, 인도, 축생도, 아귀도, 지옥도이다.

55) 모도ᄆᆞᆯ: 몯(모이다, 集)- + -옴(명전) + -ᄋᆞᆯ(목조)

몬ᄋᆞᆫ 一읧乘씽 여희여 나ᇙ 道똫理링ᄅᆞᆯ
가ᄌᆞᆯ비시고 五옹百ᄇᆡᆨ 사ᄅᆞᄆᆞᆫ 五옹趣
츙衆즁生ᄉᆡᆼ을 가ᄌᆞᆯ비시니 一읧百ᄇᆡᆨ
二ᅀᅵᆼ百ᄇᆡᆨ이라 니ᄅᆞ샤ᄆᆞᆫ 人ᅀᅵᆫ天텬次
ᄎᆞᆼ第뗑ᄅᆞᆯ브터 혜시니라 堂땅閣각이 ᄂᆞᆯ가 담과 ᄇᆞ
ᄅᆞᆷ괘 므르드르며 긷불휘 석고 보히며
ᄆᆞᄅᆞ 기울어늘 ᅀᅡ휫두루 ᄒᆞᆫᄢᅴ 믄득 브
리 니러 舍샹宅ᄄᅾᆨ이 븓더니 모미 늘거 受쓯苦콩
ㅣ 다와도ᄆᆞᆯ 가ᄌᆞᆯ비시니라 지븨 堂땅
閣각 舍샹宅ᄄᅾᆨ이 잇고 舍샹宅ᄄᅾᆨ애 담

一乘(일승)을 떨치어 나갈 道理(도리)를 비유하시고, 五百(오백)사람은 五趣(오취)의 衆生(중생)을 비유하시니, 一百(일백) · 二百(이백)이라고 이르신 것은 人天(인천)의 次第(차례)를 근거로 하여 헤아리셨니라.】 堂閣(당각)이 낡아 담과 벽이 물러서 떨어지며, 기둥의 뿌리가 썩고 대들보며 마루가 기울거늘, 빙둘러서 한꺼번에 문득 불이 일어 舍宅(사택)이 (불)붙더니【몸이 늙어 受苦(수고)가 다그친 것을 비유하셨니라. 집에 堂閣(당각)과 舍宅(사택)이 있고, 舍宅(사택)에 담과

一ᅙᅵᇙ乘씽[56] 여희여 ᄂᆞᇙ 道또ᇢ理링ᄅᆞᆯ 가ᄌᆞᆯ비시고 五옹百ᄇᆡᆨ 사ᄅᆞᄆᆞᆫ 五옹趣츙 衆즁生ᄉᆡᆼ ᄋᆞᆯ 가ᄌᆞᆯ비시니 一ᅙᅵᇙ百ᄇᆡᆨ 二ᅀᅵᆼ百ᄇᆡᆨ이라 니ᄅᆞ샤ᄆᆞᆫ 人ᅀᅵᆫ天텬[57] 次ᄎᆼ第뎽[58]ᄅᆞᆯ 브터[59] 혜시니라[60] 】 堂땅閣각[61]이 늘가 담과 ᄇᆞᄅᆞᆷ괘[62] 므르드르며[63] 긷[64] 불휘[65] 석고[66] 보ᄒᆡ며[67] ᄆᆞᆯ리[68] 기울어늘ᅀᅡ[69] 휫두루[70] ᄒᆞᆫᄢᅴ[71] 믄득 브리 니러 舍샹宅ᄄᆡᆨ[72]이 븓더니【 모미 늘거 受쓩苦콩ㅣ 다와도ᄆᆞᆯ[73] 가ᄌᆞᆯ비시니라 지븨 堂땅閣각 舍샹宅ᄄᆡᆨ이 잇고 舍샹宅ᄄᆡᆨ애 담과

---

56) 一乘: 일승. 깨달음에 이르게 하는 오직 하나의 궁극적인 부처의 가르침이다.

57) 人天: 사람과 천신(天神)을 아울러서 이른 말이다.

58) 次第: 차제. 차례(次例)이다.

59) 브터: 븥(붙다, 말이맘다, 의지하다, 기대다, 근거하다, 依)- + -어(연어)

60) 혜시니라: 혜(헤아리다, 算)- + -시(주높)- + -Ø(과시)- + -니(원칙)- + -라(← -다: 평종)

61) 堂閣: 당각. 전각과 궁전과 같은 큰 집을 이른다.

62) ᄇᆞᄅᆞᆷ괘: ᄇᆞᄅᆞᆷ(벽, 壁) + -과(접조) + -ㅣ(← -이: 주조)

63) 므르드르며: 므르들[← 므르듣다, ㄷ불(물러서 떨어지다, 朽落): 므르(무르다, 朽)- + 듣(떨어지다, 落)-]- + -으며(연어, 나열)

64) 긷: 기둥, 柱.

65) 불휘: 불휘(뿌리, 根) + -Ø(← -이: 주조)

66) 석고: 석(썩다, 朽)- + -고(연어, 나열)

67) 보ᄒᆡ며: 보ㅎ(보, 대들보, 梁) + -이며(접조). ※ '보ㅎ'는 칸과 칸 사이의 두 기둥을 건너질러서 도리와는 'ㄴ' 자 모양, 마룻대와는 '十' 자 모양을 이루는 나무이다.

68) ᄆᆞᆯ리: ᄆᆞᆯㄹ(← ᄆᆞᄅᆞ: 마루, 棟) + -이(주조)

69) 기울어늘ᅀᅡ: 기울(기울다, 傾)- + -어늘(← -거늘: 연어, 상황) + -ᅀᅡ(보조사, 한정 강조)

70) 휫두루: [이리저리 휘둘러(부사): 휫(← 휘-: 접두, 강세)- + 둘(둘다, 周)- + -우(부접)] ※ '휫두루'는 '빙둘러서'로 의역하여 옮긴다.

71) ᄒᆞᆫᄢᅴ: [함께, 同(부사): ᄒᆞᆫ(한, 一: 관사, 양수) + ᄢᅳ(← ᄣᅳ: 때, 時) + -의(-에: 부조, 위치)] ※ 'ᄒᆞᆫᄢᅴ'는 '한꺼번에'로 의역하여 옮긴다.

72) 舍宅: 사택. '집'을 높여 이르는 말이다.

73) 다와도ᄆᆞᆯ : 다왇(다그치다)- + -옴(명전) + -ᄋᆞᆯ(목조)

[22 앞]

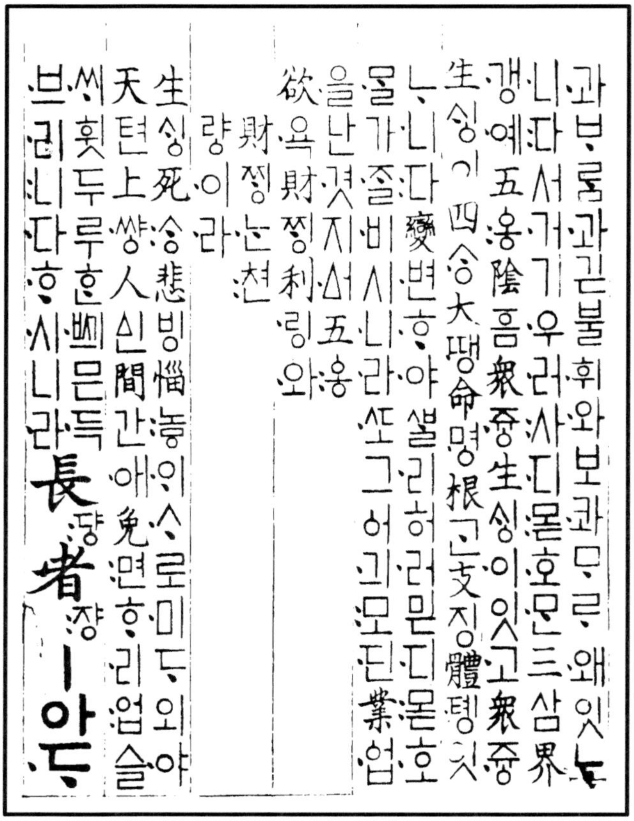

벽과 기둥뿌리와 대들보와 마루가 있나니, (이들이) 다 썩어서 기울어 (사람이) 살지 못한 것은 三界(삼계)에 五陰(오음)의 衆生(중생)이 있고 衆生(중생)이 四大(사대) 命根(명근)과 支體(지체)가 있나니, (이들이) 다 變(변)하여 빨리 헐어서 믿지 못한 것을 비유하셨니라. 또 거기에 모진 業(업)을 다투어 지어서 五欲(오욕)의 財利(재리)와

財(재)는 재물이다.

生死(생사)의 悲惱(비뇌)가 (불)사른 것이 되어, 天上(천상)과 人間(인간)에서 (오욕의 재리와 생사의 비뇌를) 免(면)할 이가 없으므로, "빙둘러서 한꺼번에 문득 불이 일었다."고 하셨니라.】 長者(장자)의 아들이

ᄇᆞᄅᆞᆷ과 긴 불휘와 보콰[74] ᄆᆞᄅᆞ왜[75] 잇ᄂᆞ니 다 서거 기우러 사디[76] 몯호ᄆᆞᆯ 三삼界갱예 五옹陰흠[77] 衆즁生싱이 잇고 衆즁生싱이 四ᄉᆞᆼ大땡[78] 命명根근[79] 支징體톙[80] 잇ᄂᆞ니 다 變변ᄒᆞ야 ᄲᆞᆯ리 허러 믿디 몯호ᄆᆞᆯ 가ᄌᆞᆯ비시니라 ᄯᅩ 그어긔[81] 모딘 業업을 난겻[82] 지ᅀᅥ[83] 五옹欲욕[84] 財찡利링[85]와

財찡ᄂᆞᆫ 쳔량이라

生싱死ᄉᆞᆼ 悲빙惱놓ᄋᆡ ᄉᆞ로미[86] ᄃᆞ외야 天텬上썅 人신間간[87]애 免면ᄒᆞ리[88] 업슬씨 횟두루 ᄒᆞᆫᄢᅴ ᄆᆞᆫ득 ᄇᆞ리 니다[89] ᄒᆞ시니라】 長댱者쟝ㅣ[90] 아ᄃᆞ리

74) 보콰: 보ㅎ(보, 대들보, 梁) + -과(접조)

75) ᄆᆞᄅᆞ왜: : ᄆᆞᄅᆞ(마루, 棟) + -와(접조) + -ㅣ(← -이: 주조)

76) 사디: 사(← 살다, 住)- + -디(-지: 연어, 부정)

77) 五陰: 오음. 불교에서 인간을 구성하는 물질적 요소인 색온과 정신요소인 4온을 합쳐 부르는 말이다. 색(色), 수(受), 상(想), 행(行), 식(識)의 다섯 가지를 가리킨다.

78) 四大: 사대. 대상의 특성을 형성하는 네 가지 요소이다. 지대(地大: 견고한 성질). 수대(水大: 축축한 성질.) 화대(火大: 따뜻한 성질), 풍대(風大: 움직이는 성질)이 있다.

79) 命根: 명근. 개체를 유지시키는 생명력이나 생명을 지속시키는 힘(수명)이다. ※ '근(根)'은 작용이나 능력을 뜻한다.

80) 支體: 지체. 사람의 신체를 이루는 몸과 손과 발 등이다.

81) 그어긔: 거기에(彼處: 지대, 정칭)

82) 난겻: 겨루어, 경쟁적으로, 競(부사)

83) 지ᅀᅥ: 짓(← 짓다, ㅅ불: 짓다, 만들다, 作)- + -어(연어)

84) 五欲: 오욕. 불교에서 오관(五官)의 욕망 및 그 열락(悅樂)을 가리키는 5종의 욕망이다. 눈·귀·코·혀·몸의 다섯 가지 감각기관, 즉 오근(五根)이 각각 색(色)·성(聲)·향(香)·미(味)·촉(觸)의 다섯 가지 감각대상, 즉 오경(五境)에 집착하여 야기되는 5종의 욕망이다. 또 재욕(財欲)·성욕(性欲)·식욕(食欲)·명예욕(名譽欲)·수면욕(睡眠欲)의 다섯 가지도 오욕이라고 말한다.

85) 財利: 재리. 재물(財物)과 이익(利益)을 아울러서 이르는 말이다.

86) ᄉᆞ로미: ᄉᆞᆯ(살다, 불태우다, 焚)- + -옴(명전) + -이(보조)

87) 人間: 인간. 사람이 사는 세상이다.

88) 免ᄒᆞ리: 免ᄒᆞ[면하다, 벗어나다: 免(면: 불어) + -ᄒᆞ(동접)-]- + -ㄹ(관전) # 이(이, 者) + -Ø(← -이: 주조)

89) 니: 니← 닐다: 일다, 起)- + -Ø(과시)- + -다(평종)

90) 長者ㅣ: 長者(장자) + -ㅣ(← -ᄋᆡ: 관조)

[22 뒤]

열이며 스물이며 서른에 이르도록 그 집 속에 있더니【五百(오백) 사람을 이르시고 또 아들들을 이르신 것은, 사람은 群生(군생)을 이르시고

群(군)은 무리이다.

아들은 敎化(교화)를 좇는 이를 特別(특별)히 들어서 이르셨니라. 열은 菩薩(보살)을 이르시고, 스물과 서른은 二乘(이승)을 이르셨니라. 앞에서 五趣(오취)에 백(百)을 이르시고 이 三乘(삼승)에 열을 이르신 것은 五趣(오취)의 衆生(중생)이 三乘(삼승)의 敎化(교화)를

열히며 스믈히며 셜흔네 니르리[91] 그 집 소배[92] 잇더니【五옹百빅 사ᄅᆞᆷ 니ᄅᆞ시고 ᄯᅩ 아ᄃᆞᆯᄃᆞᆯ 니ᄅᆞ샤ᄆᆞᆫ 사ᄅᆞᄆᆞᆫ 群꾼生싱[93]ᄋᆞᆯ 니ᄅᆞ시고

群꾼ᄋᆞᆫ 무리라[94]

아ᄃᆞᄅᆞᆫ 敎곻化황 조ᄍᆞᆸᄂᆞ니ᄅᆞᆯ[95] 特뜩別볋히 드러[96] 니ᄅᆞ시니라 열흔 菩뽕薩삻ᄋᆞᆯ 니ᄅᆞ시고 스믈 셜흐는 二싱乘씽[97]을 니ᄅᆞ시니라 알ᄑᆡ[98] 五옹趣츙[99]예 오ᄂᆞᆯ[1] 니ᄅᆞ시고 이 三삼乘씽에 열흘[2] 니ᄅᆞ샤ᄆᆞᆫ 五옹趣츙 衆즁生싱이 三삼乘씽 敎곻化황

---

91) 니르리: [이르도록, 至(부사): 니를(이르다, 至: 자동)- + -이(부접)]

92) 소배: 솝(속, 中) + -애(-에: 부조, 위치)

93) 群生: 군생. 모든 생물, 또는 모든 사람이다.

94) 무리라: 물(무리, 衆) + -이(서조)- + -∅(현시)- + -라(← -다: 평종)

95) 조ᄍᆞᆸᄂᆞ니ᄅᆞᆯ: 조(← 좇다: 좇다, 從)- + -ᄍᆞᆸ(-줍-: 객높)- + -ᄂᆞ(현시)- + -ㄴ(관전) # 이(이, 者: 의명) + -ᄅᆞᆯ(목조)

96) 드러: 들(들다, 擧)- + -어(연어)

97) 二乘: 이승. 대승과 소승을 아울러 이르는 말이다. 곧, 성문승과 독각승 또는 성문승과 보살승을 통틀어 이르는 말이다.

98) 알ᄑᆡ: 앒(앞, 前) + -ᄋᆡ(-에: 부조, 위치)

99) 五趣: 오취. 중생이 선악의 업보에 따라 가는 다섯 세계이다. 곧 천도, 인도, 축생도, 아귀도, 지옥도이다.

1) 오ᄂᆞᆯ: 온(百: 수사, 양수) + -ᄋᆞᆯ(목조)

2) 열흘: 열ㅎ(열, 十: 수사, 양수) + -을(목조)

[23 앞]

좇을 이가 열에 하나뿐이다.】 長者(장자)가 이 큰 불이 四面(사면)에 일거늘 보고 매우 두려워하여【六道(육도)의 受苦(수고)를 보시고 大悲心(대비심)을 일으키신 것을 비유하셨니라. 四面(사면)은 生老病死(생로병사)의 四相(사상)이 큰 受苦(수고)의 根源(근원)이다.】 여기되, "내가 비록 能(능)히 불붙는 門(문)에서 便安(편안)히 나오고도, 아들들은 火宅(화택)의 안에서 놀이를 즐겨서 (불붙은 것을) 알지 못하며 (불을) 두려워하지

조ᄍᆞᄫᆞ리[3] 열헤 ᄒᆞ나 ᄯᆞᄅᆞ미라[4]】 長댱者쟝ㅣ 이 큰 브리 四ᄉᆞᆼ面면에 닐어늘[5] 보고 ᄀᆞ장 두리여[6]【六륙道ᄄᆞᇢㅅ 受ᄊᆖᇢ苦콩 보시고 大땡悲빙心심[7] 니ᄅᆞ와ᄃᆞ샤ᄆᆞᆯ[8] 가ᄌᆞᆯ비시니라 四ᄉᆞᆼ面면은 生ᄉᆡᆼ老ᄅᆞᇢ病뼝死ᄉᆞᆼ 四ᄉᆞᆼ相샹[9]이 한 受ᄊᆖᇢ苦콩ㅅ 根근源원이라】 너교ᄃᆡ 내 비록 能능히 블븓ᄂᆞᆫ[10] 門몬애 便뼌安한히 나고도 아ᄃᆞᆯᄃᆞᆯᄒᆞᆫ[11] 火황宅ᄄᆡᆨ[12] 안해[13] 노ᄅᆞᄉᆞᆯ[14] 즐겨[15] 아디 몯ᄒᆞ며 두리디[16]

---

3) 조ᄍᆞᄫᆞ리: 조(← 좇다: 좇다, 從)- + -ᄍᆞᇦ(← -ᄌᆞᇦ-: 객높)- + -ᄋᆞᆯ(관전) # 이(이, 者: 의명) + -Ø (← -이: 주조)

4) ᄯᆞᄅᆞ미라: ᄯᆞᄅᆞᆷ(따름: 뿐, 의명) + -이(서조)- + -Ø(현시)- + -라(← -다: 평종)

5) 닐어늘: 닐(← 니르다: 이르다, 曰)- + -어늘(-거늘: 연어, 상황)

6) 두리여: 두리(두려워하다, 畏)- + -여(← -어: 연어)

7) 大悲心: 대비심. 보살이 남의 고통을 함께 아파하고 그를 불쌍하게 여기는 마음이다.

8) 니ᄅᆞ와ᄃᆞ샤ᄆᆞᆯ: 니ᄅᆞ왇[일으키다: 닐(일어나다, 起: 자동)- + -ᄋᆞ(사접)- + -왇(강접)-]- + -ᄋᆞ샤(← -ᄋᆞ시-: 주높)- + -ㅁ(-옴: 명전) + -ᄋᆞᆯ(목조)

9) 四相: 사상. 네 가지의 모습이다. 여기서는 인간이 태어나서 죽을 때까지 겪을 생로병사(生老病死)의 모습을 표현한 것이다.

10) 블븓ᄂᆞᆫ: 블븓[← 블븥다(불붙다, 點火): 블(불, 火) + 븥(붙다, 着)-]- + -ᄂᆞ(현시)- + -ㄴ(관전)

11) 아ᄃᆞᆯᄃᆞᆯᄒᆞᆫ: 아ᄃᆞᆯᄃᆞᆯㅎ[아들들, 子等: 아ᄃᆞᆯ(아들, 子) + -ᄃᆞᆯㅎ(-들: 복접)] + -ᄋᆞᆫ(보조사, 주제)

12) 火宅: 화택, 불이 난 집이다.

13) 안해: 안ㅎ(안, 內) + -애(-에 : 부조, 위치)

14) 노ᄅᆞᄉᆞᆯ: 노ᄅᆞᆺ[놀이, 장난, 戲: 놀(놀다, 遊)- + -ᄋᆞᆺ(명접)] + -ᄋᆞᆯ(목조)

15) 즐겨: 즐기[즐기다, 樂: 즑(즐거워하다, 喜: 자동)- + -이(사접)-]- + -어(연어)

16) 두리디: 두리(두려워하다, 怖)- + -디(← -지: 연어, 부정)

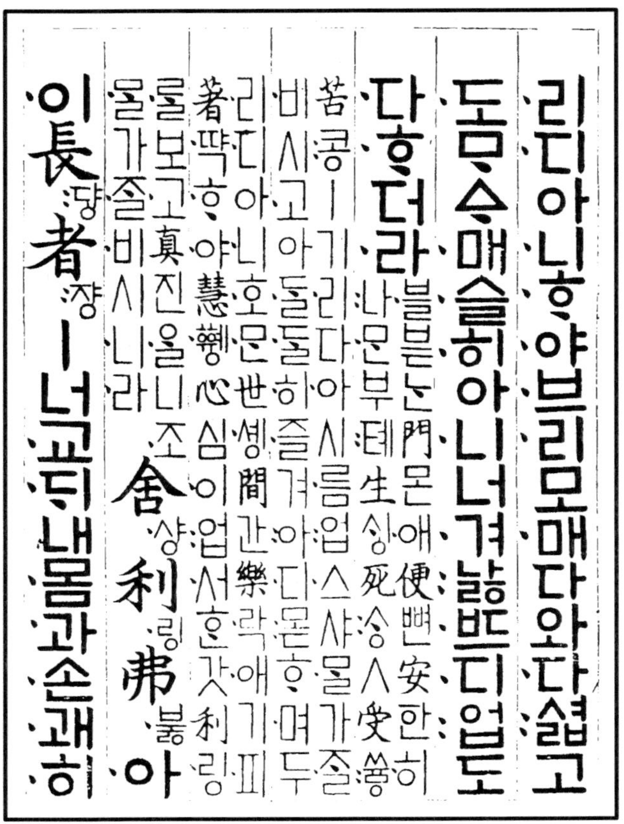

리디 아니ᄒᆞ야 브리 모매 다와다 셟고 도 ᄆᆞᅀᆞ매 슬히 아니 너겨 나갏 ᄠᅳ디 업도다 ᄒᆞ더라【블븓ᄂᆞᆫ 門몬애 便뼌安안히 나ᄆᆞᆫ 부톄 生ᄉᆡᆼ死ᄉᆞᆼㅅ 受쓯苦콩ㅣ 기리 다아 시름 업스샤ᄆᆞᆯ 가ᄌᆞᆯ비시고 아ᄃᆞᆯᄃᆞᆯ히 즐겨 아디 몯ᄒᆞ며 두리디 아니호ᄆᆞᆫ 世솅間간 樂락애 기피 着땩ᄒᆞ야 慧ᅘᅰᆼ心심이 업서 ᄒᆞᆫ갓 利링ᄅᆞᆯ 보고 眞진을 니조ᄆᆞᆯ 가ᄌᆞᆯ비시니라】 舍샹利링弗붏아 이 長댱者쟝ㅣ 너교ᄃᆡ 내 몸과 손괘 히

아니하여, 불이 몸에 다그쳐 괴롭고도 마음에 싫게 아니 여겨 (집에서) 나갈 뜻이 없구나."라고 하더라【불붙는 門(문)에서 便安(편안)히 나가는 것은 부처가 生死(생사)의 受苦(수고)가 길이 다하여 시름이 없으신 것을 비유하시고, 아들들이 즐겨 알지 못하며 두려워하지 아니한 것은 世間(세간)의 樂(낙)에 깊이 著(착)하여 慧心(혜심)이 없어 한갓 利(이)를 보고 眞(진)을 잊은 것을 비유하셨니라.】 舍利弗(사리불)아, 이 長者(장자)가 여기되 "내 몸과 손이 힘이

아니ᄒᆞ야 브리 모매 다와다[17] 셟고도[18] ᄆᆞᅀᆞ매 슬히[19] 아니 너겨 낧 ᄠᅳ디 업도다[20] ᄒᆞ더라【블븐ᄂᆞᆫ 門몬애 便뼌安안히 나ᄆᆞᆫ[21] 부톄 生싱死ᄉᆞᆼㅅ 受쓯苦콩ㅣ 기리[22] 다아[23] 시름 업스샤ᄆᆞᆯ 가ᄌᆞᆯ비시고 아ᄃᆞᆯᄃᆞᆯ히 즐겨 아디 몯ᄒᆞ며 두리디 아니호ᄆᆞᆫ 世솅間간 樂락애 기피[24] 著땩[25]ᄒᆞ야 慧휑心심[26]이 업서 ᄒᆞᆫ갓 利링ᄅᆞᆯ 보고 眞진ᄋᆞᆯ 니조ᄆᆞᆯ[27] 가ᄌᆞᆯ비시니라】 舍샹利링弗붏아 이 長댱者쟝ㅣ 너교ᄃᆡ 내 몸과 손괘[28] 히미

17) 다와다: 다왇(다그치다, 가까이 다가오다, 逼)- + -아(연어)
18) 셟고도: 셟(괴롭다, 苦痛)- + -고(연어, 나열) + -도(보조사, 강조)
19) 슬히: [싫게, 厭(부사): 슳(싫다, 嫌: 형사)- + -이(부접)]
20) 업도다: 업(← 없다: 없다, 無)- + -Ø(현시)- + -도(감동)- + -다(평종)
21) 나ᄆᆞᆫ: 나(나다, 벗어나다, 出)- + -ㅁ(← -옴: 명전) + -ᄋᆞᆫ(보조사, 주제)
22) 기리: [길이, 永(부사): 길(길다, 長)- + -이(부접)]
23) 다아: 다(← 다ᄋᆞ다: 다하다, 盡)- + -아(연어)
24) 기피: [깊이, 深(부사): 깊(깊다, 深)- + -이(부접)]
25) 著: 착. 마음이 바깥 경계의 사물에 끌려서 잊으려고 해도 잊을 수 없는 것이다.
26) 慧心: 혜심. 불도의 지혜로운 마음이다. 거리끼는 것이 없고 그 자체가 맑고 밝아서 이것으로 모든 사리를 달관한다고 한다.
27) 니조ᄆᆞᆯ: 닞(잊다, 忘)- + -옴(명전) + -ᄋᆞᆯ(목조)
28) 손괘: 손(손, 手) + -과(접조) + -ㅣ(← -이: 주조)

미이셔 衣ᅙᅴᆼ裓큭이어나 几긩案ᅙᅡᆫᄋᆞ로 내요리라 ᄒᆞ다가 案ᅙᅡᆫᄋᆞᆫ 床쌍이라 ᄯᅩ 다시 ᄉᆞ랑ᄒᆞᄃᆡ 다ᄆᆞᆫ ᄒᆞᆫ 門몬이오 조ᄇᆞ니 블 救궁홇 道뜰 기피 ᄉᆞ랑ᄒᆞ니 몸과 손과 힘이 이슈믈 믿고 져믄 아ᄒᆡ를 도라보아 衣ᅙᅴᆼ裓큭으로 ᄀᆞᄆᆞ니 ᄢᅧ내어나 几긩案ᅙᅡᆫᄋᆞ로 지여 드러 내요리라 ᄒᆞ다가 ᄯᅩ ᄉᆞ랑ᄒᆞᄃᆡ 門몬이 조바 ᄡᅳ디 몯ᄒᆞ리로소니 오직 브즈러니 方방便뼌으로 ᄢᅳᅀᅥ 내요리라 ᄒᆞ니 이는 三삼七칧日싏을 敎ᇴ化황 펴믈 ᄉᆞ랑ᄒᆞ더신 ᄠᅳ들 가ᄌᆞᆯ비

있어 衣裓(의극)이거나 几案(궤안)으로 (아이들을 집에서) 내리라."고 하다가 【案안은 床(상)이다.】, 또 다시 생각하되 "다만 한 門(문)이요 좁으니 【(아이들을) 불에서 救(구)할 道(도, 방법)를 깊이 생각하니, "몸과 손과 힘이 있음을 믿고, 어린 아이를 돌아보아 衣裓(의극)으로 가만히 껴서 내거나 几案(궤안)으로 기대어서 들어 내리라"고 하다가, 또 생각하되 "門(문)이 좁아서 이(= 의극과 궤안)를 못 쓰겠으므로, 오직 부지런히 方便(방편)으로 끌어 내리라." 고 하니, 이는 三七日(삼칠일)을 敎化(교화)를 편 것을 생각하시던 뜻을 비유하시고,

이셔 衣힁裓큭이어나[29] 几긩案한[30]ᄋᆞ로 내요리라[31] ᄒᆞ다가【案한ᄋᆞᆫ 床쌍이라】 ᄯᅩ 다시 ᄉᆞ랑호ᄃᆡ 다ᄆᆞᆫ ᄒᆞᆫ 門몬이오 조ᄇᆞ니【블 救궇홇 道똫[32]를 기피 ᄉᆞ랑ᄒᆞ니 몸과 손과 힘 이슈믈 믿고 져믄 아ᄒᆡ를 도라보아 衣힁裓큭 으로 ᄀᆞᄆᆞ니[33] ᄢᅧ[34] 내어나 几긩案한ᄋᆞ로 지여[35] 드러[36] 내요리라 ᄒᆞ다가 ᄯᅩ ᄉᆞ랑호ᄃᆡ 門몬이 조바 이를[37] 몯 ᄡᅳ릴ᄊᆡ[38] 오직 브즈러니[39] 方방便뼌으로 ᅘᅧ[40] 내요리라 ᄒᆞ니 이ᄂᆞᆫ 三삼七칧日싫ᄋᆞᆯ 敎꼴化황 펴ᄆᆞᆯ ᄉᆞ랑ᄒᆞ더신 ᄠᅳ들 가ᄌᆞᆯ비시고

---

29) 衣裓이어나: 衣裓(의극) + -이어나(-이거나: 보조사, 선택) ※ '衣裓(의극)'은 꽃을 담는 그릇이다. 귀인에게 바칠 때에 쓴다고 한다.

30) 几案: 궤안. 의자, 사방침(四方枕), 안석(案席) 따위를 통틀어 이르는 말이다.

31) 내요리라: 내[내다, 出: 나(나다, 出: 자동)- + -ㅣ(← -이-: 사접)-]- + -요(← -오-: 화자)- + -리(미시)- + -라(← -다: 평종)

32) 道: 도. 방법이다.

33) ᄀᆞᄆᆞ니: [가만히, 靜(부사): ᄀᆞᄆᆞᆫ(가만: 불어) + -Ø(← -ᄒᆞ-: 형접)- + -이(부접)]

34) ᄢᅧ: ᄢᅵ(끼다, 挾)- + -어(연어)

35) 지여: 지(비스듬히 기대다, 의지하다, 依)- + -여(← -어: 연어)

36) 드러: 들(들다, 擧)- + -어(연어)

37) 이를: 이(이것, 此: 지대, 정칭) + -를(목조) ※ '이'는 衣裓(의극)과 几案(궤안)을 가리킨다.

38) ᄡᅳ릴ᄊᆡ: ᄡᅳ(쓰다, 用)- + -리(미시)- + -ㄹᄊᆡ(-므로: 연어, 이유)

39) 브즈러니: [부지런히, 勤(부사): 브즈런(부지런: 명사) + -이(부접)]

40) ᅘᅧ: ᅘᅧ(끌다, 引)- + -어(연어)

고시
方방便뼌品픔世솅尊존ㅅ偈꼥예
니ᄅᆞ샤ᄃᆡ내처ᅀᅥᆷ道뜰場땽애안자
즘게보며ᄯᅩ두루ᄃᆞᆫ녀三삼七칧日
ᅀᅵᇙ올ᄉᆞ랑ᄒᆞᄃᆡ내得득ᄒᆞᆫ智딩慧뼹
微밍妙묳ᄒᆞ미ᄆᆞᆺ第뗑一ᅙᅵᇙ이니衆
즁生ᄉᆡᇰ은諸졍根근이鈍뚠ᄒᆞ야樂
락癡팅所송盲밍
애著ᄯᅣᆨᄒᆞ얫ᄂᆞ니

樂락癡팅所송盲밍ᄋᆞᆫ迷몡惑ᅘᅬᆨ
즐교미눈멀운배라혼ᄠᅳ디라

이런무를엇뎨ᄒᆞ야濟졩度
ᄯᅩᇰᄒᆞ려뇨ᄒᆞ다라ᄒᆞ시니라

方便品(방편품)에 있는 世尊(세존)의 偈(게)에 이르시되, “내가 처음 道場(도량)에 앉아 큰 나무를 보며 또 두루 다녀서 三七日(삼칠일)을 생각하되, 내가 得(득)한 智慧(지혜)가 微妙(미묘)한 것이 가장 第一(제일)이니, 衆生(중생)은 諸根(제근)이 鈍(둔)하여 樂癡所盲(낙치소맹)에 著(착)하여 있나니,

樂癡所盲(낙치소맹)은 迷惑(미혹)을 즐기는 것에 눈이 먼 것이라고 한 뜻이다.

이런 무리를 어찌 하여 濟度(제도)하려뇨?”라고 하더라고 하셨니라.

方방便뼌品픔 世솅尊존ㅅ 偈꼥[41]예 니ᄅᆞ샤ᄃᆡ 내 처ᅀᅥᆷ 道똫場땽애 안자 즘게[42] 보며 ᄯᅩ 두루[43] ᄃᆞᆫ녀[44] 三삼七칧日ᅀᅵᇙ올 ᄉᆞ랑호ᄃᆡ 내 得득ᄒᆞᆫ 智딩慧쀙 微밍妙묳 호미 ᄆᆞᆺ 第뗑一힗이니 衆즁生ᄉᆡᆼ은 諸졍根근[45]이 鈍똔ᄒᆞ야 樂락癡칭所송盲밍[46]애 著땩ᄒᆞ얫ᄂᆞ니[47]

樂락癡칭所송盲밍ᄋᆞᆫ 迷몡惑획[48] 즐교ᄆᆡ[49] 눈 멀운[50] 배라[51] ᄒᆞᆫ ᄠᅳ디라 이런 무를[52] 엇뎨[53] ᄒᆞ야 濟졩度똥ᄒᆞ려뇨[54] ᄒᆞ다라[55] ᄒᆞ시니라

41) 偈: 게. 부처의 공덕이나 가르침을 찬탄하는 노래 글귀이다.

42) 즘게: 큰 나무, 大木.

43) 두루: [두루, 圍(부사): 둘(둘다, 圍)-+-우(부접)]

44) ᄃᆞᆫ녀: ᄃᆞᆫ니[다니다, 行: ᄃᆞᆮ(닫다, 달리다, 走)-+니(가다, 行)-]-+-어(연어)

45) 諸根: 제근. '오근(五根)'을 달리 이르는 말이다. ※ '오근(五根)'은 번뇌를 누르고 깨달음의 길로 이끄는 다섯 가지 근원이다. '신근(信根)·정진근(精進根)·염근(念根)·정근(定根)·혜근(慧根)'을 이른다.

46) 樂癡所盲: 낙치소맹. 무엇을 즐기는 데에 홀려서 마치 눈이 먼듯이 정신을 차리지 못하는 것이다.

47) 著ᄒᆞ얫ᄂᆞ니: 著ᄒᆞ[著하다: 著(착: 붙어)+-ᄒᆞ(동접)-]-+-야(←-아: 연어)#잇(←이시다: 있다, 보용, 완료 지속)-+-ᄂᆞ(현시)-+-니(연어, 설명 계속)

48) 迷惑: 미혹. 무엇에 홀려 정신을 차리지 못하는 것이다.

49) 즐교ᄆᆡ: 즐기[즐기다, 樂: 즑(즐거워하다, 喜: 자동)-+-이(사접)-]-+-옴(명전)+-ᄋᆡ(-에: 부조, 위치)

50) 멀운: 멀(멀다, 盲)-+-Ø(과시)-+-우(대상)-+-ㄴ(관전)

51) 배라: 바(바, 所: 의명)+-ㅣ(←-이-: 서조)-+-Ø(현시)-+-라(←-다: 평종)

52) 무를: 물(무리, 衆)+-을(목조)

53) 엇뎨: 어찌, 何(부사)

54) 濟度ᄒᆞ려뇨: 濟度ᄒᆞ[제도하다: 濟度(제도)+-ᄒᆞ(동접)-]-+-리(미시)-+-어(확인)-+-뇨(-느냐: 의종, 설명)

55) ᄒᆞ다라: ᄒᆞ(하다, 曰)-+-다(←-더-: 회상)-+-Ø(←-오-: 화자)-+-라(←-다: 평종)

몸과 손은 온 體(체)이니 如來(여래)의 知見(지견)과 力(역)과 無所畏(무소외)를 비유하시고, 衣裓(의극)은 가만한 用(용)이니 큰 神力(신력)이 계신 것을 비유하시고, 几案(궤안)은 (몸을) 기대는 것이니 智慧力(지혜력)을 비유하시고, 門(문)이 좁은 것은 二乘(이승)의 마음이 사나워 이 法(법)을 이기지 못한 것을 비유하시니, 그러므로 아래에 이르시되 "만일 내가 다만 神力(신력)과 智慧力(지혜력)으로 如來(여래)의 知見(지견)과 力(역)과 無所畏(무소외)를 讚歎(찬탄)하면, 衆生(중생)이 이것으로는 得度(득도)를 못 하리라."고 하시니, 그러므로 方便(방편)으로 (중생을) 이끌어 내어 濟度(제도)하시느니라.】 아들들이 어려서

ᄆᆞᆷ과 손과ᄂᆞᆫ 온[56] 體톙니 如ᅀᅧᆼ來ᄅᆡᆼㅅ 知ᄃᆡᆼ見견[57]과 力륵[58]과 無뭉所송畏ᅙᅱᆼ[59]ᄅᆞᆯ 가ᄌᆞᆯ비시고 衣ᅙᅴᆼ裓큭 은 ᄀᆞᄆᆞᆫᄒᆞᆫ[60] 用ᅌᅭᆼ이니 큰 神씬力륵 겨샤ᄆᆞᆯ[61] 가ᄌᆞᆯ비시고 几긩案한은 비길[62] 거시니 智ᄃᆡᆼ慧ᅘᅰᆼ 力륵을 가ᄌᆞᆯ비시고 門몬 조ᄇᆞᄆᆞᆫ 二ᅀᅵᆼ乘씽의 ᄆᆞᅀᆞ미 사오나ᄫᅡ[63] 이 法법 이긔디[64] 몯호ᄆᆞᆯ 가ᄌᆞᆯ비시니 그럴ᄊᆡ[65] 아래 니ᄅᆞ샤ᄃᆡ ᄒᆞ다가[66] 내 다ᄆᆞᆫ 神씬力륵과 智ᄃᆡᆼ慧ᅘᅰᆼ力륵으로 如ᅀᅧᆼ來ᄅᆡᆼㅅ 知ᄃᆡᆼ見견과 力륵과 無뭉所송畏ᅙᅱᆼᄅᆞᆯ 讚잔歎탄ᄒᆞ면 衆즁生ᄉᆡᆼ이 일로[67] 得득度똥[68] 몯 ᄒᆞ리라 ᄒᆞ시니 그럴ᄊᆡ 方방便뼌으로 빼혀[69] 濟졩度똥ᄒᆞ시ᄂᆞ니라】 아ᄃᆞᆯᄃᆞᆯ히 져머[70]

---

56) 온: [온, 全(관사): 오(← 오ᄋᆞᆯ다: 온전하다, 全)- + -ㄴ(관전▷관접)]

57) 知見: 지견. 사리를 깨달아서 아는 견해이다. 곧, 증지(證智)의 견해이다.

58) 力: 역. 부처만이 갖추고 있는 지혜의 능력이다.(十力) 곧, 처비처지력(處非處智力)·업이숙지력(業異熟智力)·정려해탈등지등지지력(靜慮解脫等持等至智力)·근상하지력(根上下智力)·종종승해지력(種種勝解智力)·종종계지력(種種界智力)·변취행지력(遍趣行智力)·숙주수념지력(宿住隨念智力)·사생지력(死生智力)·누진지력(漏盡智力)이다.

59) 無所畏: 무소외. 불도를 닦는 데에 부닥치는 온갖 장애에 대하여 두려움이 없는 것이다.

60) ᄀᆞᄆᆞᆫᄒᆞᆫ: ᄀᆞᄆᆞᆫᄒᆞ[가만하다, 微: ᄀᆞᄆᆞᆫ(가만: 불어) + -ᄒᆞ(형접)-]- + -Ø(현시)- + -ㄴ(관전) ※ 'ᄀᆞᄆᆞᆫᄒᆞ다'는 움직임 따위가 그다지 드러나지 않을 만큼 조용하고 은은한 것이다.

61) 겨샤ᄆᆞᆯ: 겨샤(← 겨시다: 계시다, 在)- + -ㅁ(← -옴: 명전) + -ᄋᆞᆯ(목조)

62) 비길: 비기(비스듬히 기대다, 依)- + -ㄹ(관전)

63) 사오나ᄫᅡ: 사오낳(← 사오납다, ㅂ불: 사납다, 猛)- + -아(연어)

64) 이긔디: 이긔(이기다, 감당하다, 견디다, 堪)- + -디(-지: 연어, 부정)

65) 그럴ᄊᆡ: [그러므로, 肆(부사, 접속): 그러(그러: 불어) + -Ø(← -ᄒᆞ-: 형접)- + -ㄹᄊᆡ(-므로: 연어▷부접)]

66) ᄒᆞ다가: 만일, 若(부사)

67) 일로: 일(← 이: 이, 이것, 此, 지대, 정칭) + -로(부조)

68) 得度: 득도. 미혹의 세계를 넘어 깨달음의 경지에 이르는 것이다.

69) 빼혀: 빼혀[빼내다, 拔: 빼(← 빼다: 빼다, 拔)- + -아(연어) + 혀(끌다, 引)-]- + -어(연어)

70) 져머: 졈(어리다, 젊다, 幼)- + -어(연어)

머아논이리업서노ᄂᆞᆫᄯᅡᄒᆞᆯᄉᆞ랑ᄒᆞ야
시혹ᄡᅥ러디여브레ᄉᆞᆯ이리로소니내
므싀엽본이를닐오ᄃᆡ이지비ᄒᆞ마븓
ᄂᆞ니이제어셔나브레ᄉᆞᆯ이디말라ᄒᆞ
리라ᄒᆞ고그야ᅌᆞ로닐어너희ᄃᆞᆯ히ᄲᆞᆯ
리나라ᄒᆞ니아비ᅀᅡ비록어엿비너겨
이ᄃᆞᆫ말로달애야도아ᄃᆞᆯ히노ᄅᆞ새

아는 일이 없어 노는 데를 좋아하여, 혹시 (노는 데에) 떨어져서 불에 살라질 것이니, 내가 무서운 일을 이르되 "이 집이 곧 (불)붙나니 이제 어서 나가서 불에 살라지지 말라고 하리라."고 하고, 그 양으로 일러서 "너희들이 빨리 나오라."고 하니, 아버지야말로 비록 (아들들을) 불쌍히 여겨 좋은 말로 달래어도, 아들들이 놀이에 아논[71] 이리 업서 노는 ᄡᅡᄒᆞᆯ[72] ᄉᆞ랑ᄒᆞ야 시혹[73] ᄠᅥ러디여[74] ᄇᆞ레 ᄉᆞᆯ이리로소니[75] 내 므ᅀᅴ여ᄫᅳᆫ[76] 이를 닐오ᄃᆡ 이 지비 ᄒᆞ마 븓ᄂᆞ니[77] 이제 어셔 나 ᄇᆞ레 ᄉᆞᆯ이디 말라 호리라[78] ᄒᆞ고 그 야ᄋᆞ로[79] 닐어[80] 너희ᄃᆞᆯ히[81] ᄲᆞᆯ리[82] 나라 ᄒᆞ니 아비ᅀᅡ[83] 비록 어엿비[84] 너겨 이든[85] 말로 달애야도[86] 아ᄃᆞᆯᄃᆞᆯ히 노ᄅᆞ새[87]

71) 아논: 아(← 알다: 알다, 知)- + -ㄴ(← -ᄂᆞ-: 현시)- + -오(대상)- + -ㄴ(관전)

72) ᄡᅡᄒᆞᆯ: ᄡᅡㅎ(땅, 곳, 데, 處: 의명) + -ᄋᆞᆯ(목조)

73) 시혹: 혹시, 或(부사)

74) ᄠᅥ러디여: ᄠᅥ러디[떨어지다, 落: ᄠᅥᆯ(떨다, 離)- + -어(연어) + 디(지다, 落)-]- + -여(← -어: 연어)

75) ᄉᆞᆯ이리로소니: ᄉᆞᆯ이[불살라지다: ᄉᆞᆯ(살다, 불사르다, 燒: 타동)- + -이(피접)-]- + -리(미시)- + -롯(← -돗-: 감동)- + -오니(← -ᄋᆞ니: 연어, 설명 계속)

76) 므ᅀᅴ여ᄫᅳᆫ: 므ᅀᅴ엷[← 므ᅀᅴ엽다, ㅂ불(무섭다, 恐怖): 므ᅀᅴ(무서워하다, 畏: 동사)- + -엽(← -업-: 형접)-]- + -Ø(현시)- + -은(관전)

77) 븓ᄂᆞ니: 븓(← 븥다: 붙다, 燒)- + -ᄂᆞ(현시)- + -니(연어, 설명 계속)

78) 호리라: ㅎ(← ᄒᆞ다: 하다, 曰)- + -오(화자)- + -리(미시)- + -라(← -다: 평종)

79) 야ᄋᆞ로: 양(양, 모양, 樣: 의명, 흡사) + -ᄋᆞ로(조사, 방편)

80) 닐어: 닐(← 니르다: 이르다, 說)- + -어(연어)

81) 너희ᄃᆞᆯ히: 너희ᄃᆞᆶ[너희들, 汝等: 너(너, 汝: 인대, 2인칭) + -희(복접) + -ᄃᆞᆶ(-들: 복접)] + -이(주조)

82) ᄲᆞᆯ리: [빨리(부사): ᄲᆞᆯㄹ(← ᄲᆞᄅᆞ다: 빠르다, 急)- + -이(부접)]

83) 아비ᅀᅡ: 아비(아버지, 父) + -Ø(← -이: 주조) + -ᅀᅡ(-야말로: 보조사, 한정 강조)

84) 어엿비: [불쌍히, 悲(부사): 어엿ㅂ(← 어엿브다: 불쌍하다, 憫)- + -이(부접)]

85) 이든: 읻(좋다, 곱다, 善)- + -Ø(현시)- + -은(관전)

86) 달애야도: 달애(달래다, 誘喩)- + -야도(← -아도: 연어, 양보)

87) 노ᄅᆞ새: 노ᄅᆞᆺ[놀이, 遊: 놀(놀다, 遊)- + -ᄋᆞᆺ(명접)]- + -애(-에: 부조, 위치)

맛드러 고디 아니 드러 저티 아니ᄒᆞ야
날ᄆᆞᅀᆞ미 곧 업스며 ᄯᅩ 어느 브린동 어
느 지빈동 어느 왼동 몰라 이녁 뎌녁 ᄃᆞᆫ
녀 노ᄅᆞᆺᄒᆞ고 아비ᄅᆞᆯ 볼ᄯᆞᄅᆞ미러라 衆즁
生ᄉᆡᆼ이 貪탐欲욕ᄋᆡ 어리오미 ᄃᆞ외야
비록 큰 受쓩苦콩ᄅᆞᆯ 맛나도 시름 아니
ᄒᆞ야 맛드로미 ᄒᆞ마 甚씸ᄒᆞ야 어느 受
쓩苦콩ㅣ며 어느 모미며 어느 貪탐인
고 몰라 오직 모ᄆᆞᆯ 몰라 物뭃을 조차 도
라오디 아니ᄒᆞ야 비록 佛뿛法법을 맛

재미가 들어 (아버지의 말을) 곧이 아니 들어 두려워하지 아니하여 (집에서) 나갈 마음이 곧 없으며, 또 어느 것이 불인 줄, 또 어느 것이 집인 줄, 어느 것이 그른 줄 몰라서, 이쪽 저쪽에 다녀서 놀이하고 아버지를 볼 따름이더라.【衆生(중생)이 貪欲(탐욕)에 어리석음이 되어서, 비록 큰 受苦(수고)를 만나도 시름을 아니 하여 즐기는 것이 이미 甚(심)하여, 어느 것이 受苦(수고)이며 어느 것이 몸이며 어느 것이 貪(탐)인가 몰라서, 오직 몸을 몰라서 物(물, 사물)을 좇아서 돌아오지 아니하여, 비록 佛法(불법)을 맛드러[88] 고디[89] 아니 드러 저티[90] 아니ᄒᆞ야 날 ᄆᆞᅀᆞ미 곧 업스며 ᄯᅩ 어늬[91] 브린[92] 동 어늬 지빈 동[93] 어늬 왼[94] 동 몰라 이 녁[95] 뎌 녁 ᄃᆞᆫ녀 노ᄅᆺᄒᆞ고[96] 아비ᄅᆞᆯ 볼 ᄯᆞᄅᆞ미러라[97] 【衆즁生ᄉᆡᆼ이 貪탐欲욕ᄋᆡ[98] 어리오미[99] ᄃᆞ외야 비록 큰 受쓔ᇢ苦콩ᄅᆞᆯ 맛나도[1] 시름 아니 ᄒᆞ야 맛드로미[2] ᄒᆞ마 甚씸ᄒᆞ야 어늬 受쓔ᇢ 苦콩ㅣ며 어늬 모미며 어늬 貪탐인고[3] 몰라 오직 모ᄆᆞᆯ 몰라 物뭃[4]을 조차 도라오디 아니ᄒᆞ야 비록 佛뿛法법을

---

88) 맛드러: 맛들[재미가 들다, 좋아하다, 즐기다, 樂: 맛(맛, 味) + 들(들다, 入)-]- + -어(연어)

89) 고디: [곧이, 直(부사): 곧(곧다, 直: 형사)- + -이(부접)]

90) 저티: 젛(두려워하다, 畏)- + -디(-지: 연어, 부정)

91) 어늬: 어느(어느것, 何: 지대, 미지칭) + -ㅣ(← -이: 주조)

92) 브린: 블(불, 火) + -이(서조)- + -Ø(현시)- + -ㄴ(관전)

93) 동: 줄(의명)

94) 왼: 외(그르다, 爲失)- + -Ø(현시)- + -ㄴ(관전)

95) 녁: 녘, 쪽(向)

96) 노ᄅᆺᄒᆞ고: 노ᄅᆺᄒᆞ[놀이하다, 장난하다, 遊: 놀(놀다, 遊: 동사)- + -ᄋᆞᆺ(명접) + -ᄒᆞ(동접)-]- + -고(연어, 나열)

97) ᄯᆞᄅᆞ미러라: ᄯᆞᄅᆞᆷ(따름, 已: 의명) + -이(서조)- + -러(← -더-: 회상)- + -라(← -다: 평종)

98) 貪欲ᄋᆡ: 貪欲(탐욕) + -ᄋᆡ(-에: 부조, 위치)

99) 어리오미: 어리(어리석다, 愚)- + -옴(명전) + -이(보조)

1) 맛나도: 맛나[만나다, 遇: 맛(← 맞다: 맞다, 迎)- + 나(나다, 出)-]- + -아도(연어, 양보)

2) 맛드로미: 맛들[재미가 들다, 좋아하다, 즐기다, 樂: 맛(맛, 味, 意) + 들(들다, 入)-]- + -옴(명전) + -이(주조)

3) 貪인고: 貪(탐) + -이(서조)- + -ㄴ고(-인가: 의종, 설명)

4) 物: 물, 사물(事物)이다.

나도 敎공化황ᄅᆞᆯ 조ᄍᆞ디 아니ᄒᆞ야 볼 ᄯᆞᄅᆞ미론 ᄃᆞᆯ 가ᄌᆞᆯ비시니라】 그ᄢᅴ 長댱者쟝ㅣ 너교ᄃᆡ 이 지비 ᄇᆞᆯ셔 큰 브리 븓ᄂᆞ니 나와 아ᄃᆞᆯ돌콰 이제 아니 나면 당다이 ᄉᆞᆯ이리로소니 내 方방便뼌을 ᄒᆞ야 아ᄃᆞᆯ돌히 이 害ᅘᆡᆼᄅᆞᆯ 버서나긔 ᄒᆞ리라 아비 아ᄃᆞᆯ돌ᄒᆡ ᄆᆞᅀᆞ매 제여곰 맛드논 거슬 아라 種죵種죵 珍딘玩완

만나도 敎化(교화)를 좇지 아니하여 (불법을 그냥) 볼 따름인 것을 비유하셨니라.】 그때에 長者(장자)가 여기되 “이 집이 벌써 큰 불이 붙나니 나와 아들들이 이제 아니 나가면 반드시 불살라지겠으니, 내가 方便(방편)을 하여 아들들이 이 害(해)를 벗어나게 하리라.” 아버지가 아들들의 마음에 제각기 좋아하는 것을 알아, “種種(종종)의 珍玩(진완)에 속한

맛나도 教_골化_황를 조쭙디 아니ᄒᆞ야 볼 ᄯᆞᄅᆞ민[5] ᄃᆞᆯ[6] 가졸비시니라】 그 ᄢᅴ 長_댱者_쟝ㅣ 너교ᄃᆡ 이 지비 ᄒᆞ마 큰 브리 븓ᄂᆞ니 나와 아ᄃᆞᆯᄃᆞᆯ콰[7] 이제 아니 나면 당다이[8] ᄉᆞᆯ이리로소니[9] 내 方_방便_뼌을 ᄒᆞ야 아ᄃᆞᆯᄃᆞᆯ히 이 害_{ᅘᆡᆼ}를 버서나긔[10] 호리라 아비 아ᄃᆞᆯᄃᆞᆯᄒᆡ ᄆᆞᅀᆞ매 제여곰[11] 맛드논[12] 거슬 아라 種_죵種_죵 珎_딘玩_완앳[13]

---

5) ᄯᆞᄅᆞ민: ᄯᆞᄅᆞᆷ(따름: 의명) + -이(서조)- + -∅(현시)- + -ㄴ(관전)

6) ᄃᆞᆯ: ᄃᆞ(것, 者: 의명) + -ㄹ(← -ᄅᆞᆯ: 목조)

7) 아ᄃᆞᆯᄃᆞᆯ콰: 아ᄃᆞᆯᄃᆞᇂ[아들들, 諸子: 아ᄃᆞᆯ(아들, 子) + -ᄃᆞᇂ(-들: 복접)] + -과(접조)

8) 당다이: 반드시, 틀림없이, 必應(부사)

9) ᄉᆞᆯ이리로소니: ᄉᆞᆯ이[불살라지다: ᄉᆞᆯ(살다, 불사르다, 燒: 타동)- + -이(피접)-]- + -리(미시)- + -롯(← -돗-: 감동)- + -오니(← -ᄋᆞ니: 연어, 설명 계속)

10) 버서나긔: 버서나[벗어나다, 解脫: 벗(벗다, 脫)- + -어(연어) + 나(나다, 出)-]- + -긔(-게: 연어, 사동)

11) 제여곰: 제각기, 제가끔, 各自(부사)

12) 맛드논: 맛들[재미가 들다, 좋아하다, 즐기다, 樂: 맛(맛, 味, 意) + 들(들다, 入)-]- + -ㄴ(← -ᄂᆞ-: 현시)- + -오(대상)- + -ㄴ(관전)

13) 珎玩앳: 珎玩(진완) + -애(-에: 부조, 위치) + -ㅅ(-의: 관조) ※ '珎玩(진완)'은 진귀한 노리개이다.

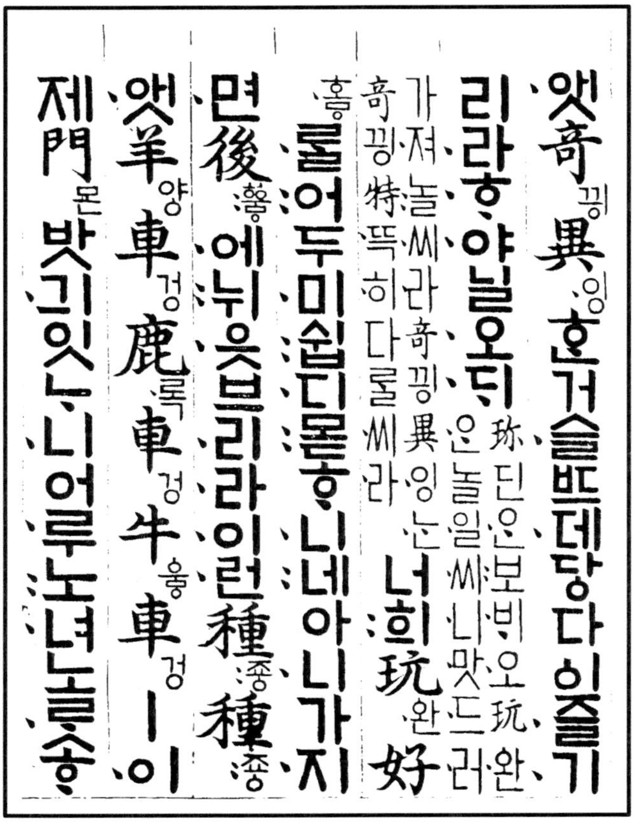

앳 奇끵異잉ᄒᆞᆫ 거슬 ᄠᅳ데 당다이 즐기
리라 ᄒᆞ야 닐오ᄃᆡ 珎딘ᄋᆞᆫ 보ᄇᆡ오 玩완ᄋᆞᆫ 놀일ᄊᆡ니 맛드러 가져 놀씨라 奇끵異잉ᄂᆞᆫ
奇끵特뜩히 다ᄅᆞᆯ씨라 너희 玩완好
ᄒᆞᇢᄅᆞᆯ 어두미 쉽디 몯ᄒᆞ니 네 아니 가지
면 後ᅘᅮᇢ에 뉘으브리라 이런 種죵種죵
앳 羊양車겅 鹿록車겅 牛웅車겅ㅣ 이
제 門몬 밧긔 잇ᄂᆞ니 어루 노녀 놀ᄋᆞᇹ

奇異(기이)한 것을 (아이들의) 뜻에 마땅히 즐기리라."고 하여 이르되【珎(진)은 보배요 玩(완)은 놀리는 것이니, 좋아하여 가져서 노는 것이다. 奇異(기이)는 奇特(기특)히 (남과) 다른 것이다.】"너희가 玩好(완호)를 얻는 것이 쉽지 못하니, 네가 아니 가지면 後(후)에 뉘우치리라. 이런 種種(종종)의 羊車(양거)·鹿車(녹거)·牛車(우거)가 이제 門(문) 밖에 있나니, (너희들이) 가히 노닐어서 놀이하겠으니

奇끵異잉혼 거슬 쁘데 당다이 즐기리라 호야[14] 닐오디【 珎딘은 보빅오[15] 玩완은 놀일[16] 씨니[17] 맛드러 가져 놀 씨라 奇끵異잉는 奇끵特뜩히 다를 씨라】 너희 玩완好흫[18]를 어두미 쉽디 몯호니 네 아니 가지면 後흫에 뉘읏브리라[19] 이런 種종種종앳[20] 羊양車겅[21] 鹿록車겅[22] 牛울車겅[23] ㅣ 이제 門몬 밧긔[24] 잇느니 어루[25] 노녀[26] 노릇호리니[27]

---

14) 種種 珎玩앳 奇異혼 거슬 쁘데 당다이 즐기리라 호야: 이 구절을 직역하면, "(아이들이) 갖가지 진완의 기이한 것을 마음에 마땅히 즐길 것이라고 하여"가 된다. 그런데 이 구절은 "(아이들이) 가지가지 기이한 장남감을 보면 반드시 좋아하리라 하여"로 의역할 수 있다.

15) 보빅오: 보빅(보배, 寶) + -Ø(← -이-: 서조)- + -오(← -고: 연어, 나열)

16) 놀일: 놀이[놀리다, 놀리거나 희롱하다, 玩: 놀(놀다, 遊)- + -이(사접)-]- + -ㄹ(관전)

17) 씨니 : ㅆ(← 소: 것, 者, 의명) + -이(서조)- + -니(연어, 설명 계속)

18) 玩好: 완호. 진귀한 노리갯감. 또는 좋은 장난감이다.

19) 뉘읏브녀: 뉘읏브(뉘읏쁘다, 후회스럽다, 悔: 뉘읏(뉘우치다, 悔: 동사)- + 브(형접)-]- + -Ø(현시)- + -녀(-냐: 의종, 판정)

20) 種種앳: 種種(종종) + -애(-에: 부조, 위치) + -ㅅ(-의: 관조)

21) 羊車: 양거. 양(洋)의 모양을 한 수레이다. 삼거의 하나로서, 삼승(三乘)의 하나인 성문승(聲聞乘)을 비유적으로 이르는 말이다.

22) 鹿車: 녹거. 사슴의 모양을 한 수레이다. 이는 삼거(三車)의 하나로서, 삼승(三乘)의 하나인 독각승(獨覺乘)을 비유적으로 이르는 말이다.

23) 牛車: 우거. 소의 모양을 한 수레이다. 삼거(三車)의 하나로서, 삼승(三乘) 가운데 보살승(菩薩乘)을 비유적으로 이르는 말이다.

24) 밧긔: 밝(밖, 外) + -의(-에: 부조, 위치)

25) 어루: 가히, 능히, 能(부사)

26) 노녀: 노니[노닐다, 遊行: 노(← 놀다: 놀다, 遊, 동사)- + 니(가다, 行: 동사)-]- + -어(연어)

27) 노릇호리니: 노릇호[놀이하다, 장난하다, 遊: 놀(놀다, 遊: 동사)- + -옷(명접) + -호(동접)-]- + -리(미시)- + -니(연어, 설명 계속)

리니 너희 이 블븓ᄂᆞᆫ 지븨 ᄲᆞᆯ리 나오라
네 欲욕ᄋᆞᆯ 조차 다 주리라
ᄒᆞᆫ갓 ᄲᆞᆯ리 나
라 ᄒᆞ면 제 欲
욕애 거슬뼈 能능히 化황티 몯ᄒᆞ릴ᄊᆡ
제 欲욕ᄋᆞᆯ 조차 化황ᄒᆞ니라 長댱者쟝
ㅣ ᄯᅩ 제 ᄉᆞᆯ잃가 저호ᄆᆞᆫ 부톄 三삼界갱
예 모ᄆᆞᆯ 뵈샤 百ᄇᆡᆨ姓셩과 ᄒᆞᆫ가지로 시
름ᄒᆞ샤ᄆᆞᆯ 가ᄌᆞᆯ비시니라 아ᄃᆞ릐 맛ᄃᆞ
논 것 아다 ᄒᆞᆫ 말ᄃᆞᆯᄒᆞᆫ 衆즁生ᄉᆡᆼᄃᆞᆯ히 種
죵種죵 欲욕ᄋᆞᆯ 아ᄅᆞ샤 本본性셩을 조
차 方방便뼌으로 三삼乘씽 니ᄅᆞ샤ᄆᆞᆯ
가ᄌᆞᆯ비시니라 술위ᄂᆞᆫ 果광法법을 表
뵹ᄒᆞ니 三삼界갱예 븓디 아니ᄒᆞᆯᄊᆡ 門

너희가 이 불붙는 집에서 빨리 나오라. 너의 欲(욕)을 좇아서 다 주리라." 【 한갓 "빨리 나오라."고 하면, (아들들이) 제 欲(욕)에 거슬리어 能(능)히 敎化(교화)하지 못하겠으므로, 제 欲(욕)을 좇아서 敎化(교화)하였니라. 長者(장자)가 또 자기가 불살라질까 두려워한 것은 부처가 三界(삼계)에 몸을 보이시어 百姓(백성)과 한가지로 시름하신 것을 비유하셨니라. (부처가) 아들이 좋아하는 것을 알았다고 한 말들은, (부처가) 衆生(중생)들의 種種(종종)의 欲(욕)을 아시어, (중생의) 本性(본성)을 좇아서 方便(방편)으로 三乘(삼승)을 이르신 것을 비유하셨니라. 수레는 果法(과법)을 表(표)하니, 三界(삼계)에서 비롯하지 아니하므로 門(문)

너희 이 블븐ᄂᆞᆫ 지븨 ᄲᆞᆯ리[28] 나오라 네 欲욕ᄋᆞᆯ 조차 다 주리라[29] 【 ᄒᆞᆫ갓[30] ᄲᆞᆯ리 나라 ᄒᆞ면 제 欲욕애 거슬ᄧᅥ[31] 能ᄂᆞᆼ히 化황티[32] 몯ᄒᆞ릴ᄊᆡ 제 欲욕ᄋᆞᆯ 조차 化황ᄒᆞ니라 長댱者쟝ㅣ 또 제 ᄉᆞᆯ잃가[33] 저호ᄆᆞᆫ[34] 부텨 三삼界갱예 모ᄆᆞᆯ 뵈샤 百ᄇᆡᆨ姓셩과 ᄒᆞᆫ가지로[35] 시름ᄒᆞ샤ᄆᆞᆯ[36] 가ᄌᆞᆯ비시니라 아ᄃᆞ리[37] 맛드논[38] 것 아다[39] ᄒᆞᆫ 말ᄃᆞᆯᄒᆞᆫ[40] 衆즁生ᄉᆡᆼᄃᆞᆯ히 種죵種죵 欲욕ᄋᆞᆯ 아ᄅᆞ샤 本본性셩을 조차 方방便뼌으로 三삼乘ᄊᆡᆼ[41] 니ᄅᆞ샤ᄆᆞᆯ 가ᄌᆞᆯ비시니라 술위ᄂᆞᆫ[42] 果광法법[43]을 表뵬ᄒᆞ니 三삼界갱예 븓디 아니ᄒᆞᆯᄊᆡ 門몬

---

28) ᄲᆞᆯ리: [빨리(부사): ᄲᆞᆯㄹ(← ᄲᆞᄅᆞ다: 빠르다, 急)- + -이(부접)]

29) 주리라: 주(주다, 與)- + -∅(← -우-: 화자)- + -리(미시)- + -라(← -다: 평종)

30) ᄒᆞᆫ갓: [한갓(부사): ᄒᆞᆫ(한, 一: 관사) + 갓(← 가지: 의명)] ※ 'ᄒᆞᆫ갓'은 '다른 것 없이 겨우'의 뜻을 나타내는 부사이다.

31) 거슬ᄧᅥ: 거슬ᄧ(← 거슬ᄧᅳ다: 거슬리다, 違逆, 동사)- + -어(연어)

32) 化티: 化ㅎ[← 化ᄒᆞ다(화하다, 교화하다): 化(화, 敎化) + -ᄒᆞ(동접)-]- + -디(-지: 연어, 부정) ※ '化(화)'는 교화(敎化)하는 것이다.

33) ᄉᆞᆯ잃가: ᄉᆞᆯ이[불살라지다: ᄉᆞᆯ(살다, 불사르다, 燒: 타동)- + -이(피접)-]- + -ㅭ가(의종, 판정, 미시)

34) 저호ᄆᆞᆫ: 젛(두려워하다, 畏)- + -옴(명전) + -ᄋᆞᆫ(보조사, 주제)

35) ᄒᆞᆫ가지로: ᄒᆞᆫ가지[한가지, 同(명사): ᄒᆞᆫ(한, 一: 관사, 양수) + 가지(가지, 類: 의명)] + -로(부조, 방편)

36) 시름ᄒᆞ샤ᄆᆞᆯ: 시름ᄒᆞ[시름하다, 愁: 시름(시름, 愁: 명사) + -ᄒᆞ(동접)-]- + -샤(← -시-: 주높)- + -ㅁ(← -옴: 명전) + -ᄋᆞᆯ(목조)

37) 아ᄃᆞ리: 아ᄃᆞᆯ(아들, 子) + -ᄋᆡ(관조, 의미상 주격)

38) 맛드논: 맛들[재미가 들다, 좋아하다, 즐기다, 樂: 맛(맛, 味, 意) + 들(들다, 入)-]- + -ㄴ(← -ᄂᆞ-: 현시)- + -오(대상)- + -ㄴ(관전)

39) 아다: 아(← 알다: 알다, 知)- + -∅(과시)- + -다(평종)

40) 말ᄃᆞᆯᄒᆞᆫ: 말ᄃᆞᆶ[말들: 말(言) + -ᄃᆞᇂ(-들: 복접)] + -ᄋᆞᆫ(보조사, 주제)

41) 三乘: 삼승. 부처가 중생의 능력이나 소질에 따라 설한 세 가지 가르침이다. 대승불교에서는 불제자의 능력을 '성문승(聲聞乘)·연각승(緣覺乘)·보살승(菩薩乘)'의 3종으로 나누었다.

42) 술위ᄂᆞᆫ: 술위(수레, 車) + -ᄂᆞᆫ(보조사, 주제)

43) 果法: 과법. 사법(四法)의 하나이다. 최후에 도달할 열반을 이른다. ※ '四法(사법)'은 법보(法寶)를 나눈 네 가지 법으로, 교법(敎法), 이법(理法), 행법(行法), 과법(果法)을 이른다.

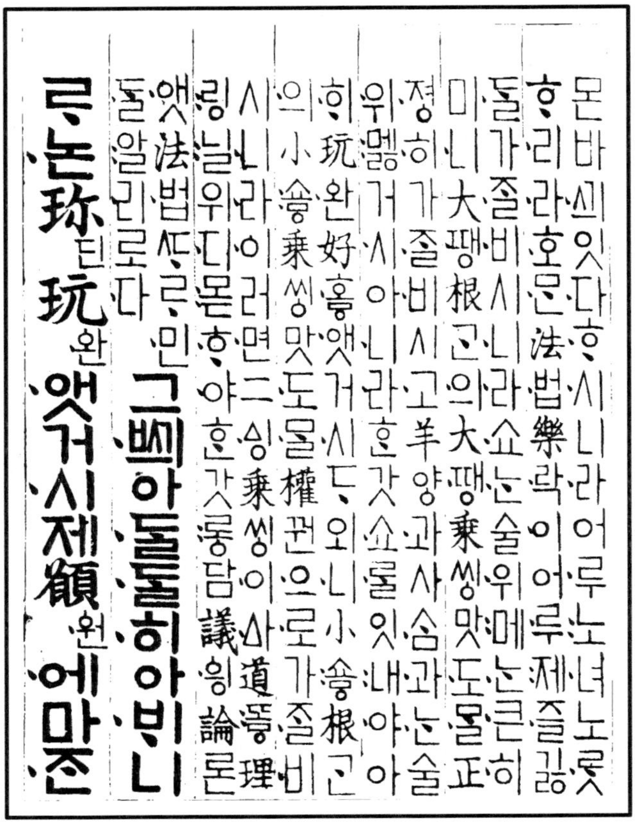

밖에 있었다."고 하셨니라. "(너희들이) 가히 노니어서 놀이하리라."고 한 것은 法樂(법락)을 가히 자기(= 아이들)가 즐기는 것을 비유하셨니라. 소는 수레를 메는 큰 힘이니 大根(대근)이 大乘(대승)을 맡은 것을 正(정)히 비유하시고, 羊(양)과 사슴은 수레를 메는 것이 아니라 한갓 소를 본떠서 아이의 玩好(완호)에 쓰는 것이 되니, 小根(소근)이 小乘(소승)을 맡은 것을 權(권)으로 비유하셨니라. 이러면 二乘(이승)이야말로 道理(도리)를 이루게 하지 못하여 한갓 농담으로 議論(의논)하는 法(법)일 뿐인 것을 알겠구나.】 그때에 아들들이 아버지가 이르는 珍玩(진완)의 것이 자기의 願(원)에 맞은

바ᄭᅴ[44] 잇다 ᄒᆞ시니라 어루 노녀 노ᄅᆞᆺᄒᆞ리라 호ᄆᆞᆫ 法법樂락이[45] 어루 제 즐굟 ᄃᆞᆯ 가ᄌᆞᆯ비시니라 쇼ᄂᆞᆫ[46] 술위 메ᄂᆞᆫ 큰 히미니 大땡根근[47]의 大땡乘씽 맛도ᄆᆞᆯ[48] 正졍히 가ᄌᆞᆯ비시고 羊양과 사ᄉᆞᆷ과ᄂᆞᆫ 술위 메ᇙ 거시 아니라 ᄒᆞᆫᄀᆞᆺ 쇼ᄅᆞᆯ 잇내야[49] 아ᄒᆡ 玩완好홍앳[50] 거시 ᄃᆞ외니 小숗根근[51]의 小숗乘씽 맛도ᄆᆞᆯ 權꿘[52]으로 가ᄌᆞᆯ비시니라 이러면 二싱乘씽이ᅀᅡ[53] 道똫理링 닐위디[54] 몯ᄒᆞ야 ᄒᆞᆫᄀᆞᆺ 롱담[55] 議읭論론앳 法법 ᄯᆞᄅᆞ민[56] ᄃᆞᆯ[57] 알리로다[58]】 그 ᄢᅴ 아ᄃᆞᆯᄃᆞᆯ히 아ᄇᆡ[59] 니ᄅᆞ논[60] 珎딘玩완앳 거시 제 願원에 마ᄌᆞᆫ

---

44) 바ᄭᅴ: 밝(밖, 外) + -의(-에: 부조, 위치)

45) 法樂이: 法樂(법락) + -이(←-ᄋᆞᆯ: 목조) ※ '法樂(법락)'은 부처의 가르침을 믿고 받드는 기쁨이다. 문맥상으로 보면 '즐굟'이 타동사이므로 '法樂이'는 '法樂ᄋᆞᆯ'을 오기한 것으로 보인다.

46) 쇼ᄂᆞᆫ: 쇼(소, 牛) + -ᄂᆞᆫ(보조사, 주제)

47) 大根: 대근. 대승(大乘)의 기근(機根)이다. ※ '기근(機根)'은 중생이 본디부터 가지고 있는 불성으로서 교법(敎法)을 받을 근기와 교법을 듣고 수행할 능력이다. 대근의 능력을 가진 사람이다.

48) 맛도ᄆᆞᆯ: 맜(맡다, 任)- + -옴(명전) + -ᄋᆞᆯ(목조)

49) 잇내야: 잇내(본뜨다, 像)- + -야(←-아: 연어) ※ '잇내야'는 '본떠서'라는 뜻으로 쓰였다.

50) 玩好앳: 玩好(완호) + -애(-에: 부조, 위치) + -ㅅ(-의: 관조) ※ '玩好(완호)'는 장난감이다.

51) 小根: 소근. 소승(小乘)의 기근(機根)이다. 소근의 능력을 가진 사람이다.

52) 權: 권. 방편의 다른 이름이다. 곧, 중생을 구제하기 위한 편의적인 수단과 방법, 곧 방편이다.

53) 二乘이ᅀᅡ: 二乘(이승) + -이(주조) + -ᅀᅡ(-야: 보조사, 한정 강조) ※ '二乘(이승)'은 성문승과 연각승을 합쳐 이르는 말이다.

54) 닐위디: 닐위[이루어지게 하다, 이루다, 일으키다, 成: 닐(일다, 일어나다, 起)- + -우(사접)- + -ㅣ(←-이-: 사접)-]- + -디(-지: 연어, 부정)

55) 롱담: 농담(弄談)

56) ᄯᆞᄅᆞ민: ᄯᆞᄅᆞᆷ(따름, 뿐: 의명) + -이(서조)- + -Ø(현시)- + -ㄴ(관전)

57) ᄃᆞᆯ: ᄃᆞ(것, 者: 의명) + -ㄹ(관전)

58) 알리로다: 알(알다, 知)- + -리(미시)- + -로(←-도-: 감동)- + -다(평종)

59) 아ᄇᆡ: 압(←아비: 아버지, 父) + -ᄋᆡ(-의: 관조, 의미상 주격)

60) 니ᄅᆞ논: 니ᄅᆞ(이르다, 曰)- + -ㄴ(←-ᄂᆞ-: 현시)- + -오(대상)- + -ㄴ(관전)

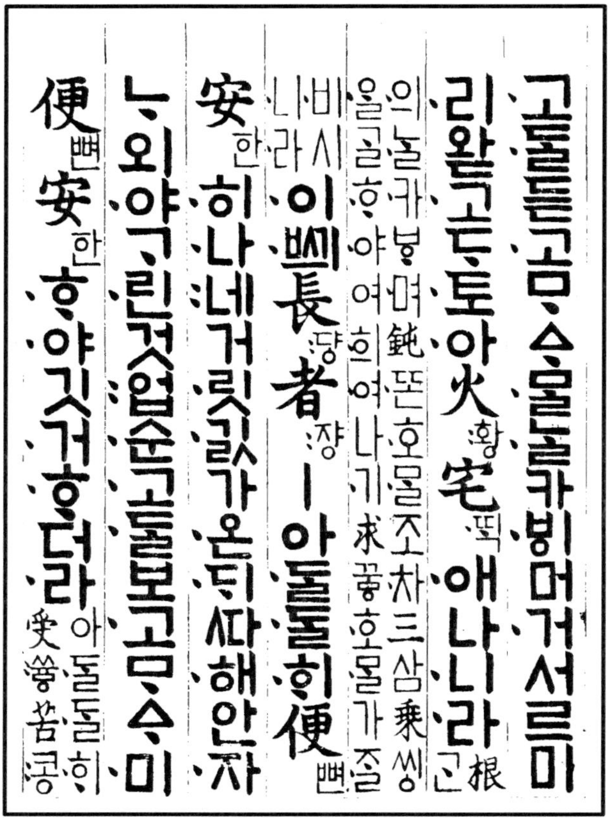

고ᄃᆞᆯ 듣고 ᄆᆞᅀᆞᄆᆞᆯ ᄂᆞᆯ카ᄫᆡ 머거 서르 미리왇고 ᄃᆞ토아 火황宅띡 애 나니라 根근의 ᄂᆞᆯ카ᄫᆞ며 鈍뚠ᄒᆞᆫ 모ᄆᆞᆯ 조차 三삼乘씽을 ᄀᆞᆯᄒᆡ야 여희여 나가 求꿓ᄒᆞ논 ᄆᆞᆯ 가ᄌᆞᆯ바시니라 이ᄢᅴ 長댱者쟝ㅣ 아ᄃᆞᆯ히 便뼌安한히 나 네거릿 길 가온ᄃᆡ ᄯᅡ해 안자 ᄂᆞ외야 ᄀᆞ린 것 업슨 고ᄃᆞᆯ 보고 ᄆᆞᅀᆞ미 便뼌安한ᄒᆞ야 깃거ᄒᆞ더라 아ᄃᆞᆯᄃᆞᆯ히 受쓯苦콩

것을 듣고, 마음을 날카로이 먹어 서로 밀치며 다투어서 火宅(화택)에서 나왔니라.【根(근)이 날카로우며 鈍(둔)한 것을 좇아서, 三乘(삼승)을 구분하여 (세상의 번뇌에서) 떨치어 나가기를 求(구)한 것을 비유하셨니라.】 이때에 長者(장자)가 아들들이 便安(편안)히 나가서 네거리의 길 가운데의 땅에 앉아, 다시 가린 것(장애)이 없는 것을 보고 마음이 便安(편안)하여 기뻐하더라.【아들들이 受苦(수고)를

고ᄃᆞᆯ[61] 듣고 ᄆᆞᅀᆞᄆᆞᆯ ᄂᆞᆯ카ᄫᅵ[62] 머거 서르 미리왇고[63] ᄃᆞ토아[64] 火황宅ᄯᅴᆨ애 나니라【根ᄀᆞᆫ의 ᄂᆞᆯ카ᄫᆞ며[65] 鈍똔 ᄒᆞᄆᆞᆯ 조차 三삼乘씽ᄋᆞᆯ ᄀᆞᆯᄒᆡ야[66] 여희여[67] 나기 求꾸ᇢᄒᆞᄆᆞᆯ 가ᄌᆞᆯ비시니라】이 ᄢᅴ 長댜ᇰ者쟈ᇰㅣ 아ᄃᆞᆯᄃᆞᆯᄒᆡ[68] 便뼌安한히 나 네거릿[69] 긼 가온ᄃᆡ[70] ᄯᅡ해[71] 안자 ᄂᆞ외야[72] ᄀᆞ린[73] 것 업순[74] 고ᄃᆞᆯ 보고 ᄆᆞᅀᆞ미 便뼌安한ᄒᆞ야 깃거ᄒᆞ더라[75]【아ᄃᆞᆯᄃᆞᆯᄒᆡ 受쑤ᇢ苦콩

---

61) 고ᄃᆞᆯ: 곧(것, 者: 의명) + -ᄋᆞᆯ(목조)

62) ᄂᆞᆯ카ᄫᅵ: [날카로이, 勇銳(부사): ᄂᆞᆯ카ᇦ;← ᄂᆞᆯ캅다, ㅂ불: 날카롭다, 銳)- + -이(부접)] ※ 'ᄆᆞᅀᆞᄆᆞᆯ ᄂᆞᆯ카ᄫᅵ 머거'는 『묘법연화경』의 원문에는 '心勇銳'으로 표현되었는데, '마음이 급해서'로 의역하여 옮길 수가 있다.

63) 미리왇고: 미리왇[밀치다, 推排: 미리(← 밀다: 말다, 推)- + -왇(강접)-]- + -고(연어, 나열) ※ '미리왇고'는 '밀왇고'의 변이형인 것으로 추정한다.

64) ᄃᆞ토아: ᄃᆞ토(다투다, 爭)- + -아(연어)

65) ᄂᆞᆯ카ᄫᆞ며: ᄂᆞᆯ카ᇦ(← ᄂᆞᆯ캅다, ㅂ불: 날카롭다, 銳)- + -ᄋᆞ며(연어, 나열)

66) ᄀᆞᆯᄒᆡ야: ᄀᆞᆯᄒᆡ이(← ᄀᆞᆯ히다: 가리다, 선택하다, 選)- + -아(연어)

67) 여희여: 여희(떨치다, 이별하다, 別)- + -여(← -어: 연어)

68) 아ᄃᆞᆯᄃᆞᆯᄒᆡ: 아ᄃᆞᆯᄃᆞᆶ[아들들, 子等: 아ᄃᆞᆯ(아들, 子) + -ᄃᆞᆶ(-들: 복접)] + -ᄋᆡ(관조, 의미상 주격) ※ '아ᄃᆞᆯᄃᆞᆯᄒᆡ'에서 '-ᄋᆡ'는 의미상 주격이므로 '아들들이'로 의역하여 옮긴다.

69) 네거릿: [네거리, 四街道: 네(네, 四: 관사) + 거리(거리, 街)] + -ㅅ(-의: 관조)

70) 가온ᄃᆡ: 가온ᄃᆡ(가운데, 中) + -ᄋᆡ(-에: 부조, 위치)

71) ᄯᅡ해: ᄯᅡᇂ(땅, 地) + -애(-에: 부조, 위치)

72) ᄂᆞ외야: [다시, 거듭하여, 復(부사): ᄂᆞ외(거듭하다, 復: 동사)- + -야(← -아: 연어 ▹ 부접)]

73) ᄀᆞ린: ᄀᆞ리(가리다, 장애되다, 障碍)- + -∅(과시)- + -ㄴ(관전)

74) 업순: 없(없다, 無: 형사)- + -∅(현시)- + -우(대상)- + -ㄴ(관전)

75) 깃거ᄒᆞ더라: 깃거ᄒᆞ[기뻐하다, 歡: 긹(기뻐하다, 歡)- + -어(연어) + ᄒᆞ(하다, 爲: 보용)-]- + -더(회상)- + -라(← -다: 평종)

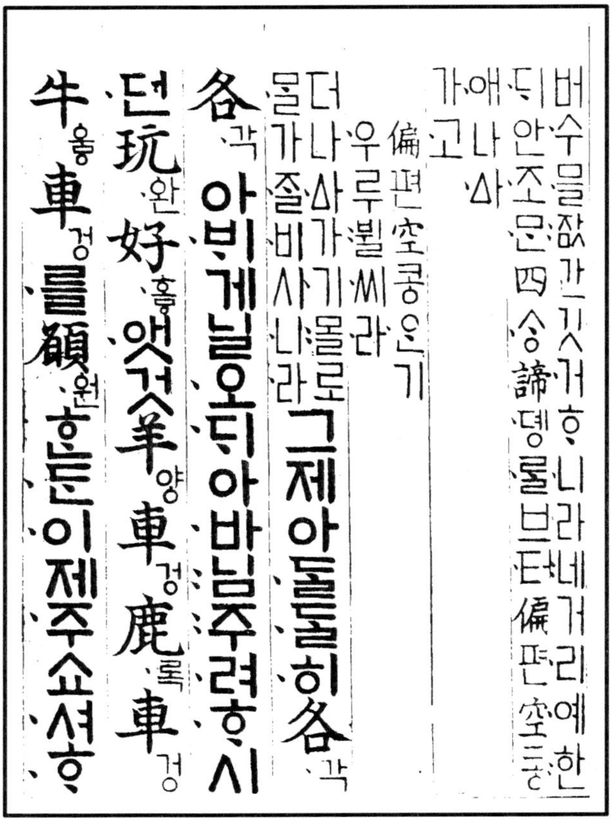
버ᅀᅮ믈잠간깃거ᄒᆞ니라네거리예한
ᄃᆡ안조ᄆᆞᆫ四ᄉᆞᆼ諦뎽ᄅᆞᆯ브터偏편空콩
애나ᅀᅡ
가고
偏편空콩ᄋᆞᆫ기
우루뷜씨라
더나ᅀᅡ가기몰로
ᄆᆞᄅᆞᆯ가ᄌᆞᆯ비시니라그제아ᄃᆞᆯ들히各각
各각아비게닐오ᄃᆡ아바님주려ᄒᆞ시
던玩완好홓앳것羊양車겅鹿록車겅
牛웅車겅를願원ᄒᆞᆫᄃᆞᆫ이제주쇼셔ᄒᆞ

벗은 것을 잠깐 기뻐하였니라. 네거리에 한데(露處)에 앉은 것은 四諦(사제)를 의지하여 偏空(편공)에 나아가고,

偏空(편공)은 기울게 빈 것이다.

더 나아가기를 모른 것을 비유하셨니라.】 그때에 아들들이 各各(각각) 아버지에게 이르되 "아버님이 주려 하시던 玩好(완호)의 것, (곧) 羊車(양거), 鹿車(녹거), 牛車(우거)를 願(원)컨대 이제 주소서."라고 하더라.

버수믈[76] 잢간[77] 짓거ᄒᆞ니라 네거리예 한ᄃᆡ[78] 안조ᄆᆞᆫ 四ᄉᆞᆼ諦뎽ᄅᆞᆯ 브터[79] 偏편空콩애[80] 나ᅀᅡ가고[81]

偏편空콩ᄋᆞᆫ 기우루[82] 뷜[83] 씨라

더 나ᅀᅡ가기 몰로ᄆᆞᆯ[84] 가ᄌᆞᆯ비시니라】 그제[85] 아ᄃᆞᆯᄃᆞᆯ히 各각各각 아ᄇᆡ게[86] 닐오ᄃᆡ 아바님[87] 주려 ᄒᆞ시던 玩완好홓앳 것 羊양車겅 鹿록車겅 牛웋車겅를 願원ᄒᆞᆫᄃᆞᆫ[88] 이제 주쇼셔[89] ᄒᆞ더라

---

76) 버수믈: 벗(벗다, 脫)- + -움(명전) + -을(목조)

77) 잢간: [잠깐, 暫間(부사): 잠(잠, 暫) + -ㅅ(관조, 사잇) + 간(간, 間)]

78) 한ᄃᆡ: [한데, 露地: 하(하다, 大)- + -ㄴ(관전) + ᄃᆡ(데: 의명) + -ᄋᆡ(-에: 부조, 위치) ※ '한ᄃᆡ'는 사방, 상하를 덮거나 가리지 아니한 곳이다. 곧 집채의 바깥을 이른다.(실외, 室外)

79) 브터: 븥(붙다, 의지하다, 말미암다, 따르다, 근거하다, 附, 依, 由)- + -어(연어)

80) 偏空애: 偏空(편공) + -애(-에: 부조, 위치) ※ '偏空(편공)'은 여러 인연의 일시적인 화합으로 존재하는 현상을 주시하지 못하고 공(空)에만 치우치는 것이다.

81) 나ᅀᅡ가고: 나ᅀᅡ가[나아가다, 進: 나ᇫ(←낫다, ㅅ불: 나가다)- + -아(연어) + 가(가다)-]- + -고(연어, 나열)

82) 기우루: [기울게, 傾(부사): 기울(기울다, 傾)- + -우(부접)]

83) 뷜: 뷔(비다, 空)- + -ㄹ(관전)

84) 몰로ᄆᆞᆯ: 몰ㄹ(←모ᄅᆞ다: 모르다, 不知)- + -옴(명전) + -ᄋᆞᆯ(목조)

85) 그제: 그제[그제, 그때에(부사): 그(그, 彼: 관사, 지시, 정칭) # 적(적, 때, 時: 의명) + -의(-에: 부조, 위치)]

86) 아ᄇᆡ게: 압(←아비: 아버지, 父) + -ᄋᆡ(관전) # 게(거기에: 의명) ※ '아ᄇᆡ게'는 '아버지에게'로 의역하여 옮긴다.

87) 아바님: [아버님, 父親: 아바(←아비: 아버지, 父) + -님(높접)]

88) 願ᄒᆞᆫᄃᆞᆫ: 願ᄒᆞ[원하다: 願(원: 명사) -ᄒᆞ(동접)-]- + -ㄴᄃᆞᆫ(-건대: 연어, 주제 제시) ※ '-ㄴᄃᆞᆫ'은 [-ㄴ(관전) + ᄃᆞ(것, 者: 의명) + -ㄴ(←-ᄂᆞᆫ: 보조사, 주제)]의 방식으로 형성된 연결 어미이다. 뒤 절의 내용이 화자가 보거나 듣거나 바라거나 생각하는 따위의 내용임을 미리 밝히는 연결 어미이다.

89) 주쇼셔: 주(주다, 授)- + -쇼셔(-소서: 명종, 아높)

[29 뒤]

더라【지븨 나고 술위 求꿓ᄒᆞ문 三삼乘씽 利링ᄅᆞᆯ 얻고 三삼乘씽 果광 자ᄇᆞᆫ ᄆᆞᆯ 가ᄌᆞᆯ비시니라】 舍샹利링弗붏아 그ᄢᅴ 長댱者쟝ㅣ 아ᄃᆞᆯ돌ᄒᆞᆯ 各각各각 ᄒᆞᆫ 가짓 큰 술위ᄅᆞᆯ 주니【三삼乘씽 니ᄅᆞ신 後흫에 골오 一힗乘씽을 뵈샤 二싱乘씽 三삼乘씽 업슨 ᄃᆞᆯ 알의 ᄒᆞ샤ᄆᆞᆯ 가ᄌᆞᆯ비시니 權꿘 廢뱅ᄒᆞ고 實씷 세샤미라】 그 술위 놉고 너브며 한 보ᄇᆡ로 ᄭᅮ미며 欄란楯쓘이 둘어 잇고 四ᄉᆞᆼ面면에

【집에서 나가고 수레를 求(구)한 것은 三乘(삼승)의 利(이)를 얻고 三乘(삼승)의 果(과)를 잡은 것을 비유하셨니라.】 舍利弗(사리불)아, 그때에 長者(장자)가 아들들에게 各各(각각) 한 가지의 큰 수레를 주니【三乘(삼승)을 이르신 後(후)에 고루 一乘(일승)을 보이시어, 二乘(이승) · 三乘(삼승)이 없는 것을 알게 하신 것을 비유하시니, 權(권)을 癈(폐)하고 實(실)을 세우신 것이다.】, 그 수레가 높고 넓으며 많은 보배로 꾸미며 欄楯(난순)이 둘러 있고, 四面(사면)에

【지븨 나고 술위 求꿀ᄒᆞ몬 三삼乘씽 利링ᄅᆞᆯ 얻고 三삼乘씽 果광 자보ᄆᆞᆯ 가ᄌᆞᆯ비시니라】 舍샹利링弗붏아 그 ᄢᅴ 長댱者쟝ㅣ 아ᄃᆞᆯᄃᆞᆯ홀 各각各각 ᄒᆞᆫ 가짓 큰 술위를 주니【三삼乘씽 니르신 後흫에 골오[90] 一힗乘씽ᄋᆞᆯ 뵈샤 二ᅀᅵᆼ乘씽 三삼乘씽 업슨 ᄃᆞᆯ 알의[91] ᄒᆞ샤ᄆᆞᆯ 가ᄌᆞᆯ비시니 權뀐[92] 廢볭코[93] 實씷[94] 셰샤미라[95]】 그 술위 놉고 너브며 한 보ᄇᆡ로 ᄭᅮ미며[96] 欄란楯쓘[97]이 둘어[98] 잇고 四ᄉᆞᆼ面면에

---

90) 골오: [고루, 等(부사): 골(← 고ᄅᆞ다: 고르다, 等, 형사)- + -오(부접)]

91) 알의: 알(알다, 知)- + -의(← -긔: -게, 연어, 사동)

92) 權: 권. '방편(方便)'이나 '수단(手段)'의 다른 이름이다. 십바라밀의 하나로서, 중생을 구제하기 위하여 쓰는 묘한 수단과 방법이다.

93) 廢코: 廢ㅎ[← 廢ᄒᆞ다: 廢(폐: 불어) + -ᄒᆞ(동접)-]- + -고(연어, 나열)

94) 實: 실. 방편에 대립되는 개념으로 '실제(實際)'이다.

95) 셰샤미라: 셰샤미라: 셰[세우다, 立: 셔(서다, 立: 자동)- + -ㅣ(← -이-: 사접)-]- + -샤(← -시-: 주높)- + -ㅁ(← -옴: 명전) + -이(서조)- + -Ø(현시)- + -라(← -다: 평종)

96) ᄭᅮ미며: ᄭᅮ미(꾸미다, 莊挍)- + -며(연어, 나열)

97) 欄楯: 난순. 불교의 스투파(Stūpa)와 같은 성역을 둘러싸는 울타리로, 동아시아에서는 '난순(欄楯)'이라고 한다. ※ '스투파(Stūpa)'는 유골을 매장한 인도의 화장묘(火葬墓)이다.

98) 둘어: 둘(← 두르다: 두르다, 旋)- + -어(연어)

[30앞]

방올ᄃᆞᆯ오그우희幰헌蓋갱펴고幰헌은술
위우희편기비라또珍딘奇끵雜짭寶봉로싁
싀기ᄭᅮ미고보ᄇᆡ옛노ᄒᆞ로섯얽고빗난
瓔형珞락ᄋᆞᆯ드리우며보ᄃᆞ라ᄫᆞᆫ돗ᄀᆞᆯ
겨펴ᄭᆞᆯ오블근벼개롤이대노코힌쇼
롤메우니ᄉᆞᆯ지고비치조코양ᄌᆡ됴코
힘미세오거르믈平뼝正졍히걷고ᄲᆞᆯ

방울을 달고 그 위에 幰蓋(헌개)를 펴고【幰(헌)은 수레 위에 편 비단이다.】, 또 珎奇(진기)한 雜寶(잡보)로 장엄하게 꾸미고 보배로 된 끈을 섞어 얽고, 빛난 瓔珞(영락)을 드리우며 부드러운 돗자리를 겹겹으로 펴서 깔고, 붉은 베개를 잘 놓고 흰 소를 메우게 하니, (흰소가) 살지고 빛이 깨끗하고 모습이 좋고 힘이 세고 걸음을 平正(평정)히 걷고 빠른 것이 바올[99] 드오[1] 그 우희[2] 幰헌蓋갱[3] 펴고【幰헌은 술위 우희 편 기비라[4]】 또 珎딘奇끵[5] 雜짭寶볼[6]로 싁싀기[7] 꾸미고 보빅옛[8] 노홀[9] 섯얽고[10] 빗난[11] 瓔형珞락[12]올 드리우며 보드라븐[13] 돗글[14] 겨펴[15] 꿀오[16] 블근 벼개를 이대[17] 노코 힌 쇼를 메우니[18] 숣지고[19] 비치 조코 양직[20] 됴코 히미 세오 거르믈[21] 平뼝正졍히[22] 걷고 섈로미[23]

---

99) 바올: 방울, 鈴.
1) 드오: 들(달다, 縣)-+-오(←-고: 연어, 나열)
2) 우희: 우ㅎ(위, 上)+-의(-에: 부조, 위치)
3) 幰蓋: 헌개. 비단 천을 덮은 개(蓋)이다. '개(蓋)'는 차양으로, 귀한 사람이 거동할 때에 머리 위를 가리기 위한 것이다
4) 기비라: 깁(비단, 錦)+-이(서조)-+-Ø(현시)-+-라(←-다: 평종)
5) 珎奇: 진기(珍奇). 진귀하고 기이한 것이다.
6) 雜寶: 잡보. 가정(家庭)에서 보물(寶物)처럼 아끼는 자질구레한 물건(物件)이다.
7) 싁싀기: [엄숙하게, 장엄하게(부사): 싁싁(장엄: 불어)+-Ø(←-ᄒᆞ-: 형접)-+-이(부접)]
8) 보빅옛: 보빅(보배, 寶)+-예(←-에: 부조, 위치)+-ㅅ(-의: 관조)
9) 노홀: 노ㅎ(끈, 繩)+-올(목조)
10) 섯얽고: 섯얽[섞어 얽다, 絞絡: 섞(섞다)-+얽다(얽다)-]-+-고(연어, 나열)
11) 빗난: 빗나[빛나다, 華: 빗(←빛, 光)+나(나다, 現)-]-+-Ø(과시)-+-ㄴ(관전)
12) 瓔珞: 영락. 구슬을 꿰어 만든 장신구로서, 목이나 팔 따위에 두른다.
13) 보드라븐: 보드랍[←보드랍다, ㅂ불(보드랍다, 柔): 보들(부들: 불어)+-압(형접)-]-+-Ø(현시)-+-은(관전)
14) 돗글: 돐(돗자리, 席)+-올(목조)
15) 겨펴: 겨피[겹으로 펴다: 겹(겹, 重)+펴(펴다, 伸)-]-+어(연어)
16) 꿀오: 꿀(깔다, 敷)-+-오(←-고: 연어, 나열)
17) 이대: [잘, 善(부사): 읻(좋다, 곱다, 善: 형사)-+-애(부접)]
18) 메우니: 메우[메우다, 멍에에 매다, 駕: 메(메다, 擔)-+-우(사접)-]-+-니(연어, 설명 계속)
19) 숣지고: 숣지[살찌다, 肥: 숣(살, 膚)+찌(찌다)-]-+-고(연어, 나열)
20) 양직: 양즈(양자, 모습, 樣子)+-ㅣ(←-이: 주조)
21) 거르믈: 거름[거름, 步: 걸(←걷다, ㄷ불: 걷다)-+-음(명접)]+-을(목조)
22) 平正히: [평정히(부사): 平正(평정)+-ㅎ(←-ᄒᆞ-: 형접)-+-이(부접)]
23) 섈로미: 섈ㄹ(←섈ᄅᆞ다: 빠르다)-+-옴(명전)+-이(주조)

[30 뒤]

로미 ᄇᆞᄅᆞᆷ 곧고 ᄯᅩ 한 죠ᇰ이 侍ᄊᆼ衛윙ᄒᆞ
니〔술위는 一ᅙᅵᇙ乘ᄊᆼ을 가ᄌᆞᆯ비시고 쇼
는 大땡根근을 가ᄌᆞᆯ비시고 녀느 一
ᅙᅵᇙ乘ᄊᆼ 大땡根근의 德득用용을 表뵿
ᄒᆞ시니라 그 술위 놉고 너부믄 노ᄑᆡ 三
삼乘ᄊᆼ에 소사나고 너비 九
궁部뽕ᄅᆞᆯ 모도자ᄇᆞᆯ씨라
九궁部뽕ᄂᆞᆫ 十씹二ᅀᅵᆼ部뽕애 方방
廣광과 自ᄍᆞᆼ說쉃와 授쓩記긩와 말
오 小숗乘ᄊᆼ 九궁部뽕ㅣ라 自ᄍᆞᆼ說
쉃은 무르리 업시 ᄌᆞ개 니ᄅᆞ실씨라
한 보ᄇᆡᄂᆞᆫ 萬먼行ᅘᆡᆼ을 가ᄌᆞᆯ비시고 欄
란楯쓘은 摠종持띵ᄅᆞᆯ 가ᄌᆞᆯ비시고

바람과 같고, 또 많은 종이 侍衛(시위)하니 【 수레는 一乘(일승)을 비유하시고, 소는 大根(대근)을 비유하시고, 다른 것은 一乘(일승) 大根(대근)의 德用(덕용)을 表(표)하셨니라. 그 수레가 높고 넓음은 높이가 三乘(삼승)에 솟아나고, 넓이가 九部(구부)를 모아서 잡는 것이다.

九部(구부)는 十二部(십이부)에 方廣(방광)과 自說(자설)과 授記(수기)는 말고, 小乘(소승)의 九部(구부)이다. 自說(자설)은 물을 이가 없이 스스로 이르는 것이다.

많은 보배는 萬行(만행)을 비유하시고, 欄楯(난순)은 總持(총지)를 비유하시고,

ᄇᆞᄅᆞᆷ[24] ᄀᆞᆮ고 ᄯᅩ 한 죠이[25] 侍씽衛윙ᄒᆞ니[26]【 술위는 一힗乘씽을 가ᄌᆞᆯ비시고 쇼ᄂᆞᆫ 大땡根근[27]을 가ᄌᆞᆯ비시고 녀근[28] 一힗乘씽 大땡根근의 德득用용[29]ᄋᆞᆯ 表뵿ᄒᆞ시니라 그 술위 놉고 너부믄[30] 노ᄑᆡ[31] 三삼乘씽에 소사나고 너비 九궇部뽕[32]를 모도자ᄫᆞᆯ[33] 씨라

九궇部뽕ᄂᆞᆫ 十씹二싱部뽕애 方방廣광과 自쫑說쉻와 授쓯記긩와 말오 小숗乘씽 九궇部뽕ㅣ라 自쫑 說쉻은 무르리[34] 업시 ᄌᆞ개[35] 니ᄅᆞ실 씨라

한 보ᄇᆡᄂᆞᆫ 萬먼行ᅘᅢᆼ[36]ᄋᆞᆯ 가ᄌᆞᆯ비시고 欄란楯쓘은 總종持띵[37]를 가ᄌᆞᆯ비시고

---

24) ᄇᆞᄅᆞᆷ: 바람, 風.

25) 죠이: 죵(종, 僕) + -이(주조)

26) 侍衛ᄒᆞ니: 侍衛ᄒᆞ[시위하다: 侍衛(시위) + -ᄒᆞ(동접)-]- + -니(연어, 설명 계속) ※ '侍衛(시위)'는 임금이나 어떤 모임의 우두머리를 모시어 호위하거는 것이나, 또는 그런 사람이다.

27) 大根: 대근. 대승(大乘)의 기근(機根)이다. ※ '기근(機根)'은 중생이 본디부터 가지고 있는 불성으로서 교법(敎法)을 받을 근기와 교법을 듣고 수행할 능력이다.

28) 녀근: 녁ㄱ(← 녀느: 다른 것, 他) + -은(보조사, 주제)

29) 德用: 덕용. 쓰기 편하고 이로운 것이다.

30) 너부믄: 넙(넓다, 廣)- + -움(명전) + -은(보조사, 주제)

31) 노ᄑᆡ: [높이, 高: 높(높다, 高) + -이(명접)] + -∅(← -이: 주조)

32) 九部: 구부. 십이부(十二部)에서 방광(方廣)과 자설(自說)과 수기(授記)를 제외한 나머지 9가지의 경전이다. ※ '십이부(十二部)'는 십이부(十二部) 부처의 가르침을 그 내용이나 서술의 형식에 따라 12가지로 분류한 것으로, 12부경(部經)이라고도 한다.

33) 모도자ᄫᆞᆯ: 모도잡[모아서 잡다, 총괄하다, 捴: 몯(모이다, 集: 자동)- + -오(부접) + 잡(잡다, 執)-]- + -ᄋᆞᆯ(관전)

34) 무르리: 물(← 묻다, ㄷ불: 묻다, 問)- + -을(관전) # 이(이, 者: 의명) + -∅(← -이: 주조)

35) ᄌᆞ개: ᄌᆞ갸(당신, 己: 인대, 재귀칭, 높임) + -ㅣ(← -이: 주조) ※ 'ᄌᆞ개'는 '스스로'로 의역하여 옮긴다.

36) 萬行: 만행. 불교도나 수행자들이 지켜야 할 여러 가지 행동이다.

37) 總持: 총지. 범문을 번역하지 아니하고 음(音) 그대로 외는 일이다.(= 陁羅尼, 다라니) 자체에 무궁한 뜻이 있어 이를 외는 사람은 한없는 기억력을 얻고, 모든 재액에서 벗어나는 등 많은 공덕을 받는다고 한다.

總持(총지)는 '모아서 잡다았다.'고 한 말이니, 陁羅尼(다라니)이다. 방울을 단 것은 四辯才(사변재)의 教化(교화)가 내린 것을 비유하시고, 幰蓋(헌개)는 慈悲(자비)가 널리 덮은 것을 비유하시고, 雜寶(잡보)는 큰 善(선)으로 慈悲(자비)를 꾸민 것을 비유하시고, 보배로 된 끈은 四弘誓(사홍서)로써 慈悲(자비)를 굳힌 것을 비유하시고, 華瓔(화영)을 드리운 것은 妙因(묘인)을 밖에서 펴서 이은 것이 瓔珞(영락)과 같고, 보드라운 돗자리를 겹으로 펴서 깐 것은 忍力(인력)을 안에 넓히어 보드라움이 돗자리와 같고, 붉은 베개를 잘 놓은 것은 마음이 覺觀(각관)에 어울리어 이 道(도)에 잠잠히 있는 것이요, 흰 소에 메운 것은

總종持띵ᄂᆞᆫ 모도잡다 ᄒᆞᆫ 마리니 陁땅羅랑尼닁라
방올 ᄃᆞ로ᄆᆞᆫ[38] 四ᄉᆞᆼ辯변才찡[39]ᄋᆡ 敎고ᇢ化황 ᄂᆞ리오ᄆᆞᆯ[40] 가ᄌᆞᆯ비시고 幰헌蓋갱[41]ᄂᆞᆫ 慈ᄍᆞᆼ悲빙 너비 두푸믈[42] 가ᄌᆞᆯ비시고 雜짭寶봉ᄂᆞᆫ 한 善쎤으로 慈ᄍᆞᆼ悲빙 ᄭᆞ뮤ᄆᆞᆯ[43] 가ᄌᆞᆯ비시고 보ᄇᆡ옛 노ᄒᆞᆫ[44] 四ᄉᆞᆼ弘ᅘᅬᆼ誓쎙[45]로 慈ᄍᆞᆼ悲빙 구튜ᄆᆞᆯ[46] 가ᄌᆞᆯ비시고 華ᅘᅪᆼ瓔ᅙᅧᆼ[47] 드리우ᄆᆞᆫ 妙묘ᇢ因ᅙᅵᆫ[48]을 밧긔 펴 니수미[49] 瓔ᅙᅧᆼ珞락 ᄀᆞᆯ고 보ᄃᆞ라ᄫᆞᆫ 돗[50] 겨펴[51] ᄭᆞ로ᄆᆞᆫ[52] 忍ᅀᅵᆫ力륵[53]을 안해 너펴 보ᄃᆞ라보미 돗 ᄀᆞᆯ고 블근 벼개 이대 노호ᄆᆞᆫ ᄆᆞᅀᆞ미 覺각觀관[54]애 어우러 이 道또ᇢ애 ᄌᆞᆷᄌᆞᆷ히[55] 이슈미오[56] ᄒᆡᆫ 쇼 메우ᄆᆞᆫ

---

38) ᄃᆞ로ᄆᆞᆫ: ᄃᆞᆯ(달다, 縣)- + -옴(명전) + -ᄋᆞᆫ(보조사, 주제)

39) 四辯才: 사변재. 막힘없이 명료하게 이해하고 말하는 네 가지 능력이다. 법무애해(法無礙解), 의무애해(義無礙解), 사무애해(詞無礙解), 변무애해(辯無礙解) 등이 있다.

40) ᄂᆞ리오ᄆᆞᆯ: ᄂᆞ리오[내리다, 降: ᄂᆞ리(내리다, 降)-]- + -옴(명전) + -ᄋᆞᆯ(목조)

41) 幰蓋: 헌개. 비단 천을 덮은 개(蓋)이다.

42) 두푸믈: 둪(덮다, 蓋)- + -움(명전) + -을(목조)

43) ᄭᆞ뮤ᄆᆞᆯ: ᄭᆞ미(꾸미다, 飾)- + -움(명전) + -ᄋᆞᆯ(목조)

44) 노ᄒᆞᆫ: 노ᄒᆞ(끈, 繩) + -ᄋᆞᆫ(보조사, 주제)

45) 四弘誓: 사홍서. 모든 부처와 보살(菩薩)에게 공통(共通)된 네 가지 서원(誓願)이다. 중생무변서원도(衆生無邊誓願度), 번뇌무진서원단(煩惱無盡誓願斷), 법문무량서원학(法門無量誓願學), 불도무상서원성(佛道無上誓願成) 등이 있다.

46) 구튜ᄆᆞᆯ: 구티[굳히다, 堅: 굳(굳다, 堅)- + -히(사접)-]- + -움(명전) + -ᄋᆞᆯ(목조)

47) 華瓔: 화영. 빛나는 영락(瓔珞)이다. ※ '瓔珞(영락)'은 구슬을 꿰어 만든 장신구이다.

48) 妙因: 묘인. 보살의 큰 행(行)이다.

49) 니수미: 닛(← 닛다, ㅅ불: 잇다, 繼)- + -움(명전) + -이(주조)

50) 돗: 돗자리, 席.

51) 겨펴: 겨피[겹으로 펴다: 겹(겹, 重) + 펴(펴다, 伸)-]- + 어(연어)

52) ᄭᆞ로ᄆᆞᆫ: ᄭᆞᆯ(깔다, 藉)- + -옴(명전) + -ᄋᆞᆫ(보조사, 주제)

53) 忍力: 인력. 인욕(忍辱)의 힘이다. ※ '인욕(忍辱)'은 이 세상의 온갖 고통과 번뇌 등을 참는 불교 수행법의 하나이다.

54) 覺觀: 각관. 대체적(大體的)으로 생각하는 일과 세밀(細密)하게 관찰(觀察)하는 일이다.

55) ᄌᆞᆷᄌᆞᆷ히: [잠잠히, 默(부사): ᄌᆞᆷᄌᆞᆷ(잠잠: 불어) + -ᄒᆞ(← -ᄒᆞ-: 형접)- + -이(부접)]

56) 이슈미오: 이시(있다, 在)- + -움(명전) + -이(서조)- + -오(← -고: 연어, 나열)

[31 뒤]

純一(순일)한 大根(대근)이 아니면 이 乘(승)을 이기지 못하리라. 살이 찌고 빛이 깨끗한 것은 기르는 것을 得(득)하여 더러움이 없는 것이요, 모습이 좋은 것은 타고난 것을 온전하게 하여 궂은 것이 없는 것이요, 힘이 센 것은 큰 일을 가히 맡은 것을 비유하시고, 걸음이 平正(평정)한 것은 큰 道(도)를 眞實(진실)로 밟은 것을 비유하시고, 빠른 것이 바람과 같은 것은 念(염)에 따로 나아간 것을 비유하시고, 종(僕)이 많은 것은 方便(방편)으로 衆生(중생)을 利(이)하며 道理(도리)를 돕는 일을 비유하시니, 모아서 비유하건댄 아래에서 이르신 諸佛(제불)의 禪定(선정), 解脫(해탈) 等(등) 娛樂(오락)할 것이 한 相(상)이며, 한가지의 깨끗하고 微妙(미묘)한

純쓘一ᅙᅵᇙᄒᆞᆫ 大땡根ᄀᆞᆫ곳[57] 아니면 이 乘씽을 이긔디[58] 몯ᄒᆞ리라 ᄉᆞᆯ히[59] 지고 비치 조호ᄆᆞᆫ[60] 츄ᄆᆞᆯ[61] 得득ᄒᆞ야 더러부미 업슬 씨오 앙ᄌᆡ[62] 됴호ᄆᆞᆫ[63] 타 난[64] 거슬 올와[65] 구주미 업슬씨오 힘 세요ᄆᆞᆫ[66] 큰 이ᄅᆞᆯ 어루 맛도ᄆᆞᆯ[67] ᄀᆞᄌᆞᆯ비시고 거르미 平뼝正졍호ᄆᆞᆫ 큰 道똫ᄅᆞᆯ 眞진實씷로 ᄇᆞᆯ보ᄆᆞᆯ[68] 가ᄌᆞᆯ비시고 ᄲᆞᆯ로미[69] ᄇᆞᄅᆞᆷ ᄀᆞᆮ호ᄆᆞᆫ 念념에 ᄠᆞ로[70] 나ᅀᅡ가ᄆᆞᆯ 가ᄌᆞᆯ비시고 즁 하ᄆᆞᆫ 方방便뼌으로 衆즁生ᄉᆡᆼ 利링ᄒᆞ며[71] 道똫理링 돕ᄂᆞᆫ 이ᄅᆞᆯ 가ᄌᆞᆯ비시니 모도아[72] 가ᄌᆞᆯ비건댄[73] 아래[74] 니ᄅᆞ샨[75] 諸졍佛뿛ㅅ 禪쎤定뗭 解갱脫탏 等등 娛옹樂락ᄒᆞᇙ 거시 ᄒᆞᆫ 相샹이며 ᄒᆞᆫ가짓[76] 조코 微밍妙묳ᄒᆞᆫ

57) 大根곳: 大根(대근) + -곳(보조사, 한정 강조) ※ '大根(대근)'은 근기(根機)가 큰 사람이다.
58) 이긔디: 이긔(이기다, 감당하다, 견디다, 堪)- + -디(-지: 연어, 부정)
59) ᄉᆞᆯ히: ᄉᆞᆯㅎ(살, 肉) + -이(주조)
60) 조호ᄆᆞᆫ: 조ㅎ(← 조ᄒᆞ다: 깨끗하다, 淨)- + -옴(명전) + -ᄋᆞᆫ(보조사, 주제)
61) 츄ᄆᆞᆯ: 치(치다, 기르다, 育)- + -움(명전) + -ᄋᆞᆯ(목조)
62) 앙ᄌᆡ: 앙ᄌᆞ(↚ 양ᄌᆞ: 모습, 樣子) + -ㅣ(← -이: 주조)
63) 됴호ᄆᆞᆫ: 둏(좋다, 好)- + -옴(명전) + -ᄋᆞᆫ(보조사, 주제)
64) 타 난: ㅌ(← ᄐᆞ다: 타다, 乘)- + -아(연어) # 나(나다, 出)- + -Ø(과시)- + -ㄴ(관전)
65) 올와: 올오[온전하게 하다, 全: 올(← 오ᄋᆞᆯ: 온전하다)- + -오(사접)-]- + -아(연어)
66) 세요ᄆᆞᆫ: 세(세다, 強: 세다)- + -욤(← -옴: 명전) + -ᄋᆞᆫ(보조사, 주제)
67) 맛도ᄆᆞᆯ: 맜(맡다, 任)- + 옴(명전) + -ᄋᆞᆯ(목조)
68) ᄇᆞᆯ보ᄆᆞᆯ: ᄇᆞᆲ(← ᄇᆞᆲ다, ㅂ불: 밟다, 履)- + -옴(명전) + -ᄋᆞᆯ(목조)
69) ᄲᆞᆯ로미: ᄲᆞᆯㄹ(← ᄲᆞᄅᆞ다: 빠르다, 速)- + -옴(명전) + -이(주조)
70) ᄠᆞ로: 따로, 別(부사)
71) 利ᄒᆞ며: 利ᄒᆞ[이하다, 이롭게 하다: 利(이: 불어) + -ᄒᆞ(동접)-]- + -며(연어, 나열)
72) 모도아: 모도[모으다, 集: 몯(모이다, 集)- + -오(사접)-]- + -아(연어)
73) 가ᄌᆞᆯ비건댄: 가ᄌᆞᆯ비(비교하다, 비유하다, 比)- + -건댄(-면: 연어, 조건)
74) 아래: 아래(아래, 下) + -애(-에: 부조, 위치)
75) 니ᄅᆞ샨: 니ᄅᆞ(이르다, 說)- + -샤(← -시-: 주높)- + -Ø(과시)- + -Ø(← -오-: 대상)- + -ㄴ(관전)
76) ᄒᆞᆫ가짓: ᄒᆞᆫ가지[한가지, 같은 것, 同(명사): ᄒᆞᆫ(한, 一: 관사, 양수) + 가지(가지, 類: 의명)] + -ㅅ(-의: 관조)

락이라ᄒᆞ샤미라 娛옹ᄂᆞᆫ즐길씨라 엇뎨어뇨ᄒᆞ란ᄃᆡ이
큰長댱者쟝ㅣ쳔랴ᇰ이그지업서種죵
種죵藏짱ᄃᆞᆯ해다ᄀᆞᄃᆞᆨ기넘ᄶᅧ거늘ᄆᆞ
ᅀᆞ매너교ᄃᆡ내쳔랴ᇰ이그지업스니사
오나ᄫᆞᆫ져근술위로아ᄃᆞᆯᄃᆞᆯ홀주미몯
ᄒᆞ리라 如ᅀᅧᆼ來ᄅᆡᆼ無뭉量랑知딩見견 과力륵과無뭉所송畏ᅙᅱᆼ와諸
졍佛뿛法법藏짱ᄋᆞᆯ두겨샤能능히衆 쥬ᇰ生ᄉᆡᆼ이게大땡乘씽法법주샤ᄆᆞᆯ가

樂(낙)이라고 하신 것이다. 娛(오)는 즐기는 것이다.】 "(그것이) 어째서이냐?" 라고 한다면, 이 큰 長者(장자)가 재물이 그지없어 種種(종종)의 藏(장)들에 다 가득히 넘치거늘, 마음에 여기되 "나의 재물이 그지없으니 변변찮은 작은 수레로 아들들에게 (재물을) 주지는 못하리라.【如來(여래)가 無量(무량)한 知見(지견)과 力(역)과 無所畏(무소외)와 諸佛(제불)의 法藏(법장)을 두고 계시어, 能(능)히 衆生(중생)에게 大乘法(대승법)을 주시는 것을 비유하셨니라.】

樂락이라 ᄒᆞ샤미라 娛옹는 즐길[77] 씨라 】 엇뎨어뇨[78] ᄒᆞ란ᄃᆡ[79] 이 큰 長댱者쟝ㅣ 천랴이[80] 그지업서[81] 種죵種죵 藏짱ᄃᆞᆯ해[82] 다 ᄀᆞᄃᆞ기[83] 넘ᄧᅵ거늘[84] ᄆᆞᅀᆞ매 너교ᄃᆡ 내 천랴이 그지업스니 사오나ᄫᆞᆫ[85] 져근[86] 술위로 아ᄃᆞᆯᄃᆞᆯ홀 주미[87] 몯 ᄒᆞ리라[88] 【 如셩來ᄅᆡᆼ 無뭉量량 知딩見견[89]과 力륵과 無뭉所송畏윙[90]와 諸졍佛뿛 法법藏짱[91]ᄋᆞᆯ 두겨샤[92] 能ᄂᆞᆼ히 衆즁生ᄉᆡᆼᄋᆡ 게[93] 大땡乘씽法법 주샤ᄆᆞᆯ 가ᄌᆞᆯ비시니라 】

---

77) 즐길: 즐기[즐기다, 樂: 즑(즐거워하다, 歡: 자동)- + -이(사접)-]- + -ㄹ(관전)

78) 엇뎨어뇨: 엇뎨(어째서, 何: 부사, 지시, 미지칭) + -∅(← -이-: 서조)- + -∅(현시)- + -어(← -거-: 확인)- + -뇨(의종, 설명)

79) ᄒᆞ란ᄃᆡ: ᄒᆞ(하다, 曰)- + -란ᄃᆡ(-면: 연어, 조건)

80) 천랴이: 천량(재물, 財寶) + -이(주조)

81) 그지업서: 그지없[그지없다, 無限: 그지(끝, 限: 명사) + 없(없다, 無: 형사)-]- + -어(연어)

82) 藏ᄃᆞᆯ해: 藏ᄃᆞᆯㅎ[장들: 藏(장, 경전) + -ᄃᆞᆯㅎ(-들: 복접)] + -애(-에: 부조, 위치) ※ '藏(장)'은 불서(佛書)를 이르는데, 경장(經藏), 율장(律藏), 논장(論藏) 등이 있다.

83) ᄀᆞᄃᆞ기: [가득히(부사): ᄀᆞᄃᆞᆨ(가득, 滿: 불어) + -∅(← -ᄒᆞ-: 형접)- + -이(부접)]

84) 넘ᄧᅵ거늘: 넘ᄧᅵ[넘치다, 氾: 넘(넘다, 越)- + ᄧᅵ(넘치다, 氾)-]- + -거늘(연어, 상황)

85) 사오나ᄫᆞᆫ: 사오낳(← 나오낳다, ㅂ불: 사납다, 변변찮다, 劣)- + -∅(현시)- + -은(관전) ※ '사오나ᄫᆞᆫ'은 『묘법연화경』의 한자 '劣'을 번역한 것인데, 여기서는 '변변찮은'으로 의역하여 옮긴다.

86) 져근: 젹(작다, 小)- + -∅(현시)- + -은(관전)

87) 주미: 주(주다, 與)- + -움(명전) + -이(주조)

88) 아ᄃᆞᆯᄃᆞᆯ홀 주미 몯 하리라: 이 구절은 '아들들에게 주는 것이 못 하리라'로 직역되나, 현대어에 맞게 '아들들에게 주지는 못하리라'로 의역하여 옮긴다.

89) 知見: 지견. 지식과 견문을 아울러 이르는 말이다.

90) 無所畏: 무소외. 불도를 닦는 데에 부닥치는 온갖 장애에 대하여 두려움이 없는 것이다.

91) 法藏: 법장. 온갖 법의 진리를 갈무리하고 있다는 뜻으로, '불경'을 달리 이르는 말이다.

92) 두겨샤: 두(두다, 有)- + -∅(← -어: 연어) # 겨샤(← 계시다: 보용, 완료 지속, 높임) + -아(연어) ※ '두겨샤'는 '두어 겨샤'가 축약된 형태이다.

93) 衆生ᄋᆡ 게: 衆生(중생) + -ᄋᆡ(관조) + -ㅣ(← -의: 관조) # 게(거기에: 의명, 위치) ※ '衆生ᄋᆡ 게'는 '중생에게'로 의역하여 옮긴다.

[32 뒤]

이 아이가 다 내 아들이라서 사랑이 (한 명에게) 기운 데가 없는데, 내가 七寶(칠보)의 大車(대거)를 그지없이 두고 있나니, 고른 마음으로 (칠보 대거를 아들들에게) 各各(각각) 주지만 다르게 하지는 못 하리라.【“衆生(중생)들이 다 내 아들이라서, 한가지로 (중생들에게) 大乘(대승)을 주어서, 아무나 혼자 滅度(멸도)를 得(득)하지 아니하게 하리라.”고 하신 것을 비유하셨니라.】 “(그것이) 어째서이냐?”라고 한다면, 내가 이것으로 한 나라(사람)에 다 주어도

이 아ᄒᆡ[94] 다 내 아ᄃᆞ리라[95] ᄉᆞ랑이 기운[96] ᄃᆡ[97] 업거든 내 七칧寶봉 大땡車겅를 그지업시 뒷노니[98] 고ᄅᆞᆫ ᄆᆞᅀᆞᄆᆞ로 各각各각 주디ᄫᅵ[99] 달이[1] 호미 몯 ᄒᆞ리라【衆즁生싱ᄃᆞᆯ히 다 내 아ᄃᆞ리라 ᄒᆞᆫ가지로 大땡乘씽을 주어 아뫼나[2] ᄒᆞ오ᅀᅡ[3] 滅멿度똥[4] 得득디[5] 아니케[6] 호리라 ᄒᆞ샤ᄆᆞᆯ 가ᄌᆞᆯ비시니라】 엇뎨어뇨 ᄒᆞ란ᄃᆡ 내 이거스로[7] ᄒᆞᆫ 나라ᄒᆞᆯ[8] 다 주어도

94) 아ᄒᆡ: 아ᄒᆡ(아이, 童) + -∅(← -이: 주조)

95) 아ᄃᆞ리라: 아ᄃᆞᆯ(아들, 子) + -이(서조)- + -라(← -아: 연어)

96) 기운: 기우(← 기울다: 기울다, 偏)- + -∅(과시)- + -ㄴ(관전)

97) ᄃᆡ(데, 處: 의명) + -∅(← -이: 주조)

98) 뒷노니: 두(두다, 置)- + -∅(← -어: 연어) # 잇(← 이시다: 있다, 보용) + -ㄴ(← -ᄂᆞ-: 현시)- + -오(화자)- + -니(연어, 설명 계속)

99) 주디ᄫᅵ: 주(주다, 與)- + -디ᄫᅵ(-지: 연어, 대조)

1) 달이: [달리, 差別(부사): 달(← ᄃᆞᄅᆞ다: 다르다, 異)- + -이(부접)]

2) 아뫼나: 아모(아무, 某: 인대, 부정칭) + -ㅣ나(← -이나: 보조사, 선택)

3) ᄒᆞ오ᅀᅡ: 혼자, 獨(부사)

4) 滅度: 멸도. 열반(涅槃)이다. 모든 번뇌(煩惱)의 속박에서 벗어나고, 진리를 깨달아 불생(不生) 불멸(不滅)의 법을 체득(體得)한 경지(境地)이다. 불교에서 말하는 최고의 이상(理想)이다.

5) 得디: 得[← 得ᄒᆞ다: 得(득: 불어) + -ᄒᆞ(동접)-]- + -디(-지: 연어, 부정)

6) 아니케: 아니ㅎ[← 아니ᄒᆞ다(아니하다, 莫: 보용, 부정): 아니(아니, 不: 부사, 부정) + -ᄒᆞ(동접)-]- + -게(연어, 사동)

7) 이거스로: 이것[이것, 此: 지대, 정칭] + -으로(부조, 방편)

8) 나라ᄒᆞᆯ: 나라ㅎ(나라, 國) + -ᄋᆞᆯ(-에: 목조, 보조사적 용법) ※ 'ᄒᆞᆫ 나라ᄒᆞᆯ'은 '한 나라의 사람에게'의 뜻으로 쓰였다.

[33 앞]

오히려 몯 ᄌᆞ라디 아니ᄒᆞ리어니 ᄒᆞ믈며 아ᄃᆞᆯ돌히ᄯᆞ녀 그ᄢᅴ 아ᄃᆞᆯ돌히 各각各각 큰 술위 ᄐᆞ고 녜 업던 이ᄅᆞᆯ 得득ᄒᆞ야 本본來ᄅᆡᆼ ᄇᆞ라던 배 아니라 ᄒᆞ더라 舍샹利링弗붏아 네 ᄠᅳ데 엇더뇨 이 長댱者쟝ㅣ 보ᄇᆡ옛 큰 술위로 아ᄃᆞᆯ돌ᄒᆞᆯ 골오 주니 虛헝妄망타 ᄒᆞ려 몯ᄒᆞ려 가세

오히려 모자라지 아니하겠으니, 하물며 아들들이야? 그때에 아들들이 各各(각각) 큰 수레를 타고 예전에 없던 일을 得(득)하여 "本來(본래) 바라던 바가 아니라."고 하더라. 舍利弗(사리불)아, 너의 뜻에는 어떠하냐? 이 長者(장자)가 보배로 된 큰 수레로 아들들을 고루 주니, "(이 일을) 虛妄(허망)하다."고 하겠느냐 못 하겠느냐?【 세 가지를

오히려 모ᄌᆞ라디[9] 아니ᄒᆞ리어니[10] ᄒᆞᄆᆞᆯ며[11] 아ᄃᆞᆯᄃᆞᆯ히ᄯᆞ녀[12] 그 ᄢᅴ 아ᄃᆞᆯᄃᆞᆯ히 各각各각 큰 술위 ᄐᆞ고 녜 업던 이ᄅᆞᆯ 得득ᄒᆞ야 本본來ᄅᆡᆼ ᄇᆞ라던 배[13] 아니라 ᄒᆞ더라 舍샹利링弗붏아 네 ᄠᅳ덴[14] 엇더뇨[15] 이 長댱者쟝ㅣ 보ᄇᆡ옛[16] 큰 술위로 아ᄃᆞᆯᄃᆞᆯᄒᆞᆯ 골오[17] 주니 虛헝妄망타[18] ᄒᆞ려[19] 몯ᄒᆞ려【세 가지를

---

9) 모ᄌᆞ라디: 모ᄌᆞ라(모자라다, 匱)- + -디(-지: 연어, 부정)

10) 아니ᄒᆞ리어니: 아니ᄒᆞ[아니하다, 不: 아니(아니, 不: 부사) + -ᄒᆞ(형접)-]- + -리(미시)- + -어(확인)- + -니(연어, 설명 계속)

11) ᄒᆞᄆᆞᆯ며: 하물며, 況(부사)

12) 아ᄃᆞᆯᄃᆞᆯ히ᄯᆞ녀: 아ᄃᆞᆯᄃᆞᆯㅎ[아들들, 子等: 아ᄃᆞᆯ(아들, 子) + -ᄃᆞᆯㅎ(-들: 복접)] + -이ᄯᆞᆫ(보조사, 반어적 강조) + -이(서조)- + -Ø(현시)- + -어(-어 ← -아 ← -가: 의종, 판정)

13) 배: 바(바, 所: 의명) + -ㅣ(← -이: 주조) ※ 본문에서 '本來 ᄇᆞ라던 바'는 장자가 아들들에게 처음에 주겠다고 약한 양거 · 녹거 · 우거이며, '큰 술위'는 양거, 녹거, 우거의 세 수레보다 훨씬 좋은, 큰 소가 끄는 큰 수레인 대백우거(大白牛車)를 이른다.

14) ᄠᅳ덴: ᄠᅳᆮ(뜻, 意) + -에(부조, 위치) + -ㄴ(← -는: 보조사, 주제)

15) 엇더뇨: 엇더(← 엇더ᄒᆞ다: 어떠하다, 何)- + -뇨(의종, 설명)

16) 보ᄇᆡ옛: 보ᄇᆡ(보배, 寶) + -예(← -에: 부조, 위치) + -ㅅ(-의: 관조) ※ '보ᄇᆡ옛'은 '보배로 된'으로 의역하여 옮긴다.

17) 골오: [고루, 等(부사): 골(← 고ᄅᆞ다: 고르다, 等, 형사)- + -오(부접)]

18) 虛妄타: 虛妄ㅎ[← 虛妄ᄒᆞ다(허망하다): 虛妄(허망) + -ᄒᆞ(형접)-]- + -Ø(현시)- + -다(평종)

19) ᄒᆞ려: ᄒᆞ(하다, 曰)- + -려(의종, 설명, 미시) ※ 'ᄒᆞ려'는 'ᄒᆞ(하다)- + -리(미시)- + -어(← -아 ← -가: 의종)'로 분석된다.

지ᄅᆞᆯ주리라ᄒᆞ고ᄒᆞᆫ가지ᄅᆞᆯ주미처ᅀᅥᆷ
權꿘ᄒᆞ시고乃냉終즁애實씷ᄒᆞ샤미
곧ᄒᆞ니처ᅀᅥᆷ과乃냉終즁괘서르어긜
ᄊᆡ虛헝妄망ᄒᆞ녀아니ᄒᆞ녀무르시니
라 舍샹利링弗붏이ᄉᆞᆯ오ᄃᆡ몯ᄒᆞ리이
다 世솅尊존하 이 長댱者쟝ㅣ오직아
ᄃᆞᆯᄃᆞᆯᄒᆞᆯ火황難난ᄋᆞᆯ免면ᄒᆞ야몸목수
믈오ᄋᆞᆯ오게ᄒᆞ야도虛헝妄망이아니ᄃᆞ외
리니엇뎨어뇨ᄒᆞ란ᄃᆡ몸목수믈오ᄋᆞᆯ오

주리라 하고 한 가지를 주는 것이 처음에 權(권)을 하시고 나중(乃終)에 實(실)을 한 것과 같으니, 처음과 나중(乃終)이 서로 어긋나므로 "虛妄(허망)하냐 아니하냐?"고 물으셨니라.】 舍利弗(사리불)이 사뢰되 "(허망하지) 못하겠습니다." 世尊(세존)이시여, 이 長者(장자)가 오직 아들들을 火難(화난)을 免(면)하여, 몸과 목숨을 온전하게 하여도 虛妄(허망)이 아니 되겠으니, "(그것이) 어째서이냐?"고 한다면, 몸과 목숨을 온전하게 하면

주리라 ᄒᆞ고 ᄒᆞᆫ 가지ᄅᆞᆯ 주미 처ᅀᅥᆷ[20] 權꿘[21] ᄒᆞ시고 乃내ᇰ終쥬ᇰ[22]애 實씨ᇙ[23] ᄒᆞ샤미[24] ᄀᆞᆮᄒᆞ니 처ᅀᅥᆷ과 乃내ᇰ終쥬ᇰ괘 서르 어긜ᄊᆡ[25] 虛허ᇰ妄마ᇰᄒᆞ녀 아니ᄒᆞ녀 무르시니라[26]】 舍샹利리ᇰ弗부ᇙ이 ᄉᆞᆯᄫᆞᄃᆡ[27] 몯ᄒᆞ리이다 世ᄉᆌᇰ尊존하 이 長댱者쟝ㅣ 오직 아ᄃᆞᆯᄃᆞᆯᄒᆞᆯ 火황難난ᄋᆞᆯ 免면ᄒᆞ야 몸 목수믈[28] 올오게[29] ᄒᆞ야도 虛허ᇰ妄마ᇰ이 아니 ᄃᆞ외리니[30] 엇뎨어뇨 ᄒᆞ란ᄃᆡ 몸 목수믈 올오면

---

20) 처ᅀᅥᆷ: [처음, 初: 처ᇫ(← 첫: 첫, 初, 관사) + -엄(명접)]

21) 權: 권. '방편(方便)'이나 '수단(手段)'의 다른 이름이다. 십바라밀의 하나로서, 중생을 구제하기 위하여 쓰는 묘한 수단과 방법이다.

22) 乃終: 내중, 나중(명사)

23) 實: 실. 방편에 대립되는 개념으로 '실제(實際)'이다.

24) ᄒᆞ샤미: ᄒᆞ(하다: 보용, 사동)- + -샤(← -시-: 주높)- + -ㅁ(← -옴: 명전) + -이(-과: 부조, 비교)

25) 어긜ᄊᆡ: 어긔(어기다, 다르다, 僞)- + -ㄹᄊᆡ(-므로: 연어, 이유)

26) 무르시니라: 물(← 묻다, ㄷ불: 묻다, 問)- + -으시(주높)- + -Ø(과시)- + -니(원칙)- + -라(← -다: 평종)

27) ᄉᆞᆯᄫᆞᄃᆡ: ᄉᆞᆲ(← ᄉᆞᆲ다, ㅂ불: 사뢰다, 아뢰다, 白)- + -오ᄃᆡ(-되: 연어, 설명 계속)

28) 목수믈: 목숨[목숨, 壽: 목(목, 喉) + 숨(숨, 息)] + -을(목조)

29) 올오게: 올오[온전하게 하다, 全: 올(← 오ᄋᆞᆯ: 온전하다)- + -오(사접)-]- + -게(연어, 도달)

30) ᄃᆞ외리니: ᄃᆞ외(되다, 爲)- + -리(미시)- + -니(연어, 설명 계속)

면 곧 ᄒᆞ마 玩완好홍 앳거ᅀᅳᆯ 得득ᄒᆞᆫ디
니 ᄒᆞᄆᆞᆯ며 ᄯᅩ 方방便뼌으로 뎌 火황宅
땍애 ᄲᅢ혀 濟졩度똥ᄒᆞ미ᄯᆞ니잇가 몸 목
숨올 오ᄆᆞ로 玩완好홍得득ᄒᆞ미라 호ᄆᆞᆫ 모미 ᄉᆞ랑ᄒᆞᄫᆞ미 物믈두고 甚씸ᄒᆞ
니라 모미 道똫ㅅ 미티라 미티 올면 道똫ㅣ 올릴ᄊᆡ 至징極끅ᄒᆞᆫ 사ᄅᆞᄆᆞᆫ 샹녜
物믈을 ᄇᆞ리고 道똫ᄅᆞᆯ 아니 모ᄆᆞᆯ 올와 生ᄉᆡᆼ올 치거든 火황宅땍앳 사ᄅᆞᄆᆞᆫ 오
직 物믈을 ᄉᆞ랑ᄒᆞ야 제 모ᄆᆞᆯ 貴귕히 너겨 ᄃᆞᆺ다 아니ᄒᆞᆯᄊᆡ 이어긔 ᄭᆡ오시니라

곧 이미 玩好(완호)의 것을 得(득)한 것이니, 하물며 또 方便(방편)으로 (아들들을) 저 火宅(화택)에서 빼내어 濟度(제도)함이겠습니까? 【'몸과 목숨을 온전하게 함으로써 玩好(완호)를 得(득)한 것이라.'고 한 것은 몸이 사랑스러운 것이 物(물)보다 甚(심)한 것이다. 몸이 道(도)의 밑(근본)이라서 밑(근본)이 온전하면 道(도)가 온전하겠으므로, 至極(지극)한 사람은 항상 物(물)을 버리고 道(도)를 안아서 몸을 온전하게 하여 生(생)을 영위하는데, 火宅(화택)에 있는 사람은 오직 物(물)을 사랑하여 제 몸을 貴(귀)히 여겨 애틋이 사랑하지 아니하므로, 여기에서 (그 진리를) 깨우치셨니라.】

곧 ᄒᆞ마[31] 玩완好호ᇹ앳[32] 거슬 得득ᄒᆞᆫ[33] 디니[34] ᄒᆞ믈며 ᄯᅩ 方방便뼌으로 뎌 火황宅ᄄᆡᆨ[35]애 ᄲᅡᅘᅧ[36] 濟졩度똥호미ᄯᆞ니잇가[37]【몸 목숨 올오ᄆᆞ로[38] 玩완好호ᇹ 得득호미라 호ᄆᆞᆫ 모ᄆᆡ ᄉᆞ랑ᄒᆞᄫᅩ미[39] 物믏두고[40] 甚씸ᄒᆞ니라 모미 道또ᇹㅅ 미티라 미티 올면[41] 道또ᇹ ㅣ 올릴ᄊᆡ[42] 至징極끅ᄒᆞᆫ 사ᄅᆞᄆᆞᆫ 샹녜 物믏을 ᄇᆞ리고 道또ᇹᄅᆞᆯ 아나 모ᄆᆞᆯ 올와 生ᄉᆡᆼᄋᆞᆯ 치거든[43] 火황宅ᄄᆡᆨ앳 사ᄅᆞᄆᆞᆫ 오직 物믏을 ᄉᆞ랑ᄒᆞ야 제 모ᄆᆞᆯ 貴귕히 너겨 ᄃᆞᆺ디[44] 아니ᄒᆞᆯᄊᆡ 이어긔[45] ᄭᆡ오시니라[46]】

---

31) ᄒᆞ마: 이미(부사)

32) 玩好앳: 玩好(완호) + -애(-에: 부조, 위치) + -ㅅ(-의: 관조) ※ '玩好(완호)'는 장난감이다.

33) 得ᄒᆞᆫ: 得ㅎ[← 得ᄒᆞ다(득하다, 얻다): 得(득: 불어) + -ᄒᆞ(동접)-]- + -Ø(과시)- + -오(대상)- + -ㄴ(관전)

34) 디니: ㄷ(← ᄃᆞ: 것, 의명) + -이(서조)- + 니(연어, 설명)

35) 火宅: 화택. 불이 난 집이다.

36) ᄲᅡᅘᅧ: ᄲᅡᅘᅧ[빼내다, 拔: ᄲᅢ(← ᄲᆡ다: 빼다, 拔)- + -아(연어) + ᅘᅧ(끌다, 引)-]- + -어(연어)

37) 濟度호미ᄯᆞ니잇가: 濟度ㅎ[← 濟度ᄒᆞ다(제도하다, 구하다): 濟度(제도) + -ᄒᆞ(동접)-]- + -옴(명전) + -이ᄯᆞᆫ(보조사, 반어적 강조) + -이(서조)- + -Ø(현시)- + -잇(← -이-: 상높, 아높)- + -가(의종, 판정, 설의) ※ '濟度호미ᄯᆞ니잇가'는 '장자가 아들들을 화택에서 빼내어서 제도한 것은 허망한 일이 아님은 말로 이를 필요조차 없다.'는 뜻을 설의적 의문문으로 표현한 구절이다.

38) 올오ᄆᆞ로: 올오[온전하게 하다, 全: 올(← 오ᄋᆞᆯ: 온전하다)- + -오(사접)-]- + -옴(명전) + -ᄋᆞ로(부조, 방편)

39) ᄉᆞ랑ᄒᆞᄫᅩ미: ᄉᆞ랑ᄒᆞᇦ[← ᄉᆞ랑ᄒᆞᆸ다, ㅂ불(사랑스럽다, 愛: 형사): 사랑(사랑: 명사) + -ᄒᆞᆸ(형접)-]- + -옴(명전) + -이(주조)

40) 物두고: 物(물) + -두고(-보다: 부조, 비교)

41) 올면: 올(← 오ᄋᆞᆯ다: 온전하다, 全)- + -면(연어, 조건) ※ '올면'은 '오ᄋᆞᆯ면'에서 둘째 음절의 /ㆍ/가 탈락하여 '올면'으로 변동한 형태이다.

42) 올릴ᄊᆡ: 올(← 오ᄋᆞᆯ다: 온전하다, 全)- + -리(미시)- + -ㄹᄊᆡ(-므로: 연어, 이유)

43) 치거든: 치(기르다, 영위하다, 養)- + -거든(연어, 조건)

44) ᄃᆞᆺ디: ᄃᆞᆺ(애틋이 사랑하다, 愛)- + -디(-지: 연어, 부정)

45) 이어긔: 여기, 此間(지대, 정칭)

46) ᄭᆡ오시니라: ᄭᆡ오[깨우다, 깨우치다, 覺: ᄭᆡ(깨다, 覺)- + -오(사접)-]- + 시(주높)- + -Ø(과시)- + -니(원칙)- + -라(← -다: 평종)

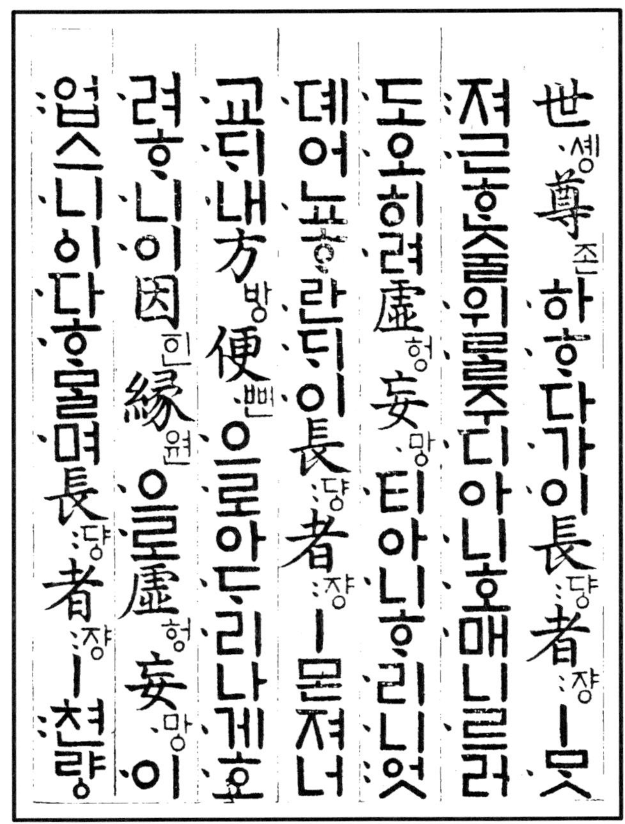
世솅尊존하 ᄒᆞ다가 이 長댱者쟝ㅣ 뭇
져근 ᄒᆞᆫ 술위ᄅᆞᆯ 주디 아니호매 니르러
도 오히려 虛헝妄망티 아니ᄒᆞ리니 엇
뎨어뇨 ᄒᆞ란ᄃᆡ 이 長댱者쟝ㅣ 몬져 너
교ᄃᆡ 내 方방便뼌으로 아ᄃᆞ리 나게 호
려 ᄒᆞ니 이 因힌緣원으로 虛헝妄망이
업스니이다 ᄒᆞ믈며 長댱者쟝ㅣ 쳔량

世尊(세존)이시여, 만일 이 長者(장자)가 가장 적은 한 수레를 주지 아니함에 이르러도 오히려 虛妄(허망)하지 아니하겠으니, “(그것이) 어째서이냐?” 한다면, 이 長者(장자)가 먼저 여기되 “내가 方便(방편)으로 아들이 (화택에서) 나가게 하리라.”고 하였으니, 이 因緣(인연)으로 (장자가) 虛妄(허망)이 없습니다. 하물며 長者(장자)가 재물이

[34 뒤]

世솅尊존하 ᄒᆞ다가[47] 이 長댱者쟝ㅣ ᄆᆞᆺ[48] 져근 ᄒᆞᆫ 술위를 주디 아니호매 니르러도[49] 오히려 虛헝妄망티 아니ᄒᆞ리니 엇뎨어뇨 ᄒᆞ란ᄃᆡ 이 長댱者쟝ㅣ 몬져[50] 너교ᄃᆡ[51] 내 方방便뼌으로 아ᄃᆞ리 나게 호려[52] ᄒᆞ니 이 因인緣원으로 虛헝妄망이 업스니이다[53] ᄒᆞᄆᆞᆯ며[54] 長댱者쟝ㅣ 쳔량

47) ᄒᆞ다가: 만일, 若(부사)

48) ᄆᆞᆺ: 가장, 제일, 最(부사)

49) 니르러도: 니를(이르다, 至)- + -어도(연어, 양보)

50) 몬져: 먼저, 先(부사)

51) 너교ᄃᆡ: 너기(여기다, 念)- + -오ᄃᆡ(-되: 연어, 설명의 계속)

52) 호려: ㅎ(← ᄒᆞ다: 하다, 보용, 사동)- + -오려(-으려: 연어, 의도) ※ 문맥을 고려하면 '호려'는 "호리라"를 오기한 것으로 판단된다.

53) 업스니이다: 없(없다, 無)- + -Ø(현시)- + -으니(원칙)- + -이(상높, 아높)- + -다(평종)

54) ᄒᆞᄆᆞᆯ며: 하물며, 況(부사)

[35 앞]

그지업슨 ᄃᆞᆯ 아라 아ᄃᆞᆯᄃᆞᄅᆞᆯ 饒ᅀᅭᇢ益ᅙᅧᆨ
게 ᄒᆞ려 ᄒᆞᆫ가지로 큰 술위ᄅᆞᆯ 주니이다
부톄 舍ᄉᆄᆼ利링弗붏ᄃᆞ려 니ᄅᆞ샤ᄃᆡ 됴
타 됴타 네 말 당ᄒᆞ니라 舍ᄉᆄᆼ利링弗붏
아 如ᅀᅧᆼ來ᄅᆼ ᄯᅩ 이 ᄀᆞᆮᄒᆞ야 一ᅙᅵᇙ切쳉世
솅間간ㅅ 아비 ᄃᆞ외야 四ᄉᆞᆼ生ᄉᆡᆼᄋᆞᆯ ᄒᆞᆫ 아ᄃᆞᆯ ᄀᆞ티 보시
며 三삼界갱ᄅᆞᆯ ᄀᆞ티 ᄒᆞᆫ가지로 어엿비 너기시ᄂᆞ니라 여러 가짓

그지없는 것을 알아 아들들을 饒益(요익)하게 하려고 한가지로 큰 수레를 주었습니다. 부처가 舍利弗(사리불)더러 이르시되 “좋다, 좋다. 네 말과 같으니라. 舍利弗(사리불)아, 如來(여래)가 또 이와 같아서, 一切(일체) 世間(세간)의 아버지가 되어【四生(사생)을 한 아들같이 보시며, 三界(삼계)를 (똑)같이 한가지로 불쌍히 여기시느니라.】 여러 가지의

그지업슨 ᄃᆞᆯ 아라 아ᄃᆞᆯᄃᆞᆯᄒᆞᆯ 饒욯益역게[55] 호려 ᄒᆞᆫ가지로 큰 술위ᄅᆞᆯ 주니이다 부텨 舍샹利링弗붏ᄃᆞ려 니ᄅᆞ샤ᄃᆡ 됴타[56] 됴타 네 말 다ᄒᆞ니라[57] 舍샹利링弗붏아 如셩來링 ᄯᅩ 이 ᄀᆞᆮᄒᆞ야 一힗切쳉 世솅間간ㅅ 아비 ᄃᆞ외야【四ᄉᆞᆼ生ᄉᆡᆼ[58]ᄋᆞᆯ ᄒᆞᆫ 아ᄃᆞᆯ ᄀᆞ티[59] 보시며 三삼界갱[60]ᄅᆞᆯ ᄀᆞ티 ᄒᆞᆫ가지로 어엿비[61] 너기시ᄂᆞ니라[62]】 여러 가짓

---

55) 饒益게: 饒益[← 饒益ᄒᆞ다(요익하다): 饒益(요익) + -ᄒᆞ(동접)-]- + -게(연어, 사동) ※ '饒益(요익)'은 자비로운 마음으로 중생에게 넉넉하게 이익을 주는 것이다.

56) 됴타: 둏(좋다, 善哉)- + -Ø(현시)- + -다(평종)

57) 다ᄒᆞ니라: 닿(같다, 如)- + -Ø(현시)- + -ᄋᆞ니(원칙)- + -라(← -다: 평종)

58) 四生: 사생. 생물이 태어나는 네 가지 형태로서, 태생(胎生) · 난생(卵生) · 습생(濕生) · 번생(翻生) 등이다.

59) ᄀᆞ티: [같이, 如(부사): ᄀᆞᇀ(← ᄀᆞᆮᄒᆞ다: 같다, 如)- + -이(부접)]

60) 三界: 삼계. 중생이 생사 왕래하는 세 가지 세계로서, 욕계(欲界) · 색계(色界) · 무색계(無色界)이다.

61) 어엿비: [불쌍히, 憐(부사): 어엿ㅂ(← 어엿브다: 불쌍하다, 憐, 형사)- + -이(부접)]

62) 너기시ᄂᆞ니라: 너기(여기다, 念)- + -시(주높)- + -ᄂᆞ(현시)- + -니(원칙)- + -라(← -다: 평종)

[35 뒤]

두려우며 衰(쇠)하며 괴로우며 시름하며 無明(무명)이 아득히 가린 것이 길이(영원히) 다하여 남은 것이 없어【두려우며 괴로우며 시름한 것은 三界(삼계)의 受苦(수고)의 相(상)이요, 無明(무명)이 아득히 가린 것은 四生(사생)의 受苦(수고)의 밑(근본)이니, 여기에 길이 다한 것이 곧 如如佛(여여불)이시니라.】, 無量(무량)한 知見(지견)과 力(역)과 無所畏(무소외)를 다 이루어 큰 神力(신력)과 智慧力(지혜력)이 있어,

두리ᄫᅳ며[63] 衰ᄉᆔᆼᄒᆞ며 셜ᄫᅳ며[64] 시름ᄒᆞ며 無뭉明명의[65] 아ᄃᆞᆨ히[66] ᄀᆞ료미[67] 기리[68] 다아[69] 나ᄆᆞᆫ[70] 것 업서【두리ᄫᅳ며 셜ᄫᅳ며 시르믄[71] 三삼界갱이 受ᄊᆞᇢ苦콩ㅅ 相샹이오 無뭉明명의 아ᄃᆞᆨ히 ᄀᆞ료ᄆᆞᆫ 四ᄉᆞᆼ生ᄉᆡᆼ이 受ᄊᆞᇢ苦콩ㅅ 미티니 이어긔 기리 다ᄋᆞ샤미[72] 곧 如ᅀᅧᆼ如ᅀᅧᆼ佛뿛이시니라[73]】無뭉量랑 知딩見견과 力륵[74]과 無뭉所송畏ᅙᅱᆼ[75]를 다 일워 큰 神씬力륵[76]과 智딩慧ᅘᅰᆼ力륵[77]이 이셔

---

63) 두리ᄫᅳ며: 두리ᇦ[← 두립다, ㅂ불(두렵다, 怖): 두리(두려워하다, 畏)- + -ㅂ(형접)-]- + -으며(연어, 나열)

64) 셜ᄫᅳ며: 셟(← 셟다, ㅂ불: 괴롭다, 惱)- + -으며(연어, 나열)

65) 無明의: 無明(무명) + -의(관조, 의미상 주격) ※ '無明(무명)'은 십이연기(十二緣起)의 하나이다. 잘못된 의견이나 집착 때문에 진리를 깨닫지 못하는 마음의 상태를 이른다. 모든 번뇌의 근원이 된다.

66) 아ᄃᆞᆨ히: [아득히, 闇(부사): 아ᄃᆞᆨ(아득: 불어) + -ㅎ(← -ᄒᆞ-: 형접)- + -이(부접)]

67) ᄀᆞ료미: ᄀᆞ리(가리다, 蔽)- + -옴(명전) + -이(주조)

68) 기리: 기리[길이, 영원히, 永(부사): 길(길다, 長: 형사)- + -이(부접)] + -Ø(← -이: 주조) ※ '길이'는 '영원히'의 뜻으로 쓰였다.

69) 다아: 다(← 다ᄋᆞ다: 다하다, 盡)- + -아(연어)

70) 나ᄆᆞᆫ: 남(남다, 餘)- + -Ø(과시)- + -ᄋᆞᆫ(관전)

71) 시르믄: 시름(시름하다, 愁)- + -ㅁ(← -옴: 명전) + -은(보조사, 주제)

72) 다ᄋᆞ샤미: 다ᄋᆞ(다하다, 盡)- + -샤(← -시-: 주높)- + -ㅁ(← -옴: 명전) + -이(주조)

73) 如如佛이시니라: 如如佛(여여불) + -이(서조)- + -시(주높)- + -Ø(현시)- + -니(원칙)- + -라(← -다: 평종) ※ '如如佛(여여불)'은 차별을 떠난, 있는 그대로의 참모습을 깨달은 부처. ② 진리 그 자체, 또는 진리를 있는 그대로 드러낸 우주 그 자체를 뜻한다.

74) 力: 역. 부처만이 갖추고 있는 지혜의 능력이다.(十力) 곧, 처비처지력(處非處智力)·업이숙지력(業異熟智力)·정려해탈등지등지지력(靜慮解脫等持等至智力)·근상하지력(根上下智力)·종종승해지력(種種勝解智力)·종종계지력(種種界智力)·변취행지력(遍趣行智力)·숙주수념지력(宿住隨念智力)·사생지력(死生智力)·누진지력(漏盡智力)이다.

75) 無所畏: 무소외. 불도를 닦는 데에 부닥치는 온갖 장애에 대하여 두려움이 없는 것이다.

76) 神力: 신력. 신묘한 도력(道力)이나 그런 힘의 작용이다.(= 신통력)

77) 智慧力: 지혜력. 부처나 보살이 갖추고 있는 능력(十力)으로서, 중생의 마음과 행위를 아는 능력이다.

方便(방편)과 智慧(지혜)와 波羅蜜(바라밀)이 갖추어 있어서 大慈大悲(대자대비)가 항상 게으른 바가 없어, 항상 좋은 일을 求(구)하여 一切(일체)를 利益(이익)되게 하느니라.【知見(지견)과 力(역)과 無畏(무외)는 正智(정지)이요, 方便(방편)·智慧(지혜)·波羅蜜(바라밀)은 權智(권지)이다. 神力(신력)·智力(지력)은 正智(정지)를 도우는 것이요. 慈悲(자비)가 게으리지 아니하신 것은 權智(권지)를 움직이신 것이다.】 三界(삼계)의 썩고

方방便뼌 智딩慧ᅘᅰᆼ 波방羅랑蜜밇[78]이 ᄀᆞ자[79] 大땡慈ᄍᆞᆼ大땡悲빙[80] 샹녜[81] 게을우미[82] 업서 샹녜 됴ᄒᆞᆫ 이ᄅᆞᆯ 求끃ᄒᆞ야 一ᅙᅵᇙ切쳉ᄅᆞᆯ 利링益ᅙᅧᆨ게[83] ᄒᆞᄂᆞ니라【知딩見견과 力륵과 無뭉畏ᅙᅱᆼ와ᄂᆞᆫ 正졍智딩오[84] 方방便뼌 智딩慧ᅘᅰᆼ 波방羅랑蜜밇ᄋᆞᆫ 權꿘智딩라[85] 神씬力륵 智딩力륵은 正졍智딩ᄅᆞᆯ 도ᄫᆞ샤미오[86] 慈ᄍᆞᆼ悲빙 게으르디 아니ᄒᆞ샤ᄆᆞᆫ 權꿘智딩ᄅᆞᆯ 뮈우샤미라[87]】 三삼界갱 석고[88]

---

78) 六波羅蜜: 육바라밀. 생사(生死)의 고해(苦海)를 건너 이상경인 열반(涅槃)의 피안(彼岸)에 이르기 위해 보살(菩薩)들이 수행하는 여섯 가지의 수도(修道) 방법이다.(= 六度) '보시(布施)·지계(持戒)·인욕(忍辱)·정진(精進)·선정(禪定)·지혜(智慧)'를 말한다.

79) ᄀᆞ자: ᄀᆞᆽ(갖추어져 있다, 具)- + -아(연어)

80) 大慈大悲: 대자대비. 타인이나 다른 생명에 대한 평등과 이타심을 의미하는 불교 교리이다.

81) 샹녜: 늘, 항상, 常(부사)

82) 게을우미: 게을(← 게으르다: 게으르다, 怠)- + -움(명전) + -이(주조)

83) 利益게: 利益ㅎ[← 利益ᄒᆞ다(이익이 되다): 利益(이익: 명사) + -ᄒᆞ(형접)-]- + -게(연어, 사동)

84) 正智오: 正智(정지) + -Ø(← -이-: 서조)- + -오(← -고: 연어, 나열) ※ '正智(정지)'는 진리를 보는 바른 지혜이다.

85) 權智라: 權智(권지) + -Ø(← -이-: 서조)- + -Ø(현시)- + -라(← -다: 평종) ※ '權智(권지)'는 부처와 보살의 방편으로 중생을 교화하는 지혜이다.

86) 도ᄫᆞ샤미오: 돟(← 돕다, ㅂ불: 돕다, 助)- + -ᄋᆞ샤(← -ᄋᆞ시-: 주높)- + -ㅁ(← -옴: 명전) + -이(서조)- + -오(← -고: 연어, 나열)

87) 뮈우샤미라: 뮈우[움직이게 하다, 動: 뮈(움직이다, 자동)- + -우(사접)-]- + -ᄋᆞ샤(← -ᄋᆞ시-: 주높)- + -ㅁ(← -옴: 명전) + -이(서조)- + -Ø(현시)- + -라(← -다: 평종)

88) 석고: 석(썩다, 朽)- + -고(연어, 나열)

ᄂᆞᆯᄀᆞᆫ火황宅ᄄᆡᆨ애 나 衆즁生ᄉᆡᆼᄋᆞᆯ 生ᄉᆡᆼ
老롷病뼝死ᄉᆞᆼ憂ᅙᅮᇢ悲빙苦콩惱ᄂᆞᇢ와
어리 迷몡惑ᅘᅬᆨ이 아ᄃᆞᆨᄒᆡ ᄀᆞ린 三삼毒
ᄯᅩᆨ ᄇᆞ레 濟졩度ᄯᅩᆼᄒᆞ로ᄆᆞᆯ 爲윙ᄒᆞ야 教ᄀᆞᇢ
化황ᄒᆞ야 阿항耨녹多당羅랑三삼藐
막三삼菩뽕提뗑ᄅᆞᆯ 得득게 ᄒᆞᄂᆞ니 慈ᄍᆞᆼ
悲빙ᄒᆞ실ᄊᆡ 三삼界갱지븨 나샤ᄆᆞᆯ 뵈
샤 五옹趣츙衆즁을 濟졩度똥ᄒᆞ샤ᄂᆞ

낡은 火宅(화택)에 태어나서 衆生(중생)을 生老病死(생로병사)와 憂悲苦惱(우비고뇌)와 어리석게 迷惑(미혹)에 아득히 가린 三毒(삼독)의 불에서 濟度(제도)하는 것을 爲(위)하여, (중생을) 教化(교화)하여 阿耨多羅三藐三菩提(아뇩다라삼먁삼보리)를 得(득)하게 하나니【慈悲(자비)하시므로 三界(삼계)의 집에서 태어나신 것을 보이시어 五趣(오취)의 衆(중)을 濟度(제도)하시나니,

늘근[89] 火황宅땍애 나[90] 衆즁生ᄉᆡᆼᄋᆞᆯ 生ᄉᆡᆼ老ᄅᆞᇢ病뼝死ᄉᆞᆼ 憂ᅙᅮᇢ悲빙苦콩惱ᄂᆞᇢ[91]와 어리[92] 迷몡惑ᅘᅬᆨ[93]ᄋᆡ 아ᄃᆞᆨ히 ᄀᆞ린[94] 三삼毒똑[95] 브레 濟졩度똥호ᄆᆞᆯ 爲윙ᄒᆞ야 敎ᄀᆞᇢ化황ᄒᆞ야 阿ᅙᅡᆼ耨녹多당羅랑三삼藐막三삼菩뽕提똉[96]ᄅᆞᆯ 得득게[97] ᄒᆞᄂᆞ니【慈ᄍᆞᆼ悲빙ᄒᆞ실ᄊᆡ 三삼界갱 지븨 나샤ᄆᆞᆯ 뵈샤 五ᅌᅩᆼ趣츙[98] 衆즁을 濟졩度똥ᄒᆞ시ᄂᆞ니

---

89) 늘근: 늙(낡다, 故)- + -Ø(과시)- + -은(관전)

90) 나: 나(나다, 태어나다, 生)- + -아(연어)

91) 憂悲苦惱: 우비고뇌. 걱정과 슬픔, 괴로움과 번뇌를 아울러서 이르는 말이다.

92) 어리: 어리석게, 愚(부사)

93) 迷惑: 미혹. 무엇에 홀려 정신을 차리지 못하거나 정신이 헷갈리어 갈팡질팡 헤매는 것이다.

94) ᄀᆞ린: ᄀᆞ리(가리다, 障)- + -Ø(과시)- + -ㄴ(관전)

95) 三毒: 삼독. 사람의 착한 마음을 해치는 세 가지 번뇌이다. 곧, '욕심, 성냄, 어리석음' 따위를 독에 비유하여 이르는 말이다.

96) 阿耨多羅三藐三菩提: 아뇩다라삼먁삼보리. 가장 완벽한 깨달음을 뜻하는 말이다. 산스크리트어의 '아눗다라 삼먁 삼보디(anuttara-samyak-sambodhi)'를 음역하여 한자로 표현한 말이다. '아뇩다라'란 '무상(無上)'이라는 뜻이다. '삼먁'이란 거짓이 아닌 진실, 삼보리라고 하는 모든 지혜를 널리 깨친다는 '정등각(正等覺)'의 뜻이다. 번역하면 '무상정등정각(無上正等正覺)'이라는 뜻으로, 이보다 더 위가 없는 큰 진리를 깨쳤다는 말이다. 모든 무명 번뇌를 벗어버리고 크게 깨쳐 우주 만유의 진리를 확실히 아는 부처님의 지혜라는 말로서, 삼세의 모든 부처님이 깨치게 되는 최고의 경지를 말한다.

97) 得게: 得[← 得ᄒᆞ다(득하다, 얻다): 得(득: 불어) + -ᄒᆞ(동접)-]- + -게(연어, 사동)

98) 五趣: 오취. 중생이 선악의 업보에 따라 가는 다섯 세계이다. 곧 천도, 인도, 축생도, 아귀도, 지옥도이다.

니 無뭉明명의 ᄀᆞ료ᄆᆞᆯ ᄌᆞ개 기리 다ᄋᆞ실ᄊᆡ 衆즁生ᄉᆡᆼ의 어리迷몡惑ᅘᅬᆨ ᄀᆞ료ᄆᆞᆯ 濟졩度똥ᄒᆞ려 ᄒᆞ시고 無뭉量량知딩見견을 ᄌᆞ개 일우실ᄊᆡ 衆즁生ᄉᆡᆼ을 큰 菩뽕提똉 得득게 ᄒᆞ려 ᄒᆞ시니 一힗切촁 衆즁生ᄉᆡᆼ이 날와 다ᄅᆞ디 아니킈 ᄒᆞ리라 ᄒᆞ샤미라 衆즁生ᄉᆡᆼ ᄃᆞᆯᄒᆞᆯ 보니 生ᄉᆡᆼ老롷病뼝死ᄉᆞᆼ憂ᅙᅮᇢ悲빙苦콩惱ᄂᇂᄋᆡ ᄉᆞᆯ유미 ᄃᆞ외며 ᄯᅩ 五ᅌᅩᆼ欲욕 財ᄍᆡᆼ利링ㅅ 젼ᄎᆞ로 種죵種죵苦콩ᄅᆞᆯ 受ᄊᆖ ᄒᆞ며 ᄯᅩ

無明(무명)이 가린 것을 자기가 길이(영원히) 다하시므로, 衆生(중생)의 어리석은 迷惑(미혹)이 가린 것을 濟度(제도)하려 하시고, 無量(무량)한 知見(지견)을 자기가 이루시므로 衆生(중생)에게 큰 菩提(보리)를 得(득)하게 하려 하시니, 一切(일체)의 衆生(중생)이 나와 다르지 아니하게 하리라고 하신 것이다.】, 衆生(중생)들을 보니 生老病死(생로병사)와 憂悲苦惱(우비고뇌)에 불살라지는 것이 되며, 또 五欲(오욕)과 財利(재리) 때문에 種種(종종)의 苦(고)를 受(수)하며, 또

無뭉明명의 ᄀᆞ료ᄆᆞᆯ ᄌᆞ개[99] 기리 다ᄋᆞ실ᄊᆡ[1] 衆즁生싱이 어리[2] 迷몡惑ᅘᅬᆨ ᄀᆞ료ᄆᆞᆯ 濟졩度똥호려 ᄒᆞ시고 無뭉量량 知딩見견을 ᄌᆞ개[3] 일우실ᄊᆡ[4] 衆즁生싱ᄋᆞᆯ 큰 菩뽕提뗑[5] 得득게 호려 ᄒᆞ시니 一힗切촁 衆즁生싱이 날와[6] 다ᄅᆞ디 아니킈[7] 호리라[8] ᄒᆞ샤미라[9] 】 衆즁生싱ᄃᆞᆯᄒᆞᆯ[10] 보니 生싱老롷病뼝死ᄉᆞᆼ 憂흫悲빙苦콩惱놓이 ᄉᆞᆯ유미[11] ᄃᆞ외며 ᄯᅩ 五옹欲욕[12] 財찡利링[13]ㅅ 젼ᄎᆞ로[14] 種죵種죵 苦콩ᄅᆞᆯ 受쓯ᄒᆞ며 ᄯᅩ

---

99) ᄌᆞ개: ᄌᆞ갸(당신: 인대, 재귀칭, 높임) + -ㅣ(← -이: 주조)

1) 다ᄋᆞ실ᄊᆡ: 다ᄋᆞ(다하다, 盡)- + -시(주높)- + -ㄹᄊᆡ(-므로: 연어, 이유)

2) 어리 迷惑: 어리석은 미혹(迷惑)이다. ※ '迷惑(미혹)'은 무엇에 홀려서 정신을 차리지 못하는 것이다. ※ '어리'는 [어리(어리석다, 愚: 형사)- + -Ø(부접)]의 방식으로 형성된 파생 부사이다. 그런데 이 문맥에서는 부사인 '어리'가 명사인 '迷惑'을 수식하므로, 문맥을 감안하여 '어리 迷惑'을 '어리석은 미혹'이나 '어리석게 미혹함' 등으로 의역하여 옮긴다. 혹은

3) ᄌᆞ개: ᄌᆞ갸(자기, 당신: 인대, 재귀칭, 예높) + -ㅣ(← -이: 주조)

4) 일우실ᄊᆡ: 일우[이루다, 成: 일(이루어지다, 成: 자동)- + -우(사접)-]- + -시(주높)- + -ㄹᄊᆡ(-므로: 연어, 이유)

5) 菩提: 보리. 불교에서 수행 결과 얻어지는 깨달음의 지혜 또는 그 지혜를 얻기 위한 수도 과정을 이르는 말이다.

6) 날와: 날(← 나: 나, 我, 인대, 1인칭) + -와(← -과: 접조)

7) 아니킈: 아니ㅎ[← 아니ᄒᆞ다(아니하다, 不: 보용, 부정): 아니(아니, 不: 부사, 부정) + -ᄒᆞ(동접)-]- + -긔(-게: 연어, 사동)

8) 호리라: ㅎ(← ᄒᆞ다 : 하다, 보용, 의도)- + -오(화자)- + -리(미시)- + -라(← -다: 평종)

9) ᄒᆞ샤미라: ᄒᆞ(하다, 爲)- + -샤(← -시-: 주높)- + -ㅁ(← -옴: 명전) + -이(서조)- + -Ø(현시)- + -라(← -다: 평종)

10) 衆生ᄃᆞᆯᄒᆞᆯ: 衆生ᄃᆞᆯㅎ[중생들: 衆生(중생) + -ᄃᆞᆯㅎ(-들: 복접)] + -ᄋᆞᆯ(목조)

11) ᄉᆞᆯ유미: ᄉᆞᆯ이[불살라지다: ᄉᆞᆯ(불사르다)- + -이(피접)-]- + -움(명전) + -이(보조)

12) 五欲: 오욕. 불교에서 오관(五官)의 욕망 및 그 열락(悅樂)을 가리키는 5종의 욕망이다. 눈·귀·코·혀·몸의 다섯 가지 감각기관, 즉 오근(五根)이 각각 색(色)·성(聲)·향(香)·미(味)·촉(觸)의 다섯 가지 감각대상, 즉 오경(五境)에 집착하여 야기되는 5종의 욕망이다.

13) 財利: 재리. 재물(財物)과 이익(利益)이다.

14) 젼ᄎᆞ로: 젼ᄎᆞ(까닭, 故: 의명) + -로(부조, 방편)

貪탐著ᄄᆞᆨᄒᆞ야 미조차 求끃ᄒᆞᄂᆞᆫ 젼ᄎᆞ로 現현生ᄉᆡᆼ애 한 苦콩ᄅᆞᆯ 受쓩ᄒᆞ다가 後ᅘᅮᇢ에 地띵獄옥 畜튝生ᄉᆡᆼ 餓앙鬼귕 苦콩ᄅᆞᆯ 受쓩ᄒᆞᄂᆞ니 ᄒᆞ다가 天텬上썅애 나거나 人신間간애 잇거나 ᄒᆞ야도 貧삔窮꿍困콘苦콩와 貧삔은 艱간難난ᄒᆞᆯ 씨오 窮꿍은 ᄒᆞᇙ 術쓣이 다ᄋᆞᆯ 씨라 愛ᄒᆡᆼ別ᄈᆞᇙ離링苦콩와

(오욕과 재물을) 貪著(탐착)하여 뒤쫓아 求(구)하는 까닭으로 現生(현생)에서 많은 苦(고)를 受(수)하다가, 後(후)에 地獄(지옥) · 畜生(축생) · 餓鬼(아귀)의 苦(고)를 受(수)하나니, 만일 天上(천상)에 나거나 人間(인간)에 있거나 하여도 貧窮困苦(빈궁곤고)와 【貧(빈)은 艱難(간난)한 것이요, 窮(궁)은 할 術(술)이 다한 것이다.】 愛別離苦(애별리고)와

貪탐著땩[15]ᄒᆞ야 미조차[16] 求꿓ᄒᆞ논[17] 젼ᄎᆞ로 現현生싱애 한 苦콩ᄅᆞᆯ 受쓯ᄒᆞ다가 後흫에 地띵獄옥[18] 畜흉生싱[19] 餓앙鬼귕[20] 苦콩ᄅᆞᆯ 受쓯 ᄒᆞᄂᆞ니 ᄒᆞ다가 天텬上썅애 나거나 人신間간[21]애 잇거나 ᄒᆞ야도 貧삔窮꿍困콘苦콩[22]와【貧삔ᄋᆞᆫ 艱간難난[23]ᄒᆞᆯ 씨오 窮꿍 ᄋᆞᆫ 홇[24] 術쓣[25]이 다ᄋᆞᆯ 씨라】愛ᅙᅵᆼ別볋離링苦콩[26]와

---

15) 貪著: 탐착. 만족할 줄 모르고 탐내어 집착하거나, 욕심에 사로잡혀 헤어나지 못하는 것이다.

16) 미조차: 미좇[뒤미쳐 좇다, 追: 미(← 및다: 미치다, 이르다, 及)- + 좇(좇다, 從)-]- + -아(연어)

17) 求ᄒᆞ논: 求ᄒᆞ[구하다: 求(구: 불어) + -ᄒᆞ(동접)-]- + -ㄴ(← -ᄂᆞ-: 현시)- + -오(대상)- + -ㄴ(관전)

18) 地獄: 지옥. 죄업을 짓고 매우 심한 괴로움의 세계에 난 중생이나 그런 중생의 세계이다. 섬부주의 땅 밑, 철위산의 바깥 변두리 어두운 곳에 있다고 한다.

19) 畜生: 축생. 죄업 때문에 죽은 뒤에 짐승으로 태어나 괴로움을 받는 세계이다.

20) 餓鬼: 아귀. 아귀들이 모여 사는 세계이다. 이곳에서 아귀들이 먹으려는 음식은 불로 변하여 늘 굶주리고, 항상 매를 맞는다고 한다.

21) 人間: 인간. 사람이 사는 세상이다.

22) 貧窮困苦: 빈궁곤고. 가난하고 궁색하며 곤란(困難)하고 고통(苦痛)스러운 것이다.

23) 艱難: 간난. 모든 어려움이다.

24) 홇: ㅎ(← ᄒᆞ다: 하다, 說)- + -오(대상)- + -ㅭ(관전)

25) 術: 술. 방법이나 술책이다.

26) 愛別離苦: 애별리고. 불교에서 말하는 팔고(八苦)의 하나이다. 애별리고는 사랑하는 사람과 헤어지는 괴로움이다. ※ '팔고(八苦)'는 생고(生苦) · 노고(老苦) · 병고(病苦) · 사고(死苦) · 애별리고(愛別離苦) · 원증회고(怨憎會苦) · 구부득고(求不得苦) · 오음성고(五陰盛苦)이다.

別볋離링ᄂᆞᆫ ᄃᆞᆺ 寃훤憎즁會횡苦콩와
ᄋᆞ니 여흴 씨라
寃훤憎즁會횡ᄂᆞᆫ 寃훤讎 이러ᄐᆞᆺᄒᆞᆫ 種
쓩 믜ᄫᅳᆫ 거시 모ᄃᆞᆯ 씨라
죵 種죵苦콩애 衆즁生ᄉᆡᇰ이 ᄌᆞ마이셔
즐겨 노녀 아디 몯ᄒᆞ며 두리디 아니ᄒᆞ
며 슬히 너기디 아니ᄒᆞ며 버서나ᄆᆞᆯ 求
끃티 아니ᄒᆞ야 이 三삼界갱火황宅ᄄᆡᆨ
애 東동西솅로 ᄃᆞᆫ녀 비록 큰 受쓯苦콩

【 愛別離(애별리)는 사랑하는 이를 이별하는 것이다.】 寃憎會苦(원증회고)와【 寃憎會(원증회고)는 寃讐(원수)와 미운 것이 모이는 것이다.】 이렇듯 한 種種(종종)의 苦(고)에 衆生(중생)이 잠기어 있어, (種種의 苦에서) 즐겨 노닐어서 (種種의 苦를) 알지 못하며 두려워하지 아니하며 싫게 여기지 아니하며 벗어나는 것을 求(구)하지 아니하여, 이 三界(삼계)의 火宅(화택)에 東西(동서)로 다녀, 비록 큰 受苦(수고)를

【愛ᅙᆡᆼ別ᄈᆑᇙ離링[27]ᄂᆞᆫ ᄃᆞᇫ오니[28] 여흴 씨라[29]】 冤ᅙᅯᆫ憎증會ᅘᅬᆼ苦콩[30]와【冤ᅙᅯᆫ憎증會ᅘᅬᆼᄂᆞᆫ 冤ᅙᅯᆫ讐ᄊᆓ ᄆᆡᄫᅳᆫ[31] 거시 모ᄃᆞᆯ[32] 씨라】 이러ᄐᆞᆺ[33] ᄒᆞᆫ 種죵種죵 苦콩애 衆즁生ᄉᆡᆼ이 ᄌᆞ마[34] 이셔 즐겨[35] 노녀[36] 아디 몯ᄒᆞ며 두리디[37] 아니ᄒᆞ며 슬히[38] 너기디 아니ᄒᆞ며 버서나ᄆᆞᆯ 求꾸ᇢ티[39] 아니ᄒᆞ야 이 三삼界갱 火ᅘᅪᆼ宅ᄄᆡᆨ애 東동西셍로 ᄃᆞᆮ녀[40] 비록 큰 受ᄊᆓ苦콩ᄅᆞᆯ

27) 愛別離: 애별리. 사랑하는 사람과 이별하는 것이다.

28) ᄃᆞᇫ오니: ᄃᆞᇫ(애틋이 사랑하다, 愛)- + -Ø(과시)- + -오(대상)- + -ㄴ(관전) # 이(이, 者: 의명)

29) 여흴 씨라: 여희(여의다, 이별하다, 別)- + -ㄹ(관전) # ㅆ(← ᄉᆞ: 것, 의명) + -이(서조)- + -Ø(현시)- + -라← -다: 평종)

30) 冤憎會苦: 원증회고. 불교에서 말하는 팔고(八苦)의 하나로서, 원수나 미워하는 사람을 만나는 괴로움이다.

31) ᄆᆡᄫᅳᆫ: ᄆᆡᇦ(← ᄆᆡᆸ다, ㅂ불: 밉다, 憎)- + -Ø(현시)- + -은(관전)

32) 모ᄃᆞᆯ: 몯(모이다, 集)- + -ᄋᆞᆯ(관전)

33) 이러ᄐᆞᆺ: 이러ㅎ[← 이러ᄒᆞ다(이러하다, 如此): 이러(불어)- + -ᄒᆞ(형접)-]- + -듯(연어, 흡사)

34) ᄌᆞ마: ᄌᆞᆷ(잠기다, 浸)- + -아(연어)

35) 즐겨: 즐기[즐기다, 樂(타동): 즑(즐거워하다, 歡: 자동)- + -이(사접)-]- + -어(연어)

36) 노녀: 노니[노닐다, 流行: 노(← 놀다: 놀다, 遊, 동사)- + 니(가다, 行: 동사)-]- + -어(연어)

37) 두리디: 두리(두려워하다, 恐怖)- + -디(-지: 연어, 부정)

38) 슬히: [싫게, 厭(부사): 슬ㅎ(← 슬ᄒᆞ다 : 싫어하다, 厭: 동사)- + -이(부접)]

39) 求티: 求ㅎ[求ᄒᆞ(구하다): 求ᄒᆞ(구하다)-]- + -디(-지: 연어, 부정)

40) ᄃᆞᆮ녀: ᄃᆞᆮ니[다니다, 走行: ᄃᆞᆮ(닫다, 달리다, 走)- + 니(가다, 行)-]- + -어(연어)

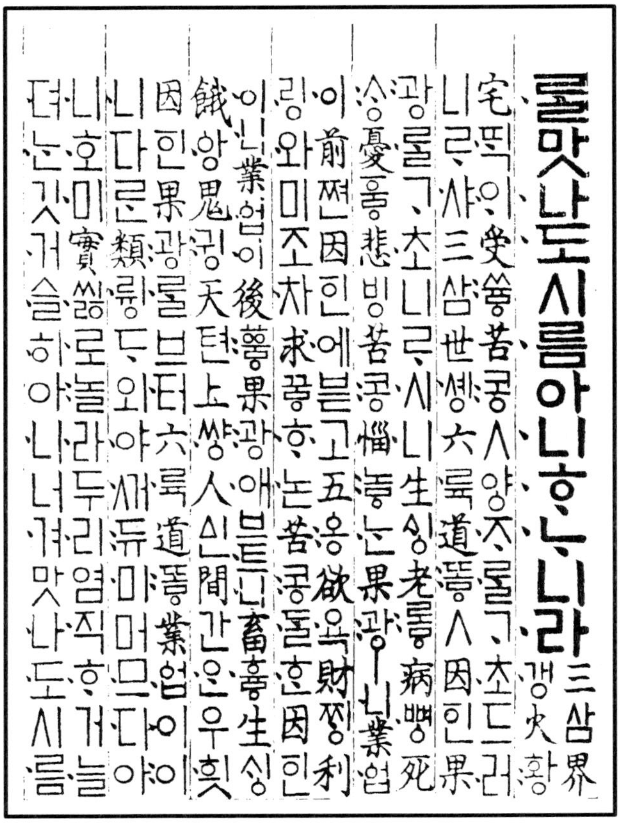

믈맛나도시름아니ᄒᆞᄂᆞ니라三삼界갱火황宅띡ᄋᆡ受쓯苦콩ㅅ양ᄌᆞᄅᆞᆯᄀᆞᄎᆞ드러니ᄅᆞ샤三삼世솅六륙道똥ㅅ因인果광ᄅᆞᆯᄀᆞᄎᆞ니ᄅᆞ시니生싱老롷病뼝死ᄉᆞᆼ憂ᇢ悲빙苦콩惱놓ᄂᆞᆫ果광ㅣ니業업이前쪈因인에브ᄐᆞ고五옹欲욕財쬥利링와ᄆᆞ조차求끃ᄒᆞᄂᆞᆫ苦콩ᄃᆞᆯᄒᆞᆫ因인이니業업이後ᅘᅮᇢ果광애브ᄐᆞ니畜흉生싱餓앙鬼귕天텬上썅人신間간ᄋᆞᆫ우희因인果광ᄅᆞᆯ브터六륙道똥ㅅ業업이이니다ᄅᆞᆫ類륭ㅣᄃᆞ외야ᄢᅥ듀미머므디아니ᄒᆞ미實씷로놀라두리염직ᄒᆞ거늘뎌ᄂᆞᆫ깃거슬ᄒᆞ야니너겨맛나도시름

만나도 시름을 아니 하느니라.【三界(삼계)의 火宅(화택)에 受苦(수고)의 모습을 갖추어서 들어 이르시어, 三世(삼세) 六道(육도)의 因果(인과)를 갖추어서 이르시니, 生老病死(생로병사)와 憂悲苦惱(우비고뇌)는 果(과)이니 그 業(업)이 前因(전인)에 말미암고, 五欲(오욕)과 財利(재리)를 뒤좇아 求(구)하는 苦(고)들은 因(인)이니 그 業(업)이 後果(후과)에 말미암으니, 畜生(축생)·餓鬼(아귀)·天上(천상)·人間(인간)은 위에 있는 因果(인과)를 말미암아 六道(육도)의 業(업)이 이루어지니, 다른 類(유)가 되어서 꺼짐(消滅)이 머물지 아니하는 것이 實(실)로 놀라 두려워함직 하거늘, 저(= 중생)들은 기뻐하여 싫게 아니 여겨서 만나도 시름을

맛나도[41] 시름 아니 ᄒᆞᄂᆞ니라【三삼界갱 火황宅띡이 受쓯苦콩ㅅ 양ᄌᆞᄅᆞᆯ ᄀᆞ초[42] 드러[43] 니ᄅᆞ샤 三삼世솅[44] 六륙道똫[45]ㅅ 因인果광ᄅᆞᆯ ᄀᆞ초 니ᄅᆞ시니 生싱老롷病뼝死ᄉᆞᆼ 憂흫悲빙苦콩惱놓ᄂᆞᆫ 果광[46]ㅣ니 業업[47]이 前쪈因인[48]에 븓고[49] 五옹欲욕財찡利링와 미조차 求꿓ᄒᆞ논 苦콩ᄃᆞᆯᄒᆞᆫ 因인[50]이니 業업[51]이 後흫果광[52]애 브트니 畜휵生싱 餓앙鬼귕 天텬上썅 人신間간ᄋᆞᆫ 우흿[53] 因인果광[54]ᄅᆞᆯ 브터 六륙道똫 業업이 이니[55] 다ᄅᆞᆫ 類륑 ᄃᆞ외야 써듀미[56] 머므디[57] 아니호미 實씷로 놀라 두리염직[58] ᄒᆞ거늘 뎌ᄂᆞᆫ[59] 깃거[60] 슬히 아니 너겨 맛나도 시름

---

41) 맛나도: 맛나[만나다, 遇: 맛(← 맞다: 맞다, 迎)- + 나(나다, 出)-]- + -아도(연어, 양보)

42) ᄀᆞ초: [갖추, 고루 있는 대로, 皆(부사): ᄀᆞᆽ(갖추어져 있다, 具: 형사)- + -호(사접)- + -Ø(부접)]

43) 드러: 들(들다, 擧)- + -어(연어)

44) 三世: 삼세. 전세(前世), 현세(現世), 내세(來世)의 세 가지이다.

45) 六道: 육도. 삼악도(三惡道)와 삼선도(三善道)를 통틀어 이르는 말이다. 중생이 선악의 원인에 의하여 윤회하는 여섯 가지의 세계이다.

46) 果: 과. 인(因)으로 말미암아 생긴 결과이다.

47) 흐린 業: 탁업(濁業). 탐욕의 흐린 마음으로 생기는 몸·입·뜻의 삼업(三業)이다.

48) 前因: 전인. 전생의 인연(因緣)이다.

49) 븓고: 븓(붙다, 의존하다, 말미암다, 附)- + -고(연어, 나열)

50) 因: 인. 어떤 결과를 일으키는 직접 원인이나 내적 원인이 되는 것이다.

51) 業: 업. 미래에 선악의 결과를 가져오는 원인이 된다고 하는, 몸과 입과 마음으로 짓는 선악의 소행이다.

52) 後果: 후과. 뒤에 나타나는 결과이다.

53) 우흿: 우ㅎ(위, 上) + -의(-에: 부조, 위치) + -ㅅ(-의: 관조) ※ '우흿'은 '위에 있는'으로 의역하여 옮긴다.

54) 因果: 인과. 선악의 업에 따라 그에 해당하는 과보(果報)를 받는 일이다.

55) 이니: 이(← 일다: 이루어지다, 成)- + -니(연어, 설명 계속)

56) 써듀미: 써디(꺼지다, 사라지다, 消滅)- + -움(명전) + -이(주조)

57) 머므디: 머므(← 머믈다: 머물다, 留)- + -디(연어, 부정)

58) 두리염직: 두리(두려워하다, 畏)- + -염직(← -엄직: 연어, 가치)

59) 뎌ᄂᆞᆫ: 뎌(저, 저것, 皮: 인대, 정칭) + -ᄂᆞᆫ(보조사, 주제)

60) 깃거: 깄(기뻐하다, 歡)- + -어(연어)

아니 하니, (저들이) 어리석어서 어두움에 가린 것이다.】 舍利弗(사리불)아 부처가 이를 보고 여기되 “내가 衆生(중생)의 아버지가 되어 있나니, (중생을) 苦難(고난)에서 빼내어 無量無邊(무량무변)한 佛智慧樂(불지혜락)을 주어 노닐게 하리라.” 舍利弗(사리불)아, 如來(여래)가 또 여기되 “만일 내가 다만 神力(신력)과 智慧力(지혜력)으로 方便(방편)을 아니ᄒᆞ니 어리여[61] 어드ᄫᅮ믜[62] ᄀᆞ리요미라[63]】 舍샹利링弗붏아 부톄 이ᄅᆞᆯ[64] 보고 너교ᄃᆡ[65] 내 衆즁生싱이 아비 ᄃᆞ외야 잇노니[66] 苦콩難난애 ᄡᅢᅘᅧ[67] 無뭉量량無뭉邊변 佛뿛智딩慧ᅘᅰᆼ樂락[68]ᄋᆞᆯ 주어 노니게[69] 호리라[70] 舍샹利링弗붏아 如ᅀᅧᆼ來링 ᄯᅩ 너교ᄃᆡ ᄒᆞ다가[71] 내 다ᄆᆞᆫ 神씬力륵[72]과 智딩慧ᅘᅰᆼ力륵[73]으로 方방便뼌

---

61) 어리여: 어리(어리석다, 愚)- + -여(← -어: 연어)

62) 어드ᄫᅮ믜: 어드ᇦ(← 어듭다, 붏: 어둡다, 昏)- + -움(명전) + -의(-에: 부조, 위치)

63) ᄀᆞ리요미라: ᄀᆞ리(가리다, 障)- + -욤(← -옴: 명전) + -이(서조)- + -Ø(현시)- + -라(← -다: 평종)

64) 이ᄅᆞᆯ: 이(이, 이것, 此: 지대, 정칭) + -ᄅᆞᆯ(목조)

65) 너교ᄃᆡ: 너기(여기다, 念)- + -오ᄃᆡ(-되: 연어, 설명 계속)

66) 잇노니: 잇(← 이시다: 있다, 보용, 완료 지속)- + -ㄴ(← -ᄂᆞ-: 현시)- + -오(화자)- + -니(연어, 설명 ㄱ속)

67) ᄡᅢᅘᅧ: ᄡᅢᅘᅧ[빼내다, 拔: ᄡᅢ(← ᄡᆡ다: 빼다, 拔)- + -아(연어) + ᅘᅧ(끌다, 引)-]- + -어(연어)

68) 佛智慧樂: 불지혜락. 부처님이 가진 지혜의 낙(樂)이다.

69) 노니게: 노니[노닐다, 遊: 놀(놀다, 遊)- + 니(지내다, 行)-]- + -게(연어, 사동)

70) 호리라: ㅎ(← ᄒᆞ다: 하다, 보용, 사동)- + -오(화자)- + -리(미시)- + -라(← -다: 평종)

71) ᄒᆞ다가: 만약, 儻(부사)

72) 神力: 신력. 신묘한 도력(道力)이나 그런 힘의 작용이다.(= 신통력)

73) 智慧力: 지혜력. 보살이 갖추고 있는 10가지 능력으로서, 중생의 마음과 행위를 아는 능력이다.

버리고 衆生(중생)을 爲(위)하여 如來(여래)의 知見(지견)과 力(역)과 無所畏(무소외)를 讚歎(찬탄)하면, 衆生(중생)이 이것으로(는) 得度(득도)를 못 하리라.【 無邊(무변)한 佛慧樂(불혜락)은 곧 一乘(일승)의 法樂(법락)이요 如來(여래)의 知見力(지견력)과 無所畏(무소외)는 곧 一乘(일승)의 法體(법체)이니, 비록 足(족)히 受苦(수고)에서 빼내나 凡夫(범부)의 일이 아니므로, "이것으로 得度(득도)를 못 하리라."고 하셨니라. 】 "(그것이) 어째서이냐?"고 한다면

ᄇᆞ리고 衆즁生싱 爲윙ᄒᆞ야 如셩來링ㅅ 知딩見견[74]과 力륵과 無뭉所송畏휭[75]를 讚잔歎탄ᄒᆞ면 衆즁生싱이 일로[76] 得득度똥[77] 몯ᄒᆞ리라【無뭉邊변佛뿛慧휑樂락ᄋᆞᆫ 곧 一읧乘씽 法법樂락[78]이오 如셩來링ㅅ 知딩見견 力륵 無뭉所송畏휭ᄂᆞᆫ 곧 一읧乘씽 法법體톙[79]니 비록 足죡히 受쓩苦콩애 ᄡᅢ혀나 凡뻠夫붕[80]의 이리 아닐ᄊᆡ 일로 得득度똥 몯ᄒᆞ리라 ᄒᆞ시니라】 엇뎨어뇨[81] ᄒᆞ란ᄃᆡ[82]

---

74) 知見: 지식과 견문을 아울러 이르는 말로서, 지식에 기초를 둔 견해이다. 자기 자신의 사려 분별에 의해 세운 견해를 의미한다.

75) 無所畏: 무소외. 보살(佛菩薩)이 대중(大衆) 가운데서 설법(說法)하되 태연(泰然)하여 두려움이 없는 것이다.

76) 일로: 일(← 이: 이, 此, 지대, 정칭) + -로(부조, 방편)

77) 得度: 득도. 미혹의 세계를 넘어 깨달음의 경지에 이르는 것이다.

78) 法樂: 법락. 부처의 가르침을 믿고 받드는 기쁨이다.

79) 法體: 법체. 우주(宇宙) 만유(萬有)의 실체이다.

80) 凡夫: 범부. 범인(凡人). 번뇌에 얽매어서 생사를 초월하지 못하는 사람이다.

81) 엇뎨어뇨: 엇뎨(어째서, 何: 부사, 지시, 미지칭) + -∅(← -이-: 서조)- + -∅(현시)- + -어(← -거-: 확인)- + -뇨(의종, 설명)

82) ᄒᆞ란ᄃᆡ: ᄒᆞ(하다, 曰)- + -란ᄃᆡ(-면: 연어, 조건)

이 衆生(중생)들이 生老病死(생로병사), 憂悲苦惱(우비고뇌)를 免(면)하지 못하여, 三界(삼계)의 火宅(화택)에서 불살라지는 바가 되어 있으니, 어찌 能(능)히 부처의 智慧(지혜)를 알겠느냐? 舍利弗(사리불)아, 저 長者(장자)가 비록 몸과 손이 힘이 있어도 쓰지 아니하고, 오직 부지런히 方便(방편)으로

이 衆즁生싱ᄃᆞᆯ히 生싱老롷病뼝死ᄉᆞᆼ 憂흫悲빙苦콩惱놓[83]ᄅᆞᆯ 免면티[84] 몯ᄒᆞ야 三삼界갱 火황宅ᄄᆡᆨ이 ᄉᆞᆯ요미[85] ᄃᆞ외얫거니[86] 엇뎨[87] 能능히[88] 부텻 智딩慧쀙ᄅᆞᆯ 알리오[89] 舍샹利링弗붏아 뎌 長댱者쟝ㅣ 비록 몸과 손괘[90] 히미 이셔도 ᄡᅳ디[91] 아니ᄒᆞ고 오직 브즈러니[92] 方방便뼌으로

---

83) 憂悲苦惱: 우비고뇌. 걱정과 슬픔, 괴로움과 번뇌를 아울러서 이르는 말이다.

84) 免티: 免ㅎ[← 免ᄒᆞ다(면하다): 免(면: 불어) + -ᄒᆞ(동접)-]- + -디(-지: 연어, 부정)

85) ᄉᆞᆯ유미: ᄉᆞᆯ이[불살라지다: ᄉᆞᆯ(불사르다)- + -이(피접)-]- + -움(명전) + -이(보조)

86) ᄃᆞ외얫거니: ᄃᆞ외(되다, 爲)- + -야(← -아: 연어) # 잇(← 이시다: 있다, 보용, 완료 지속)- + -거(확인)- + -니(연어, 설명 계속)

87) 엇뎨: 어찌, 何故(부사)

88) 能히: [능히(부사): 能(능: 불어) + -ㅎ(← -ᄒᆞ-: 형접)- + -이(부접)]

89) 알리오: 알(알다, 知)- + -리(미시)- + -오(← -고: 연어, 의종, 설명)

90) 손괘: 손(손, 手) + -과(접조) + -ㅣ(← -이: 주조)

91) ᄡᅳ디: ᄡᅳ(쓰다, 用)- + -디(-지: 연어, 부정)

92) 브즈러니: [부지런히, 勤(부사): 브즈런(부지런, 勤: 명사) + -Ø(← -ᄒᆞ-: 형접)- + -이(부접)]

아ᄃᆞᆯᄃᆞᄅᆞᆯ 火황宅떡難난애 힘ᄡᅥ 거리
ᄎᆞᆫ後ᅘᅮᇢ에ᅀᅡ 各각各각 珎딘寶봉大땡
車겅 주미 ᄀᆞᆮᄒᆞ야 如ᅀᅧᆼ來ᄅᆡᆼ ᄯᅩ 이 ᄀᆞᆮᄒᆞ
야 비록 力륵과 無뭉所송畏ᅙᅱᆼᄅᆞᆯ 두어
도 ᄡᅳ디 아니ᄒᆞ고 오직 智딩慧ᅘᅰᆼ方방
便뼌으로 三삼界갱 火황宅떡애 衆즁
生ᄉᆡᆼᄋᆞᆯ ᄲᅡᅘᅧ 거리처 三삼乘씽聲셩聞

아들들을 火宅(화택)의 難(난)에서 힘써 구제한 後(후)에야 各各(각각) 珎寶(진보)로 된 大車(대거)를 준 것과 같아서, 如來(여래)가 또 이와 같아서 비록 力(역)과 無所畏(무소외)를 두어도 쓰지 아니하고, 오직 智慧(지혜)와 方便(방편)으로 三界(삼계)의 火宅(화택)에서 衆生(중생)을 빼내어 구제하여 三乘(삼승)인 聲聞(성문) ·

아ᄃᆞᆯᄃᆞᆯᄒᆞᆯ 火황宅ᄄᆡᆨ 難난애 힘ᄡᅥ[93] 거리츤[94] 後ᅘᅮᇢ에ᅀᅡ[95] 各각各각 珎딘寶보ᇦ 大ᄄᆡᆼ車겅[96] 주미[97] ᄀᆞᆮᄒᆞ야 如ᅀᅧᆼ來ᄅᆡᆼ ᄯᅩ 이 ᄀᆞᆮᄒᆞ야 비록 力륵과 無뭉所송畏ᅙᅱᆼᄅᆞᆯ 두어도 ᄡᅳ디 아니ᄒᆞ고 오직 智딩慧ᅘᅰᆼ 方방便뼌으로 三삼界갱 火황宅ᄄᆡᆨ애 衆즁生ᄉᆡᆼᄋᆞᆯ ᄢᅡᅘᅧ 거리처 三삼乘씽[98] 聲셩聞문[99]

93) 힘ᄡᅥ: 힘ᄡ[← 힘ᄡᅳ다(힘쓰다, 勉): 힘(힘, 力) + ᄡᅳ(쓰다, 用)-]- + -어(연어)

94) 거리츤: 거리츠(구제하다, 濟)- + -∅(과시)- + -ㄴ(관전)

95) 後에ᅀᅡ: 後(후) + -에(부조, 위치) + -ᅀᅡ(보조사, 한정 강조)

96) 珎寶 大車: 진보 대거. 진귀한 보배로 만든 큰 수레이다.

97) 주미: 주(주다, 與)- + -ㅁ(← -움: 명전) + -이(-과: 부조, 비교)

98) 三乘: 삼승. 부처가 중생의 능력이나 소질에 따라 설한 세 가지 가르침이다. 대승불교에서는 불제자의 능력을 '성문승(聲聞乘)·연각승(緣覺乘)·보살승(菩薩乘)'의 3종으로 나누었다.

99) 聲聞: 성문. 설법을 듣고 사제(四諦)의 이치를 깨달아 아라한이 되고자 하는 불제자이다. 여기서는 성문의 지위를 이른다.

辟벽支징佛뿛佛뿛乘씽을爲윙ᄒᆞ
야닐어이말ᄋᆞᆯᄒᆞ오ᄃᆡ너희ᄃᆞᆯ히三삼界갱
火황宅ᄄᆡᆨ애즐겨잇디말며멀텁고
헌色식聲셩香향味밍觸쵹을貪탐티
말라ᄒᆞ다가貪탐着ᄯᅣᆨᄒᆞ야ᄃᆞᅀᆞ온ᄠᅳ든내
면ᄉᆞᆯ와ᄆᆡ드외리라 色식等등五옹欲욕ᄋᆞᆯ世솅俗쑉이
보ᄃᆞ랍고이ᄃᆞᆫ것만너기건마ᄅᆞᆫ다幻
환惑ᅘᅬᆨ濁ᄡᅡᆨ惡학ᄒᆞ야業업苦콩ᄅᆞᆯ잘

辟支佛(벽지불) · 佛乘(불승)을 爲(위)하여 일러 이 말을 하되, "너희들이 三界(삼계)의 火宅(화택)에 즐겨 있지 말며, 거칠고 헌 色(색) · 聲(성) · 香(향) · 味(미) · 觸(촉)을 貪(탐)하지 말라. 만일 貪著(탐착)하여 애틋이 사랑하는 뜻을 내면 불살라짐이 되리라.【色(색) 等(등) 五欲(오욕)을 世俗(세속)이 부드럽고 좋은 것만으로 여기건마는, (오욕은) 다 幻惑(환혹)하고 濁惡(탁악)하여 業苦(업고)를 잘

辟벽支징佛뿛[1] 佛뿛乘씽[2]을 爲윙ᄒᆞ야 닐어[3] 이 마ᄅᆞᆯ 호ᄃᆡ[4] 너희ᄃᆞᆯ히[5] 三삼界갱 火황宅떡애 즐겨 잇디 말며 멀텁고[6] 헌 色식 聲셩 香향 味밍 觸쵹ᄋᆞᆯ 貪탐티[7] 말라 ᄒᆞ다가 貪탐著땩[8]ᄒᆞ야 ᄃᆞᆺ온[9] ᄠᅳᆮ 내면 ᄉᆞᆯ요미[10] ᄃᆞ외리라【色식 等등 五옹欲욕ᄋᆞᆯ 世솅俗쑉이 보ᄃᆞ랍고 이든[11] 것만 너기건마ᄅᆞᆫ 다 幻ᅘᅪᆫ惑ᅘᅬᆨ[12] 濁똭惡악[13]ᄒᆞ야 業업苦콩[14]ᄅᆞᆯ 잘

---

1) 辟支佛: 벽지불. 부처의 가르침에 기대지 않고 스스로 도를 깨달은 성자(聖者)이다.(= 緣覺) 여기서는 벽지불의 지위를 이른다.

2) 佛乘: 불승. 보살을 위한 부처의 가르침이라는 뜻에서 보살승(菩薩乘)이라고도 한다. 여기서는 보살승의 지위를 이른다.

3) 닐어: 닐(← 니ᄅᆞ다: 이르다, 曰)- + -어(연어)

4) 호ᄃᆡ: ㅎ(← ᄒᆞ다: 하다, 爲)- + -오ᄃᆡ(-되: 연어, 설명의 계속)

5) 너희ᄃᆞᆯ히: 너희ᄃᆞᆶ[너희들, 汝等: 너(너, 汝: 인대, 2인칭) + -희(복접) + -ᄃᆞᆶ(-들: 복접)] + -이(주조)

6) 멀텁고: 멀텁(거칠다, 荒)- + -고(연어, 나열)

7) 貪티: 貪ㅎ[← 貪ᄒᆞ다(탐하다: 동사): 貪(탐: 불어) + -ᄒᆞ(동접)-]- + -디(-지: 연어, 부정)

8) 貪著: 탐착. 만족할 줄 모르고 탐내어 집착하거나 욕심에 사로잡혀 헤어나지 못하는 것이다.

9) ᄃᆞᆺ온: ᄃᆞᆺ(← ᄃᆞᇫ-, ㅅ불: 애틋이 사랑하다, 愛)- + -∅(과시)- + -오(대상)- + -ㄴ(관전) ※ 'ᄃᆞᆺ다'가 'ㅅ' 불규칙 용언이므로 'ᄃᆞᅀᆞᆫ'으로 활용하는 것이 원칙이나, 'ᄃᆞᆺ온'이나 'ᄃᆞᇫ온' 등으로도 실현된 예가 보인다. 그리고 'ᄃᆞᆺ다'에 대상법 선어말 어미 '-오-'가 실현된 것은 'ᄃᆞᆺ다'가 피한정 언인 'ᄠᅳᆮ'과 동격의 관계에 있기 때문이다.

10) ᄉᆞᆯ요미: ᄉᆞᆯ이[불살라지다: ᄉᆞᆯ(불사르다)- + -이(피접)-]- + -옴(명전) + -이(보조)

11) 이든: 읻(좋다, 和)- + -∅(현시)- + -은(관전)

12) 幻惑: 환혹. 사람의 눈을 어리게 하고 마음을 어지럽게 하는 것이다.

13) 濁惡: 오탁으로 세상을 흐리게 하는 것이다. ※ '五濁(오탁)'은 세상의 다섯 가지 더러움이다. 명탁(命濁), 중생탁(衆生濁), 번뇌탁(煩惱濁), 견탁(見濁), 겁탁(劫濁)을 이른다. '명탁(命濁)'은 악한 세상에서 악업이 늘어나 8만 세이던 사람의 목숨이 점점 짧아져 백 년을 채우기 어렵게 됨을 이른다. '중생탁(衆生濁)'은 견탁(見濁)과 번뇌탁의 결과로 인간의 과보(果報)가 점점 쇠퇴하고 힘은 약해지며 괴로움과 질병은 많고 복은 적어짐을 이른다. '번뇌탁(煩惱濁)'은 애욕(愛慾)을 탐하여 마음을 괴롭히고 여러 가지 죄를 범하게 됨을 이른다. '견탁(見濁)'은 사악한 사상과 견해가 무성하게 일어나 더러움이 넘쳐흐름을 이른다. '겁탁(劫濁)'은 기근, 질병, 전쟁 따위의 여러 가지 재앙이 일어남을 이른다.

14) 業苦: 업고. 악한 행위로 말미암아 받는 괴로움의 과보이다.

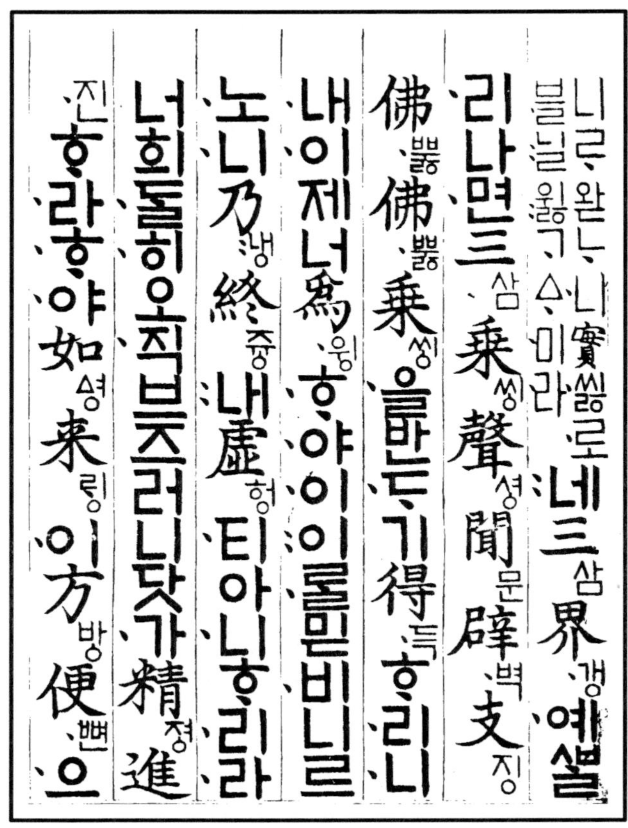
니르왇ᄂᆞ니實씷로블닐윓ᄀᆞᅀᆞ미라네三삼界갱예셔ᄲᆞᆯ
리나면三삼乘씽聲셩聞문辟벽支징
佛뿛佛뿛乘씽ᄋᆞᆯ반ᄃᆞ기得득ᄒᆞ리니
내이제너爲윙ᄒᆞ야이이ᄅᆞᆯ믿비니ᄅᆞ
노니乃냉終즁내虛헝티아니ᄒᆞ리라
너희돌ᄒᆞ오직브즈러니닷가精졍進
진ᄒᆞ라ᄒᆞ야如셩來링이方방便뼌ᄋᆞ

일으키나니 實(실)로 불을 일으킬 감(재료)이니라.】 네가 三界(삼계)에서 빨리 나가면 三乘(삼승)인 聲聞(성문)·辟支佛(벽지불)·佛乘(불승)을 반드시 得(득)하겠으니, 내가 이제 너를 爲(위)하여 이 일을 믿쁘게 이르나니 (내 말이) 끝내 虛(허)하지 아니하리라. 너희들이 오직 부지런히 닦아 精進(정진)하라."고 하여 如來(여래)가 이 方便(방편)으로

니ᄅᆞ왇ᄂᆞ니[15] 實씨ᇙ로[16] 블 닐ᄋᆔᇙ[17] ᄀᆞᅀᆞ미라[18]】 네 三삼界갱예 ᄲᆞᆯ리[19] 나면 三삼乘씽 聲셩聞문 辟벽支징佛뿛 佛뿛乘씽을 반ᄃᆞ기[20] 得득ᄒᆞ리니 내 이제 너 爲윙ᄒᆞ야 이 이ᄅᆞᆯ 믿비[21] 니르노니[22] 乃냉終즁내[23] 虛헝티[24] 아니ᄒᆞ리라 너희ᄃᆞᆯ히 오직 브즈러니[25] 닧가[26] 精졍進진ᄒᆞ라 ᄒᆞ야 如ᅀᅧᆼ來링 이 方방便뼌으로

15) 니ᄅᆞ왇ᄂᆞ니: 니ᄅᆞ왇[일으키다, 擧: 닐(일어나다, 起: 자동)- + -ᄋᆞ(사접)- + -왇(강접)]- + -ᄂᆞ(현시)- + -니(연어, 설명 계속)

16) 實로: [실로, 진짜로, 정말로(부사): 實(실: 불어) + -로(부조▷부접)]

17) 닐ᄋᆔᇙ: 닐위[일어나게 하다, 起: 닐(일다, 起, 자동)- + -우(사접)- + -ㅣ(← -이-: 사접)-]- + -ᇙ(관전)

18) ᄀᆞᅀᆞ미라: ᄀᆞᅀᆞᆷ(감, 재료, 材) + -이(서조)- + -Ø(현시)- + -라(← -다: 평종)

19) ᄲᆞᆯ리: [빨리, 速(부사): ᄲᆞᆯᄅ(← ᄲᆞᄅᆞ다: 빠르다, 速, 형사)- + -이(부접)]

20) 반ᄃᆞ기: [반드시, 必(부사): 반ᄃᆞᆨ(불어) + -Ø(← -ᄒᆞ-: 형접)- + -이(부접)]

21) 믿비: [믿쁘게, 信(부사): 믿(믿다, 信)- + -ㅂ(← -브-: 형접)- + -이(부접)]

22) 니르노니: 니르(이르다, 說)- + -ㄴ(← -ᄂᆞ-: 현시)- + -오(화자)- + -니(연어, 설명 계속)

23) 乃終내: [끝내(부사): 乃終(내종, 나중, 끝: 명사) + -내(부접)]

24) 虛티: 虛ㅎ[← 虛ᄒᆞ다(허하다,허망하다): 虛(허: 불어) + -ᄒᆞ(형접)-]- + -디(-지: 연어, 부정)

25) 브즈러니: [부지런히, 勤(부사): 브즈런(부지런, 勤: 명사) + -Ø(← -ᄒᆞ-: 형접)- + -이(부접)]

26) 닧가: 닭(닦다, 修)- + -아(연어)

[42 앞]

衆生(중생)을 달래어 나아가게 하고, 또 이르되 "너희가 알아라. 이 三乘法(삼승법)은 다 聖人(성인)이 일컬어서 讚歎(찬탄)하시는 것이다. (삼승법은) 自在(자재)하여 매인 데가 없으며 의지하여 求(구)하는 것이 없으니, 이 三乘(삼승)을 타면 漏(누)가 없는 根(근)과 力(역)과 覺(각)과 道(도)와 禪(선)과 定(정)과 解脫(해탈)과 三昧(삼매)

衆즁生싱을 달애야[27] 나ᅀᅩ고[28] ᄯᅩ 닐오ᄃᆡ[29] 너희 알라 이 三삼乘씽法법은 다 聖셩人신ㅅ 일ᄏᆞ라[30] 讚잔歎탄ᄒᆞ시논[31] 거시라 自쫑在찡ᄒᆞ야[32] ᄆᆡ인[33] ᄃᆡ[34] 업스며 브터[35] 求꿓호미 업스니 이 三삼乘씽을 ᄐᆞ면 漏릏[36] 업ᄉᆞᆫ 根근[37]과 力륵과 覺각[38]과 道똫와 禪쎤[39]과 定뗭[40]과 解갱脫퇋[41]와 三삼昧밍[42]

27) 달애야: 달애(달래다, 꾀다, 권하다, 誘)- + -야(← -아: 연어)

28) 나ᅀᅩ고: 나ᅀᅩ[나아가게 하다, 進: 나ᇫ(← 낫다, ㅅ불: 나아가다, 進, 자동)- + -오(사접)-]- + -고(연어, 나열) ※ '나ᅀᅩ고'는 앞의 '정진(精進)'을 직역한 말이다.

29) 닐오ᄃᆡ: 닐(← 니ᄅᆞ다: 이르다, 曰)- + -오ᄃᆡ(-되: 설명 계속)

30) 일ᄏᆞ라: 일ᄏᆞᆯ(← 일ᄏᆞᆮ다, ㄷ불: 일컫다, 曰)- + -아(연어)

31) 讚歎ᄒᆞ샤: 讚歎ᄒᆞ[찬탄하다: 讚歎(찬탄) + -ᄒᆞ(동접)-]- + -샤(← -시-: 주높)- + -Ø(← -아: 연어) ※ '讚歎(찬탄)'은 칭찬하며 감탄하는 것이다.

32) 自在ᄒᆞ야: 自在ᄒᆞ[자재하다: 自在(자재: 명사) + -ᄒᆞ(동접)-]- + -야(← -아: 연어) ※ '自在(자재)'는 속박이나 장애가 없이 마음대로인 것이다.

33) ᄆᆡ인: ᄆᆡ이[매이다, 繫: ᄆᆡ(매다, 結)- + -이(피접)-]- + -Ø(과시)- + -ㄴ(관전)

34) ᄃᆡ: ᄃᆡ(데, 處: 의명) + -Ø(← -이: 주조)

35) 브터: 븥(붙다, 의지하다, 依)- + -어(연어)

36) 漏: 누. 몸과 마음을 미혹하게 하는 여러 가지의 번뇌(煩惱)이다.

37) 根: 근. 번뇌를 누르고 깨달음의 길로 이끄는 다섯 가지 근원이다. '신근(信根)·정진근(精進根)·염근(念根)·정근(定根)·혜근(慧根)'을 이른다.

38) 覺: 각. 깨달음이다.

39) 禪: 선. 진정한 이치를 사유하고 생각을 고요히 하여 산란치 않게 하는 것이다.

40) 定: 정. 마음을 한 곳에 머물게 하여 흩어지지 않게 하는 것이다.

41) 解脫: 해탈. 번뇌의 얽매임에서 풀리고 미혹의 괴로움에서 벗어나는 것이다.

42) 三昧: 삼매. 잡념을 떠나서 오직 하나의 대상에만 정신을 집중하는 경지이다. 이 경지에서 바른 지혜를 얻고 대상을 올바르게 파악하게 된다.

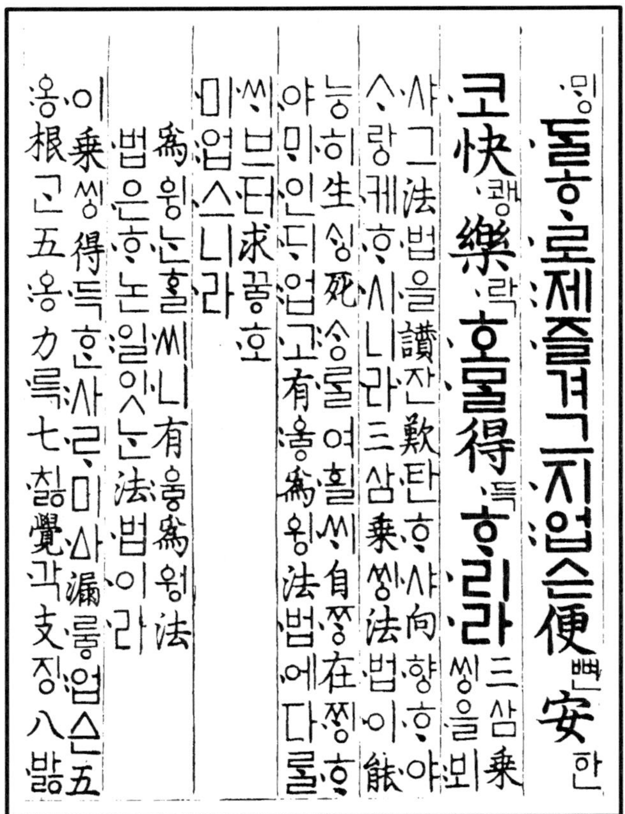

들(等)로 스스로 즐겨서 그지없는 便安(편안)하고 快樂(쾌락)함을 得(득)하리라. 【三乘(삼승)을 보이시어 그 法(법)을 讚歎(찬탄)하시어 (3승을) 向(향)하여 사랑하게 하셨니라. 三乘法(삼승법)이 能(능)히 生死(생사)를 떨치므로 自在(자재)하여 매인 데가 없고, 有爲法(유위법)과 다르므로 의지하여 求(구)하는 것이 없으니라.

爲(위)는 하는 것이니 有爲法(유위법)은 하는 일이 있는 法(법)이다.

이 乘(승)을 得(득)한 사람이야말로 漏(누)가 없는 五根(오근) · 五力(오력) · 七覺支(칠각지) · 八正道(팔정도)

ᄃᆞᆯᄒᆞ로[43] 제[44] 즐겨 그지업슨[45] 便뼌安한코[46] 快쾡樂락호ᄆᆞᆯ[47] 得득ᄒᆞ리라【三삼乘씽을 뵈샤 그 法법을 讚잔歎탄ᄒᆞ샤 向향ᄒᆞ야 ᄉᆞ랑케 ᄒᆞ시니라 三삼乘씽法법이 能능히 生ᄉᆡᆼ死ᄉᆞᆼ를 여흴ᄊᆡ 自ᄍᆞᆼ在ᄍᆡᆼᄒᆞ야 ᄆᆡ인 ᄃᆡ 업고 有욿爲윙法법[48]에 다ᄅᆞᆯᄊᆡ 브터 求꿓호미 업스니라

爲윙ᄂᆞᆫ ᄒᆞᆯ 씨니 有욿爲윙法법은 ᄒᆞ논 일 잇ᄂᆞᆫ 法법이라

이 乘씽 得득ᄒᆞᆫ 사ᄅᆞ미ᅀᅡ[49] 漏뤃 업슨 五옹根근[50] 五옹力륵[51] 七칧覺각支징[52] 八밣正졍道똫[53]

---

43) ᄃᆞᆯᄒᆞ로: ᄃᆞᆯᇂ(들, 等: 의명) + -ᄋᆞ로(부조, 방편)

44) 제: 저(저, 彼: 인대, 재귀칭) + -ㅣ(←-이: 주조) ※ '제'는 문맥을 감안하여 '스스로'로 옮긴다.

45) 그지업슨: 그지없[그지없다, 無限: 그지(끝, 한도, 限: 명사) + 없(없다, 無: 형사)-]- + -Ø(현시)- + -은(관전)

46) 便安코: 便安ᇂ[←便安ᄒᆞ다(편안하다): 便安(편안: 명사) + -ᄒᆞ(형접)-]- + -고(연어, 나열)

47) 快樂호ᄆᆞᆯ: 快樂ᇂ[←快樂ᄒᆞ다(쾌락하다): 快樂(쾌락) + -ᄒᆞ(동접)-]- + -옴(명전) + -ᄋᆞᆯ(목조) ※ 快樂(쾌락)은 유쾌하고 즐거운 것이다.

48) 有爲法: 유위법. 인연에 의하여 생멸하는 만유일체의 법이다. 위(爲)는 곧 조작을 뜻하며, 조작을 유위라고 한다. 인연이 생겨서 생멸 변화하는 것을 모두 유위라고 하는 것이다. 능히 만물이 생하는 것은 유위가 있어서 가능한 것이며, 이 유위의 작용이 없이는 만물이 생할 수 없으므로 유위법이라고 한다. ※ '無爲法(무위법)'은 인연을 따라 이루어진 것이 아니며 생멸(生滅)의 변화를 떠나 상주 불변 하는 참된 법이다.

49) 사ᄅᆞ미ᅀᅡ: 사ᄅᆞᆷ(사람, 人) + -이(주조)- + -ᅀᅡ(-야: 보조사, 한정 강조)

50) 五根: 오근. 번뇌를 누르고 깨달음의 길로 이끄는 다섯 가지 근원이다. '신근(信根), 정진근(精進根), 염근(念根), 정근(定根), 혜근(慧根)'을 이른다.

51) 五力: 오력. 수행에 필요한 다섯 가지 힘이다. '신력(信力), 정진력(精進力), 염력(念力), 정력(定力), 혜력(慧力)'을 이른다.

52) 七覺支: 칠각지. 불도 수행에서 참과 거짓, 선악을 살피어서 올바로 취사선택하는 일곱 가지 지혜이다. 불자가 불도를 수행할 때에 일곱 가지를 차례로 닦아 익혀 나가는 것이다. 염각지(念覺支) · 택법각지(擇法覺支) · 정진각지(精進覺支) · 희각지(喜覺支) · 제각지(除覺支) · 정각지(定覺支) · 사각지(捨覺支) 등이 있다.

53) 八正道: 팔정도. 중생이 열반의 세계로 나아가기 위해서 수행해야 하는 8가지 길이다. 정견(正見), 정사유(正思惟), 정어(正語), 정업(正業), 정명(正命), 정정진(正精進), 정념(正念), 정정(正定).

[43 앞]

四禪(사선) · 九次第定(구차제정) · 八解脫(팔해탈) · 諸三昧法(제삼매법)을 得(득)하여, 足(족)히 즐겨 三界(삼계)의 苦(고)를 벗으리라.

想念(상념)의 마음이 거친 것은 '尋(심)'이라고 하고 (마음이) 가는 것은 '伺(사)'이라고 하나니, 初禪(초선)의 二天(이천)은 (尋과 伺를) 兼(겸)하고, 大梵(대범)은 伺(사)뿐이요, 二禪(이선)은 尋(심)과 伺(사)가 없고 喜樂(희락)이 있고, 三禪(삼선)은 喜樂(희락)을 떨치고 날숨과 들숨이 있나니, 尋伺(심사)는 불을 感(감)하고 喜樂(희락)은 물을 感(감)하고 날숨과 들숨은 바람을 感(감)하는데, 四禪(사선)이 (尋과 伺와 喜樂을) 다 떠나서 三災(삼재)가 움직이는 것이 아니 되므로

四ᄉᆞᆼ禪쎤[54] 九궇次ᄎᆞᆼ第뗑定뗭[55] 八밣解갱脫퇋[56] 諸졍三삼昧ᄆᆡᆼ法법[57]을 得득ᄒᆞ야 足죡히 즐겨 三삼界갱 苦콩ᄅᆞᆯ 버스리라

想샹念념 ᄆᆞᅀᆞ미 멀터ᄫᅳ닌[58] 尋씸[59]이라 ᄒᆞ고 ᄀᆞᄂᆞ닌[60] 伺ᄉᆞᆼ[61]ㅣ라 ᄒᆞᄂᆞ니 初총禪쎤[62] 二ᅀᅵᆼ天텬[63]은 兼겸ᄒᆞ고[64] 大땡梵뻠[65]은 伺ᄉᆞᆼ ᄲᅮᆫ니오[66] 二ᅀᅵᆼ禪쎤[67]은 尋씸伺ᄉᆞᆼㅣ 업고 喜힁樂락이 잇고 三삼禪쎤은 喜힁樂락ᄋᆞᆯ 여희오 나듨[68] 수미 잇ᄂᆞ니 尋씸伺ᄉᆞᆼᄂᆞᆫ 브를 感감코 喜힁樂락ᄋᆞᆫ 므를 感감코 나듨 수믄 ᄇᆞᄅᆞᄆᆞᆯ 感감커든 四ᄉᆞᆼ禪쎤이 다 여희여 三삼災징[69]ᄋᆡ 뮈우미[70] 아니 ᄃᆞ욀씨

54) 四禪: 사선. 욕계를 떠나 색계에서 도를 닦는 '초선(初禪), 이선(二禪), 삼선(三禪), 사선(四禪)'의 네 단계를 통틀어 이르는 말이다.

55) 九次第定: 구차제정. 각 수행 단계에 따른 아홉 가지 선정의 종류이다. 4선정(禪定)과 4무색정(無色定)과 멸수상정(滅受想定)의 9가지 선정(禪定)을 말한다.

56) 八解脫: 팔해탈. 번뇌의 속박에서 벗어나는 여덟 가지의 선정(禪定)이다.

57) 諸三昧法: 제삼매법. 삼매(三昧)에 드는 여러 가지 방법이다.

58) 멀터ᄫᅳ닌: 멀텁(거칠다, 荒)- + -Ø(현시)- + -은(관전) # 이(이, 것, 者: 의명) + -ㄴ(← -는: 보조사, 주제)

59) 尋: 심. 개괄적으로 사유하는 마음 작용이다.

60) ᄀᆞᄂᆞ닌: ᄀᆞᄂᆞ(← ᄀᆞᄂᆞᆯ다: 가늘다, 세밀하다, 細)- + -Ø(현시)- + -ㄴ(관전) # 이(이, 것, 者: 의명) + -ㄴ(← -는: 보조사, 주제)

61) 伺: 사. 세밀하게 고찰하는 마음 작용이다.

62) 初禪: 초선. 초선정(初禪定)이다. 삼매(三昧)의 첫 번째 단계이다.

63) 二天: 이천. 불교에서 범천(梵天)과 제석천(帝釋天), 일천(日天)과 월천(月天) 등 두 신이 한쌍인 것이다. 또 사천왕 중에서 이천왕을 말하며, 절의 중문의 수문신으로 조영하는 수가 있다.

64) 兼ᄒᆞ고: 兼ᄒᆞ[겸하다: 兼(겸: 불어) + -ᄒᆞ(동접)-]- + -고(연어, 나열) ※ '심(尋)'과 '사(伺)'를 겸한다는 것이다.

65) 大梵: 대범. 대범천(大梵天). 대범천왕(大梵天王)이다.

66) ᄲᅮᆫ니오: ᄲᅮᆫ(뿐: 의명) + -이(서조)- + -오(← -고: 연어, 나열)

67) 二禪: 이선. 이선정(二禪定)이다. 삼매(三昧)의 두 번째 단계이다.

68) 나듨: 나들[나고들다, 出入: 나(나다, 出)- + 들(들다, 入)-]- + -ㅅ(관전) ※ '나듨 숨'은 '날숨'과 '들숨'을 이른다.

69) 三災: 삼재. 수재(水災), 화재(火災), 풍재(風災)의 세 가지 재앙(災殃)이다.

70) 뮈우미: 뮈우(움직이다, 動)- + -움(명전) + -이(보조)

욀 씨 일후미 不붏動똥地띵라 九궇
次ᄎᆞᆼ第똉定뗭은 初총禪쎤 二ᅀᅵᆼ禪
쎤 三삼禪쎤 四ᄉᆞᆼ禪쎤 空콩處청 識
식處청 無뭉所송有ᅌᅮᇢ處청 非빙 非
빙想샹處청 滅멿
盡찐定뗭이라

舍샹利링弗붏아 ᄒᆞ다가 衆즁生ᄉᆡᆼ이
안해 智딩性셩이 이셔 佛뿛世솅尊존
ᄋᆞᆯ 조차 法법 듣고 信신受ᄊᆛᇦ ᄒᆞ야 브즈
런니 精정進진 ᄒᆞ야 三삼界갱예 ᄲᆞᆯ리

이름이 不動地(부동지)이다. 九次第定(구차제정)은 初禪(초선) · 二禪(이선) · 三禪(삼선) · 四禪(사선), 空處(공처) · 識處(식처) · 無所有處(무소유처) · 非非想處(비비상처), 滅盡定(멸진정)이다.】

舍利弗(사리불)아, 만일 衆生(중생)이 안에 智性(지성)이 있어서, 佛世尊(불세존)을 좇아서 法(법)을 듣고 信受(신수)하여, 부지런히 精進(정진)하여 三界(삼계)에서 빨리 일후미[71] 不붏動똥地띵[72]라 九궇次ᄎᆞᆼ第똉定뗭[73]은 初총禪쎤 二ᅀᅵᆼ禪쎤 三삼禪쎤 四ᄉᆞᆼ禪쎤 空콩處청[74] 識식處청[75] 無뭉所송有ᅌᅮᇢ處청[76] 非빙非빙想샹處청[77] 滅멿盡찐定뗭[78]이라 】

舍샹利링弗붏아 ᄒᆞ다가 衆즁生ᄉᆡᆼ이 안해[79] 智딩性셩이 이셔 佛뿛世솅尊존[80]을 조차 法법 듣고 信신受쓯[81]ᄒᆞ야 브즈러니 精정進진ᄒᆞ야 三삼界갱예 ᄲᆞᆯ리[82]

---

71) 일후미: 일훔(이름, 名) + -이(주조)

72) 不動地: 부동지. 보살의 수행 단계인 십지(十地) 중에서 여덟번째 단계이다. 이 지위에 오른 보살은 세속의 집착에서 완전히 벗어난다. 부동지에 이른 보살은 성문(聲聞)이나 연각(緣覺)의 무리들이 전혀 깨트릴 수 없는 경지에 머문다.

73) 九次第定: 구차제정. 각 수행 단계에 따른 아홉 가지 선정의 종류이다. 4선정(禪定)과 4무색정(無色定)과 멸수상정(滅受想定)의 9가지 선정(禪定)을 말한다.

74) 空處: 공처. 무색계의 첫째 하늘이다. 이 하늘은 형상의 속박에서 완전히 벗어난 순수한 선정(禪定)의 세계인 무색계를 말한다.

75) 識處: 식처. 무색계의 둘째 하늘이다. 식무변처(識無邊處)이라고도 한다. 이 하늘은 색(色 : 형체, 물질) 공(空)을 싫게 여겨 식(識)을 의지하여 있다.

76) 無所有處: 무소유처. 무색계의 셋째 하늘이다. 무소유(無所有)는 있는 것이 없음이니, 이 하늘은 색(色 : 형체, 물질)과 공(空)과 식심(識心)이 다 없고 식성(識性)이 있다.

77) 非非想處: 비비상처. 사공처(四空處)의 하나이다. 삼계(三界)의 여러 하늘 가운데 가장 높은 하늘로, 여기에 태어나는 사람은 번뇌를 떠났으므로 비상(非想)이라 하지만, 완전히 떠나지는 못했으므로 비비상(非非想)이라고도 이른다.

78) 滅盡定: 멸진정. 성자가 모든 심상(心想)을 없애고 해탈과 열반의 경지에 이르기를 바라면서 닦는 선정(禪定)이다.

79) 안해: 안ㅎ(안, 內) + -애(-에: 부조, 위치)

80) 佛世尊: 불세존. 세상에서 가장 존귀하다는 뜻으로, '부처'를 달리 이르는 말이다.

81) 信受: 신수. 믿고 받아들이는 것이다.

82) ᄲᆞᆯ리: [빨리, 速(부사): ᄲᆞᆯㄹ(← ᄲᆞᄅᆞ다: 빠르다, 速, 형사)- + -이(부접)]

나고져 ᄒᆞ야 제 涅녏槃뻔 求꿓ᄒᆞᄂᆞ닌
이 일후미 聲셩聞문乘씽이니 뎌 아ᄃᆞᆯ
ᄃᆞᆯ히 羊양車걍 求꿓ᄒᆞ야 火황宅ᄄᆡᆨ애
나미 ᄀᆞᄐᆞ니라 안해 智딩性셩 잇ᄂᆞᆫ 사ᄅᆞᄆᆞᆫ 正졍因인信신種죵ᄋᆞᆯ 니ᄅᆞ시니 闡쳔提뗑 아닌 고ᄃᆞᆯ 分분揀간ᄒᆞ시니라
因인果광信신티 아니ᄒᆞ야 붓그륨 업스며 業업報봉信신티 아니ᄒᆞ야 現현在찡와 未밍來링世솅ᄅᆞᆯ 보디 몯ᄒᆞ며 어딘 벋 親친히 아니ᄒᆞ야 諸

나오고자 하여, 스스로 涅槃(열반)을 求(구)하는 이는 이 이름이 聲聞乘(성문승)이니, 저 아들들이 羊車(양거)를 求(구)하여 火宅(화택)에서 나온 것과 같으니라. 【 안에 智性(지성)이 있는 사람은 正因(정인) · 信種(신종)을 이르시니, 闡提(천제)가 아닌 것을 分揀(분간)하셨니라.

因果(인과)를 信(신)하지 아니하여 부끄러워함이 없으며, 業報(업보)를 信(신)하지 아니하여 現在(현재)와 未來(미래)의 世(세)를 보지 못하며, 어진 벗을 親(친)히 아니하여 諸佛(제불)이

나고져 ᄒᆞ야 제 涅넗槃빤 求끃ᄒᆞᄂᆞ닌[83] 이 일후미 聲셩聞문乘씽[84]이니 뎌 아ᄃᆞᆯᄃᆞᆯ히[85] 羊양車걍[86] 求끃ᄒᆞ야 火황宅땍애 나미[87] ᄀᆞᆮᄒᆞ니라[88] 【안해 智딩性셩 잇ᄂᆞᆫ 사ᄅᆞᄆᆞᆫ 正졍因인[89] 信신種죵[90]ᄋᆞᆯ 니ᄅᆞ시니 闡쳔提뗑[91] 아닌 고ᄃᆞᆯ[92] 分분揀간ᄒᆞ시니라[93]

因인果광[94] 信신티 아니ᄒᆞ야 붓그륨[95] 업스며 業업報볼[96] 信신티 아니ᄒᆞ야 現ᅘᅧᆫ在ᄍᆡᆼ와 未밍來ᄅᆡᆼ 世솅를 보디 몯ᄒᆞ며 어딘 벋 親친히 아니ᄒᆞ야 諸졍佛뿛

83) 求ᄒᆞᄂᆞ닌: 求ᄒᆞ[구하다: 求(구: 불어)+-ᄒᆞ(동접)-]-+-ᄂᆞ(현시)-+-ㄴ(관전) # 이(이, 者)+-ㄴ(←-는: 보조사, 주제)

84) 聲聞乘: 성문승. 삼승(三乘)의 하나이다. 승(乘)은 중생을 깨달음으로 인도하는 부처의 가르침이나 수행법을 뜻한다. ※'성문(聲聞)'은 불법을 듣고 스스로의 해탈을 위하여 출가한 수행자이다.

85) 아ᄃᆞᆯᄃᆞᆯ히: 아ᄃᆞᆯᄃᆞᇂ[아들들, 子等: 아ᄃᆞᆯ(아들, 子)+-ᄃᆞᇂ(-들: 복접)]+-ᄋᆡ(관조, 의미상 주격)

86) 羊車: 양거. 삼거(三車)의 하나로서, 사슴 모양의 수레이다. 삼승(三乘)의 하나인 성문승(聲聞乘)을 비유적으로 이르는 말이다.

87) 나미: 나(나다, 出)-+-ㅁ(←-옴: 명전)+-이(-과: 부조, 비교)

88) ᄀᆞᆮᄒᆞ니라: ᄀᆞᆮᄒᆞ(같다, 如)-+-Ø(현시)-+-ᄋᆞ니(원칙)-+-라(←-다: 평종)

89) 正因: 정인. 이인(二因)의 하나이다. 직접적(直接的)인 원인(原因)을 뜻한다.

90) 信種: 신종. 믿는 사람이다.

91) 闡提: 闡提(천제)+-Ø(←-이: 보조) ※'闡提(천제)'는 본디 해탈의 소인(素因)을 갖지 못하여 부처가 될 수 없는 사람이다.

92) 고ᄃᆞᆯ: 곧(것, 者: 의명)+-ᄋᆞᆯ(목조)

93) 分揀ᄒᆞ시니라: 分揀ᄒᆞ[분간하다: 分揀(분간)+-ᄒᆞ(동접)-]-+-시(주높)-+-Ø(과시)-+-니(원칙)-+-라(←-다: 평종) ※'分揀(분간)'은 사물이나 사람의 옳고 그름, 좋고 나쁨 따위와 그 정체를 구별하거나 가려서 아는 것이다.

94) 因果: 인과. 선악의 업에 따라 그에 해당하는 과보(果報)를 받는 일이다.

95) 붓그륨: 붓그리(부끄러워하다, 恥)-+-움(명전)

96) 業報: 업보. 선악의 행업으로 말미암은 과보(果報)이다.

[44 뒤]

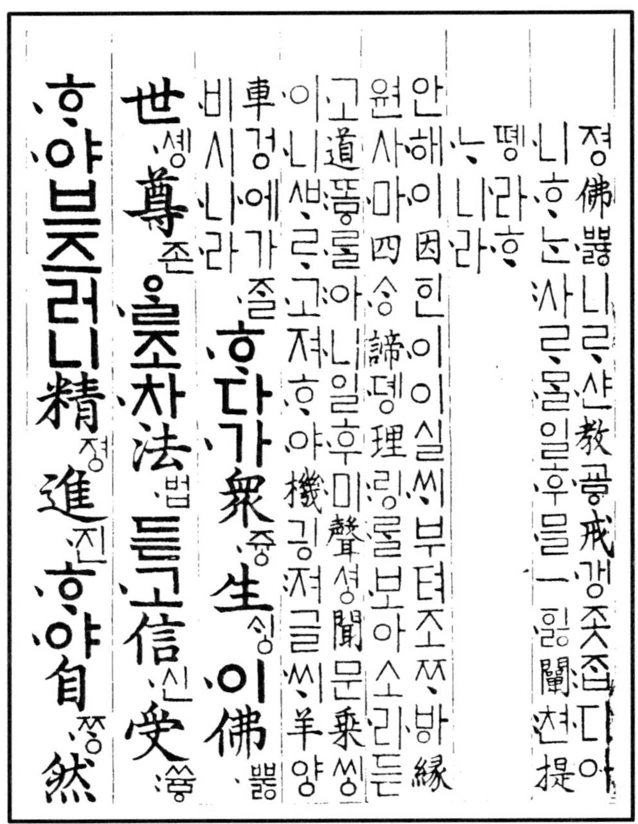

이르신 敎戒(교계)를 좇지 아니하는 사람의 이름을 一闡提(일천제)라고 하느니라.

안에 이 因(인)이 있으므로 부처를 좇아 緣(연)을 삼아 四諦(사제)의 理(이)를 보아 소리 듣고 道(도)를 안 것이 이름이 聲聞乘(성문승)이니, (도를 얻는 것이) 빠르고자 하여 機(기)가 적으므로 羊車(양거)에 비유하셨니라.】 만일 衆生(중생)이 佛世尊(불세존)을 좇아 法(법)을 듣고 信受(신수)하여 부지런히 精進(정진)하여 自然慧(자연혜)를 니ᄅᆞ샨 教ᄀᆞᇢ戒갱[97] 좃ᄌᆞᆸ디[98] 아니ᄒᆞᄂᆞᆫ 사ᄅᆞᄆᆞᆯ[99] 일후믈 一ᅙᅵᇙ闡쳔提똉라 ᄒᆞᄂᆞ니라

안해 이 因인[1]이 이실ᄊᆡ 부텨 조ᄍᆞᄫᅡ[2] 緣원[3] 사마 四ᄉᆞᆼ諦뎽[4] 理링ᄅᆞᆯ 보아 소리 듣고 道ᄄᆞᇢᄅᆞᆯ 아니[5] 일후미[6] 聲셩聞문乘씽이니 ᄲᆞᄅᆞ고져[7] ᄒᆞ야 機긩[8] 져글ᄊᆡ[9] 羊양車겅에 가ᄌᆞᆯ비시니라[10] 】 ᄒᆞ다가 衆즁生ᄉᆡᆼ이 佛뿛世솅尊존ᄋᆞᆯ 조차 法법 듣고 信신受쓜ᄒᆞ야 브즈러니 精졍進진ᄒᆞ야 自ᄍᆞᆼ然션慧ᅘᆌᆼ[11]ᄅᆞᆯ

---

97) 敎戒: 교계. 교법과 계율을 아울러서 이르는 말이다.

98) 좃ᄌᆞᆸ디: 좃(← 좇다: 좇다, 따르다, 從)- + -ᄌᆞᆸ(객높)- + -디(-지: 연어, 부정)

99) 사ᄅᆞᄆᆞᆯ: 사ᄅᆞᆷ(사람, 人) + -ᄋᆞᆯ(목조, 보조사적 용법, 의미상 관형격) ※ '사ᄅᆞᄆᆞᆯ 일후믈'는 문맥을 감안하여 '사람의 이름을'로 의역하여 옮긴다.

1) 因: 인. 어떤 결과를 일으키는 직접 원인이나 내적 원인이다. 넓은 뜻으로는 간접 원인이나 외적 원인 또는 조건을 뜻하는 연(緣)도 포함한다.

2) 조ᄍᆞᄫᅡ: 조(← 좇다: 좇다, 따르다, 從)- + -ᄌᆞᇦ(← -ᄌᆞᆸ-: 객높)- + -아(연어)

3) 緣: 연. 어떤 결과를 일으키는 간접 원인이나 외적 원인 또는 조건이다. 넓은 뜻으로는 직접 원인이나 내적 원인을 뜻하는 인(因)도 포함한다.

4) 四諦: 사제. 사성제(四聖諦)이다. 네 가지 변치 않는 진상(眞相)으로서, '고체(苦諦) · 집체(集諦) · 멸체(滅諦) · 도체(道諦)'를 이른다. ※ 제(諦)는 불변여실(不變如實)의 진상(眞相)이란 뜻이다.

5) 아니: 아(← 알다: 알다, 知)- + -Ø(과시)- + -ㄴ(관전) # 이(이, 것, 者: 의명) + -Ø(← -이: 주조)

6) 일후미: 일훔(이름, 名) + -이(주조)

7) ᄲᆞᄅᆞ고져: ᄲᆞᄅᆞ(빠르다, 速)- + -고져(-고자: 연어, 의도)

8) 機: 기. 석가의 가르침에 접하여 발동되는 수행자의 정신적 능력이나, 중생의 종교적 소질 · 역량 · 기근(機根) 등이다.

9) 져글ᄊᆡ: 젹(적다, 작다, 小)- + -을ᄊᆡ(-므로: 연어, 이유)

10) 가ᄌᆞᆯ비시니라: 가ᄌᆞᆯ비(비유하다, 喩)- + -시(주높)- + -Ø(과시)- + -니(원칙)- + -라(← -다: 평종)

11) 自然慧: 자연혜. 인위적인 노력에 의해 생기는 것이 아니라, 저절로 존재하는 부처님의 깨달음의 지혜이다.

[45 앞]

션慧ᅘᆌᆼ를求꿓ᄒᆞ야獨똑ᄋᆞᆯ즐겨이대寂
쪅ᄒᆞ야諸졍法법因힌緣원ᄋᆞᆯ기피아ᄂᆞᆫ
닌이일후미辟벽支징佛뿛乘씽이니
뎌아ᄃᆞᆯᄃᆞᆯ히鹿록車겅求꿓ᄒᆞ야火황
宅땍애나미곧ᄒᆞ니라 辟벽支징ᄂᆞᆫ獨
똑覺각이라ᄒᆞᆫ
마리니ᄯᅩ緣원覺각이라호미通통ᄒᆞ
니부텨업스신누리예나物믏의變변ᄒᆞ
야고텨ᄃᆞ외ᄂᆞᆫ주를보고제無뭉生ᄉᆡᆼ
ᄋᆞᆯ알씨號ᅘᆞᆼ를獨똑覺각이라ᄒᆞ고ᄂᆞ

求(구)하여 獨(독)을 즐겨 잘 寂(적)하여 諸法(제법)과 因緣(인연)을 깊이 아는 것은 이 이름이 辟支佛乘(벽지불승)이니, 저 아들들이 鹿車(녹거)를 求(구)하여 火宅(화택)에서 나온 것과 같으니라.【辟支(벽지)는 獨覺(독각)이라고 한 말이니 또 緣覺(연각)이라고 한 것과 通(통)하니, 부처가 없으신 세상에 나서 物(물)이 變(변)하여 고쳐 되는 것을 보고, 스스로 無生(무생)을 알므로 號(호)를 獨覺(독각)이라고 하고,

求꿓ᄒᆞ야 獨똑[12]ᄋᆞᆯ 즐겨 이대[13] 寂쩍ᄒᆞ야[14] 諸졍法법 因인緣원을 기피[15] 아ᄂᆞ닌[16] 이 일후미 辟벽支징佛뿛乘씽[17]이니 뎌 아ᄃᆞᆯᄃᆞᆯ히 鹿록車경[18] 求꿓ᄒᆞ야 火황宅떡애 나미 ᄀᆞᆮᄒᆞ니라【辟벽支징ᄂᆞᆫ 獨똑覺각[19]이라 ᄒᆞᆫ마리니 ᄯᅩ 緣원覺각[20] 이라 호미[21] 通통ᄒᆞ니 부텨 업스신 뉘예[22] 나 物뭃의 變변ᄒᆞ야 고텨[23] ᄃᆞ외ᄂᆞᆫ 주ᄅᆞᆯ 보고 제[24] 無뭉生싱[25]ᄋᆞᆯ 알씨 號ᅘᅩᇢᄅᆞᆯ 獨똑覺각이라 ᄒᆞ고

---

12) 獨: 독. 혼자 있는 것이다.

13) 이대: [잘, 善(부사): 읻(좋다, 곱다, 善: 형사)-+-애(부접)]

14) 寂ᄒᆞ야: 寂ᄒᆞ[적하다: 寂(적: 불어)+-ᄒᆞ(동접)-]-+-야(←-아: 연어) ※ '寂(적)'은 고요함. 평온함이다. 곧, 모든 번뇌를 남김없이 소멸하여 평온하게 된 열반의 상태이다.

15) 기피: [깊이, 深(부사): 깊(깊다, 深)-+-이(부접)]

16) 아ᄂᆞ닌: 아(←알다: 알다, 知)-+-ᄂᆞ(현시)-+-ㄴ(관전)#이(이, 者: 의명)+-ㄴ(←-ᄂᆞᆫ: 보조사, 주제)

17) 辟支佛乘: 벽지불승. 벽지불의 경지에 이르게 하는 부처의 가르침이나 벽지불에 이르는 수행법이다. 여기서 '벽지불(辟支佛)'은 독각(獨覺) 혹은 연각(緣覺)이라 번역하는데, 스승 없이 홀로 수행하여 깨달은 자이다.

18) 鹿車: 녹거. 삼거(三車)의 하나로서, 사슴 모양의 수레이다. 삼승(三乘)의 하나인 독각승을 비유적으로 이르는 말이다.

19) 獨覺: 독각. 홀로 깨달은 자라는 뜻이다. 스승 없이 홀로 수행하여 깨달은 자, 가르침에 의하지 않고 독자적으로 깨달은 자, 홀로 연기(緣起)의 이치를 주시하여 깨달은 자, 홀로 자신의 깨달음만을 구하는 수행자이다. 연각(緣覺)이나 벽지불(辟支佛)이라고도 한다.

20) 緣覺: 연각. 홀로 연기(緣起)의 이치를 주시하여 깨달은 자라는 뜻이다.

21) 호미: ㅎ(←ᄒᆞ다: 하다, 曰)-+-옴(명전)+-이(-과: 부조, 위치)

22) 뉘예: 뉘(누리, 세상, 世)+-예(←-에: 부조, 위치)

23) 고텨: 고티[고치다, 改: 곧(곧다, 直: 형사)-+-히(사접)-]-+-어(연어)

24) 제: 저(저, 자기: 인대, 재귀칭)+-ㅣ(←-의: 관조, 의미상 주격)

25) 無生: 무생. 모든 법(法)의 실상(實相)은 나고 없어짐이 없다는 것이다.

[45 뒤]

씹二싱緣원을 보아 眞진諦뎽理링를
알씨 號ᅘᅩᇢ를 緣원覺각이라 ᄒᆞᄂᆞ니라
自ᄍᆞᆼ然션慧ᅘᅰᆼ를 求꿈ᄒᆞ야 獨독善션
寂쪅을 즐규믄 獨독覺각이오 諸졍法
법因인緣원을 기피 아로믄 緣원覺각
이라 이 乘씽이 三삼界갱 見견思ᄉᆞᆼ그
추믄 聲셩聞문과 ᄀᆞᆮᄒᆞ호ᄃᆡ 習씹氣킝를
다시 侵침勞롱ᄒᆞ야 그처 根근性셩이
뫼고 놀카ᄫᆞᆯ씨 聲셩聞문 우히 ᄃᆞ외니
그 機긩 져기 클씨 鹿록車겅에 가ᄌᆞᆯ비니
시니 ᄒᆞ다가 衆즁生ᄉᆡᆼ이 佛뿛世솅尊
존ᄋᆞᆯ 조차 法법 듣고 信신受쓩ᄒᆞ야 브

十二緣(십이연)을 보아 眞諦(진제)의 理(이)를 알므로 號(호)를 緣覺(연각)이라고 하느니라. 自然慧(자연혜)를 求(구)하여 獨善寂(독선적)을 즐긴 것은 獨覺(독각)이요, 諸法(제법)과 因緣(인연)을 깊이 안 것은 緣覺(연각)이다. 이 乘(승)이 三界(삼계)의 見思(견사)를 끊은 것은 聲聞(성문)과 같되, 習氣(습기)를 다시 侵勞(침로)하여 끊어서 根性(근성)이 사납고 날카로우므로 聲聞(성문)의 위가 되니, 그 機(기)가 (성문승보다) 조금 크므로 鹿車(녹거)에 비유하셨니라.】 만일 衆生(중생)이 佛世尊(불세존)을 좇아 法(법)을 듣고 信受(신수)하여

十씹二싱緣원[26]을 보아 眞진諦뎅[27] 理링ᄅᆞᆯ 알ᄊᆡ 號ᅘᅩᇢᄅᆞᆯ 緣원覺각이라 ᄒᆞᄂᆞ니라 自ᄍᆞᆼ然션慧ᅘᅰᆼᄅᆞᆯ 求끃ᄒᆞ야 獨똑善쎤寂쩍[28]을 즐규ᄆᆞᆫ[29] 獨똑 覺각이오 諸졍法법 因인緣원을 기피 아로ᄆᆞᆫ[30] 緣원覺각이라 이 乘씽이 三삼界갱 見견思ᄉᆞᆼ[31] 그추믄[32] 聲셩聞문과 ᄀᆞᆮ호ᄃᆡ 習씹氣킝[33]ᄅᆞᆯ 다시 侵침勞롷[34]ᄒᆞ야 그처 根근性셩[35]이 ᄆᆡᆸ고[36] ᄂᆞᆯ카ᄫᆞᆯᄊᆡ[37] 聲셩聞문 우희[38] ᄃᆞ외니 그 機긩 져기[39] 클ᄊᆡ 鹿록車겅에 가ᄌᆞᆯ비시니라】

ᄒᆞ다가 衆즁生ᄉᆡᆼ이 佛뿛世솅尊존ᄋᆞᆯ 조차 法법 듣고 信신受쓔ᇢᄒᆞ야

---

26) 十二緣: 십이연. 과거에 지은 업(業)에 따라서 현재의 과보(果報)를 받으며 현재의 업(業)을 따라 미래의 고(苦)를 받는 열 둘의 인연이다. 곧 무명(無明)·행(行)·식(識)·명색(名色)·육처(六處)·촉(觸)·수(受)·애(愛)·취(取)·유(有)·생(生)·노사(老死) 등을 말한다.

27) 眞諦: 진제. 제일의(第一義)의 진리이다. 열반·진여·실상·중도 따위의 진리를 이른다. 곧, 진실(眞實)하여 잘못이 없음. 평등(平等) 무차별(無差別)의 이치(理致). 출세간(出世間)의 법(法)이다.

28) 獨善寂: 독선적. 홀로 적정함을 좋아하는 것이다.

29) 즐규ᄆᆞᆫ: 즐기[즐기다, 樂: 즑(즐거워하다, 歡: 불어)-+-이(사접)-]-+-움(명전)+-ᄋᆞᆫ(보조사, 주제)

30) 아로ᄆᆞᆫ: 알(알다, 知)-+-옴(명전)+-ᄋᆞᆫ(보조사, 주제)

31) 見思: 견사. 견혹(見惑)과 사혹(思惑)을 아울러서 이르는 견사혹(見思惑)이다. ※ '견사혹(見思惑)'은 삼혹(三惑)의 하나이다. 우주의 진리와 낱낱의 사물의 진상을 알지 못하여 일어나는 번뇌이다. ※ '견혹(見惑)'은 견도(見道)에서 끊는 번뇌라는 뜻이다. 사제(四諦)를 명료하게 주시하지 못함으로써 일어나는 번뇌이다. ※ '사혹(思惑)'은 사물의 참모습을 알지 못하여 생기는 번뇌와 미혹이다.

32) 그추믄: 긏(끊다, 斷)-+-움(명전)+-은(보조사, 주제)

33) 習氣: 습기. 습관으로 형성된 기운이나 습성이다.

34) 侵勞: 침로. 침범하여 괴롭히는 것이다.

35) 根性: 근성. 태어날 때부터 지니고 있는 근본적(根本的)인 성질(性質)이다.

36) ᄆᆡᆸ고: ᄆᆡᆸ(맵다, 사납다, 猛)-+-고(연어, 나열)

37) ᄂᆞᆯ카ᄫᆞᆯᄊᆡ: ᄂᆞᆯ캏[← ᄂᆞᆯ캅다(날카롭다, 銳): ᄂᆞᆯ(날, 刃)+-캅(형접)-]-+-ᄋᆞᆯᄊᆡ(-므로: 연어, 이유)

38) 우희: 우ㅎ(위, 上)+-이(보조)

39) 져기: [약간, 조금, 少(부사): 젹(적다, 少: 형사)-+-이(부접)]

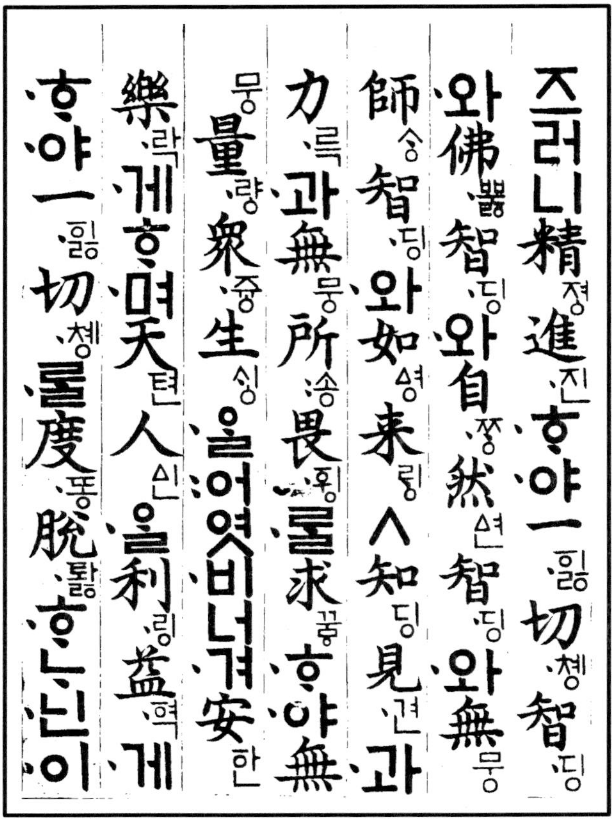
ᄌᆞ러니精졍進진ᄒᆞ야一힗切쳉智딩
와佛뿛智딩와自쫑然션智딩와無뭉
師ᄉᆞᆼ智딩와如셩來ᄅᆡᆼㅅ知딩見견과
力륵과無뭉所송畏휭ᄅᆞᆯ求꿓ᄒᆞ야無
뭉量량衆즁生ᄉᆡᆼ을어엿비너겨安한
樂락게ᄒᆞ며天텬人신을利링益혁게
ᄒᆞ야一힗切쳉ᄅᆞᆯ度똥脫퇋ᄒᆞᄂᆞ니이

부지런히 精進(정진)하여 一切智(일체지)와 佛智(불지)와 自然智(자연지)와 無師智(무사지)와 如來(여래)의 知見(지견)과 力(역)과 無所畏(무소외)를 求(구)하여, 無量(무량)한 衆生(중생)을 불쌍히 여겨 安樂(안락)하게 하며 天人(천인)을 利益(이익)되게 하여, 一切(일체)를 度脫(도탈)하는 이는 이

브즈러니 精정進진ᄒᆞ야 一ᅙᅵᇙ切쳉智딩[40]와 佛뿛智딩[41]와 自쭝然ᅀᅧᆫ智딩[42]와 無뭉師ᄉᆼ智딩[43]와 如ᅀᅧᆼ來링ㅅ 知딩見견[44]과 力륵[45]과 無뭉所송畏ᅙᅱᆼ[46]ᄅᆞᆯ 求꿓ᄒᆞ야 無뭉量량 衆즁生ᄉᆡᆼᄋᆞᆯ 어엿비[47] 너겨 安ᅙᅡᆫ樂락게 ᄒᆞ며 天텬人ᅀᅵᆫᄋᆞᆯ 利링益ᅙᅧᆨ게 ᄒᆞ야 一ᅙᅵᇙ切쳉ᄅᆞᆯ 度똥脫퇋ᄒᆞᄂᆞ닌[48] 이

---

40) 一切智: 일체지. 현상계의 모든 존재의 각기 다른 모습과 그 속에 감추어져 있는 참모습을 알아내는 부처의 지혜이다.

41) 佛智: 진리를 완전히 깨달은 부처의 지혜이다.

42) 自然智: 자연지. 수행공(修行功)을 빌지 아니하고 저절로 생겨난 지혜인 석가모니의 일체종지이다.

43) 無師智: 무사지. 스승이 없이 혼자서 얻은 지혜이다.

44) 知見: 지견. 지식과 견문을 아울러 이르는 말이다.

45) 力: 역. 신통력이다.

46) 無所畏: 무소외. 불도를 닦는 데에 부닥치는 온갖 장애에 대하여 두려움이 없는 것이다.

47) 어엿비: [불쌍히, 憐(부사): 어엿ㅂ(← 어엿브다: 불쌍하다, 憐: 형사)- + -이(부접)]

48) 度脫ᄒᆞᄂᆞ닌: 度脫ᄒᆞ[도탈하다: 度脫(도탈: 명사) + -ᄒᆞ(동접)-]- + -ᄂᆞ-(현시)- + -ㄴ(관전) # 이(이, 者: 의명) + -ㄴ(← -ᄂᆞᆫ: 보조사, 주제) ※ '度脫(도탈)'은 번뇌의 얽매임에서 풀리고 미혹의 괴로움에서 벗어나는 것이다.(= 해탈, 解脫)

이름이 大乘(대승)의 菩薩(보살)이니, 이이가 乘(승)을 求(구)하므로 이름이 摩訶薩(마하살)이니, 저 아들들이 牛車(우거)를 求(구)하여 火宅(화택)에서 나간 것과 같으니라. 【이는 三乘(삼승)을 兼(겸)하여 많는 智(지)를 모은 大根(대근)이다. 一切智(일체지)는 菩薩智(보살지)이요, 佛智(불지)는 一切種智(일체종지)요, 自然智(자연지)는 證(증)하여 가진 것을 떨친 사람이요, 無師智(무사지)는 남을 의지하지 알지 아니하는 사람이니, 能(능)히 많은 智(지)와 일후미 大땡乘씽[49] 菩뽕薩삻[50]이니 이 乘씽을 求끃홀씨 일후미 摩망訶항薩삻[51]이니 뎌 아ᄃᆞᆯᄃᆞᆯ히 牛웋車경[52] 求끃ᄒᆞ야 火황宅떡애 나미 ᄀᆞᆮᄒᆞ니라【이ᄂᆞᆫ 三삼乘씽을 兼겸ᄒᆞ야 한 智딩ᄅᆞᆯ 모돈[53] 大땡根근[54]이라 一힗切쳉智딩ᄂᆞᆫ 菩뽕薩삻 智딩오 佛뿛智딩ᄂᆞᆫ 一힗切쳉種죵智딩[55]오 自쫑然션智딩ᄂᆞᆫ 證징ᄒᆞ야[56] 가죠ᄆᆞᆯ[57] 여흰[58] 사ᄅᆞ미오 無뭉師숭智딩ᄂᆞᆫ ᄂᆞᄆᆞᆯ[59] 브터[60] 아디 아니ᄒᆞᄂᆞᆫ 사ᄅᆞ미니 能능히 한 智딩와

---

49) 大乘: 대승. 소승이 개인적 해탈을 위한 교법·수행·근기임에 반하여, 대승은 널리 일체 중생의 구제를 목표로 베푸는 불교의 심오(深奧)하고 현묘(玄妙)한 교법·수행·근기를 말한다. 대(大)라는 것은 곧 일체를 다 포함(包含)한다는 의미이고, 또 광대무량(廣大無量)하다는 뜻이다. 승(乘)이란 운재(運載)에 싣고 간다는 뜻이다. 곧, 대승이란 일체 중생으로 하여금 생사의 바다를 건너서 열반의 피안(彼岸)에 도달하게 한다는 뜻이다.

50) 菩薩: 보살. 위로는 깨달음을 구(求)하고 아래로는 중생(衆生)을 교화(敎化)하는, 부처의 버금이 되는 성인(聖人)이다.

51) 菩薩 摩訶薩: 보살 마하살. 보살을 아름답게 표현한 것으로, 수많은 보살 중에서 10위 이상의 보살을 높여서 이르는 말이다.

52) 牛車: 우거. 삼거(三車)의 하나로서, 소의 모양을 한 수레이다. 삼승(三乘) 가운데 보살승(菩薩乘)을 비유적으로 이르는 말이다.

53) 모돈: 모도[모으다, 集: 몯(모이다, 集: 자동)-+-오(사접)-]-+-∅(과시)-+-ㄴ(관전)

54) 大根: 대근. 대승교의 교법을 받아들이기에 합당한 근기(根機)이다.

55) 一切種智: 일체종지. 현상계의 모든 존재의 각기 다른 모습과 그 속에 감추어져 있는 참모습을 알아내는 부처의 지혜이다.

56) 證ᄒᆞ야: 證ᄒ[←證ᄒᆞ다(깨닫다): 證(증: 불어)+ᄒᆞ(동접)-]-+-야(←-아: 연어)

57) 가죠ᄆᆞᆯ: 가지(가지다, 持)-+-옴(명전)+-ᄋᆞᆯ(목조)

58) 여흰: 여희(여의다, 떨치다, 別)-+-∅(과시)-+-ㄴ(관전)

59) ᄂᆞᄆᆞᆯ: ᄂᆞᆷ(남, 他)+-ᄋᆞᆯ(목조)

60) 브터: 븥(붙다, 의지하다, 依)-+-어(연어)

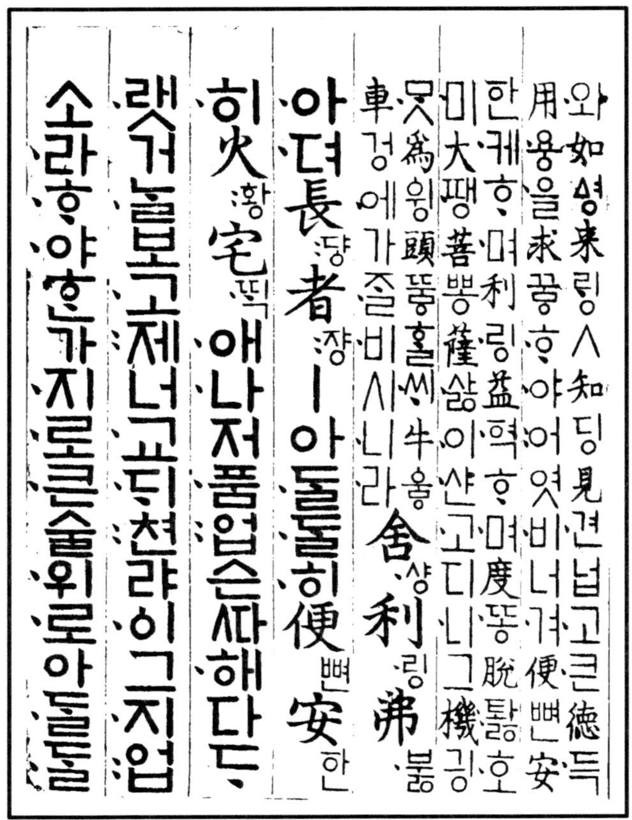
와如영來링ㅅ知딩見견넙고큰德득
用용을求끃ᄒᆞ야어엿비너겨便뼌安
한케ᄒᆞ며利링益ᅙᅧᆨᄒᆞ며度똥脫퇋ᄒᆞ
미大땡菩뽕薩삻이샨고디니그機긩
ᄆᆞᆺ爲윙頭뚷ᄒᆞᆯᄊᆡ牛ᅌᅮᆼ
車겅에가ᄌᆞᆼ비시니라舍샹利링弗붏
아뎌長댱者쟝ㅣ아ᄃᆞᆯ돌히便뼌安한
히火황宅ᄄᆡᆨ애나저품업슨ᄯᅡ해다ᄃᆞ
랫거늘보고제너교ᄃᆡ쳔랴ᇰ이그지업
소라ᄒᆞ야ᄒᆞᆫ가지로큰술위로아ᄃᆞᆯ돌

如來(여래)의 知見(지견)이 넓고 큰 德用(덕용)을 求(구)하여, (중생을) 불쌍히 여겨 便安(편안)하게 하며 利益(이익)되며 度脫(도탈)함이 大菩薩(대보살)이신 것이니, 그 機(기)가 가장 爲頭(위두)하므로 牛車(우거)에 비유하셨니라.】 舍利弗(사리불)아, 저 長者(장자)의 아들들이 便安(편안)히 火宅(화택)에서 나와서 두려움이 없는 곳에 다다라 있거늘, (장자가) 보고 스스로 여기되 "재물이 그지없구나."라고 하여 한가지로 큰 수레로 아들들을

如셩來링ㅅ 知딩見견 넙고 큰 德득用용[61]을 求꿓ᄒᆞ야 어엿비 너겨 便뼌安한케 ᄒᆞ며 利링益혁ᄒᆞ며 度똥脫퇋호미 大땡菩뽕薩삻이샨[62] 고디니[63] 그 機긩 ᄆᆞᆺ[64] 爲윙頭뚷ᄒᆞᆯ 씨[65] 牛읗車경에 가ᄌᆞᆯ비시니라[66] 】 舍샹利링弗붏아 뎌 長댱者쟝ㅣ 아ᄃᆞᆯᄃᆞᆯ히[67] 便뼌安한히 火황宅떡애 나 저품[68] 업슨 ᄯᅡ해[69] 다ᄃᆞ랫거늘[70] 보고 제 너교ᄃᆡ[71] 쳔랴이[72] 그지업소라[73] ᄒᆞ야 ᄒᆞᆫ가지로[74] 큰 술위로[75] 아ᄃᆞᆯᄃᆞᆯᄒᆞᆯ

---

61) 德用: 덕용. 덕이 있고 응용(應用)의 재주가 있는 것이다.

62) 大菩薩이샨: 大菩薩(대보살) + -이(서조)- + -샤(← -시-: 주높)- + -Ø(현시)- + -Ø(← -오-: 대상)- + -ㄴ(관전)

63) 고디니: 곧(것, 者: 의명) + -이(서조)- + -니(연어, 설명 계속)

64) ᄆᆞᆺ: 가장, 제일, 最(부사)

65) 爲頭ᄒᆞᆯ씨: 爲頭ᄒᆞ[위두하다(으뜸가다, 爲頭): 爲頭(위두) + -ᄒᆞ(동접)-]- + -ㄹ씨(-므로: 연어, 이유)

66) 가ᄌᆞᆯ비시니라: 가ᄌᆞᆸ비(비유하다, 비교하다)- + -시(주높)- + -Ø(과시)- + -니(원칙)- + -라(← -다: 평종)

67) 아ᄃᆞᆯᄃᆞᆯ히: 아ᄃᆞᆯᄃᆞᆶ[아들들, 子等: 아ᄃᆞᆯ(아들, 子) + -ᄃᆞᆶ(-들: 복접)] + -이(주조)

68) 저품: 저ᄑᆞ[← 저프다(두렵다, 畏): 젛(두려워하다, 畏)- + -브(형접)-]- + -움(명전)

69) ᄯᅡ해: ᄯᅡㅎ(곳, 자리, 處) + -애(-에: 부조, 위치)

70) 다ᄃᆞ랫거늘: 다ᄃᆞᆯ[← 다ᄃᆞᆮ다, ㄷ불(다다르다, 至: 다(다, 悉: 부사) + ᄃᆞᆮ(닫다, 달리다, 走)-]- + -아(연어) # 잇(← 이시다: 있다, 보용, 완료 지속)- + -거늘(-거늘: 연어, 상황) ※ '다ᄃᆞ랫거늘'은 '다ᄃᆞ라 잇거늘'이 축약된 형태이다.

71) 너교ᄃᆡ: 너기(여기다, 惟)- + -오ᄃᆡ(-되: 연어, 설명 계속)

72) 쳔랴이: 쳔량(재물, 財寶) + -이(주조)

73) 그지업소라: 그지없[그지없다, 無量: 그지(끝, 한도, 限) + 없(없다, 無)-]- + -Ø(현시)- + -ㅅ(감동)- + -오라(← -ᄋᆞ라: 평종)

74) ᄒᆞᆫ가지로: ᄒᆞᆫ가지[한가지로, 한결같이, 同(명사): ᄒᆞᆫ(한, 一: 관사, 양수) + 가지(가지, 種: 의명)] + -로(부조, 방편)

75) 술위로: 술위(수레, 車) + -로(부조, 방편)

ᄒᆞᆯ주니如ᅀᅧᆼ來ᄅᆡᆼ ᄯᅩ이ᄀᆞᆮᄒᆞ야一ᅙᅵᇙ切
쳉衆쥬ᇰ生ᄉᆡᆼ이아비ᄃᆞ외야이셔無뭉
量량億흑千쳔衆쥬ᇰ生ᄉᆡᆼ이부텻教ᄀᆞᇢ
門몬ᄋᆞ로三삼界갱苦콩저픈險험ᄒᆞᆫ
길헤나涅녏槃빤樂락得득ᄒᆞ얫거든
보면如ᅀᅧᆼ來ᄅᆡᆼ그ᄢᅴ곧너교ᄃᆡ내無뭉
量량無뭉邊변智딩慧ᅘᅰᆼ와力륵과無

주니 如來(여래)가 또 이와 같아서 一切(일체) 衆生(중생)의 아버지가 되어 있어, 無量(무량)한 億千(억천)의 衆生(중생)이 부처의 教門(교문)으로 三界(삼계)의 苦(고)와 두려운 險(험)한 길에서 나와서 涅槃樂(열반락)을 得(득)하여 있거든, (여래가 그것을) 보면 如來(여래)가 그때에 곧 여기되 “내가 無量無邊(무량무변)한 智慧(지혜)와 力(역)과 無畏(무외)

주니 如셩來링 ᄯᅩ 이 ᄀᆞᆮᄒᆞ야 一ᅙᅵᇙ切쳉 衆즁生ᄉᆡᆼ이 아비 ᄃᆞ외야 이셔 無뭉量량 億ᅙᅳᆨ千쳔 衆즁生ᄉᆡᆼ이 부텻 教ᄀᆕᇢ門몬[76]ᄋᆞ로 三삼界갱 苦콩 저픈[77] 險험ᄒᆞᆫ 길헤[78] 나 涅녏槃빤樂락[79] 得득ᄒᆞ얫거든[80] 보면 如셩來링 그 ᄢᅴ[81] 곧 너교ᄃᆡ 내 無뭉量량無뭉邊변 智딩慧쀙와 力륵과 無뭉畏ᅙᅱᆼ[82]

---

76) 教門: 교문. 생사 해탈의 도에 들어가는 문이라는 뜻으로, 부처의 가르침을 이르는 말이다.

77) 저픈: 저프[두렵다, 畏: 젛(두려워하다, 畏)- + -브(형접)-]- + -Ø(현시)- + -ㄴ(관전)

78) 길헤: 길ㅎ(길, 道) + -에(부조, 위치)

79) 涅槃樂: 열반락. 열반의 경지에 들어 누리는 즐거움이다. 열반은 생사의 고해에서 벗어나 해탈을 얻고 모든 번뇌가 끊어진 경지이기 때문에 가장 큰 즐거움이라 하여 열반락이라 한다.

80) 得ᄒᆞ얫거든: 得ᄒᆞ[득하다(얻다): 得(득: 불어) + -ᄒᆞ(동접)-]- + -야(← -아: 연어) # 잇(← 이시다: 있다, 보용, 완료 지속)- + -거든(연어, 상황) ※ '다ᄃᆞ랫거든'은 '다ᄃᆞ라 잇거든'이 축약된 형태이다.

81) ᄢᅴ: ᄢ(← ᄣᅳ: 때, 時) + -의(-에: 부조, 위치, 시간)

82) 無畏: 무외. 부처가 가르침을 설할 때에, 확신하고 있기 때문에 누구에게도 두려움이 없는 것이다. 정등각무외(正等覺無畏)·누영진무외(漏永盡無畏)·장법무외(說障法無畏)·출도무외(說出道無畏) 등이 있다.

[48 앞]

等(등) 諸佛(제불)의 法藏(법장)을 두어 있으니, 이 衆生(중생)들이 다 내 아들이니 한가지로 大乘(대승)을 주어 아무 사람이나 혼자 滅度(멸도)를 得(득)하지 아니하게 하여, 다 如來(여래)의 滅度(멸도)로써 (중생들을) 滅度(멸도)하리라."고 하여【涅槃樂(열반락)을 得(득)한 것은 權乘(권승)의 小果(소과)이요, 如來(여래)의 滅度(멸도)로 滅度(멸도)하신 것은 大乘(대승)의 極果(극과)이다.】,

等등 諸졍佛뿛 法법藏짱[83]ᄋᆞᆯ 뒷노니[84] 이 衆즁生ᄉᆡᇰ ᄃᆞᆯ히 다 내 아ᄃᆞ리니 ᄒᆞᆫ가지로 大땡乘씽을 주어 아모 사ᄅᆞ미나[85] ᄒᆞ오ᅀᅡ[86] 滅멿度똥[87]ᄅᆞᆯ 得득디[88] 아니케 ᄒᆞ야 다 如ᅀᅧᇰ來링ㅅ 滅멿度똥로 滅멿度똥호리라[89] ᄒᆞ야【涅녏槃빤樂락 得득호ᄆᆞᆫ 權꿘乘씽[90] 小숗果광ㅣ오[91] 如ᅀᅧᇰ來링ㅅ 滅멿度똥로 滅멿度똥ᄒᆞ샤ᄆᆞᆫ 大땡乘씽 極끅果광[92]ㅣ라】

---

83) 法藏: 법장. 부처가 설한 가르침, 또는 그것을 담고 있는 경전이다.

84) 뒷노니: 두(두다, 置)- + -Ø(← -어: 연어) # 잇(← 이시다: 보용, 완료 지속)- + -ㄴ(← -ᄂᆞ-: 현시)- + -오(화자)- + -니(연어, 설명 계속) ※ '뒷노니'는 '두어 잇노니'가 축약된 형태이다.

85) 사ᄅᆞ미나: 사ᄅᆞᆷ(사람, 人) + -이나(보조사, 선택)

86) ᄒᆞ오ᅀᅡ: 혼자, 獨(부사)

87) 滅度: 멸도. 불교에서 수행에 의해 진리를 체득하여 미혹과 집착을 끊고 일체의 속박에서 해탈한 최고의 경지이다.

88) 得디: 得[← 得ᄒᆞ다(득하다, 얻다): 得(득: 불어) + -ᄒᆞ(동접)-]- + -디(-지: 연어, 부정)

89) 滅度호리라: 滅度ㅎ[← 滅度ᄒᆞ다(멸도하다): 滅度(멸도) + -ᄒᆞ(동접)-]- + -오(화자)- + -리(미시)- + -라(← -다: 평종) ※ 문맥을 감안하면 언해문의 '滅度호리라'는 '滅度킈 호리라(멸도하게 하리라)'로 바꾸어서 표현해야 한다.

90) 權乘: 권승. 근기가 얕은 이를 위해 방편으로 가르치는 것이다.

91) 小果ㅣ오: 小果(소과) + -ㅣ(← -이-: 서조)- + -오(← -고: 연어, 나열) ※ '小果(소과)'는 원인에 따라서 일어나는 결과(結果) 중에서 작은 것이다.

92) 極果: 극과. 지극(至極)한 증과(證果)이다. 대승(大乘)의 불과(佛果)나 소승(小乘)의 무학과(無學果) 따위이다.

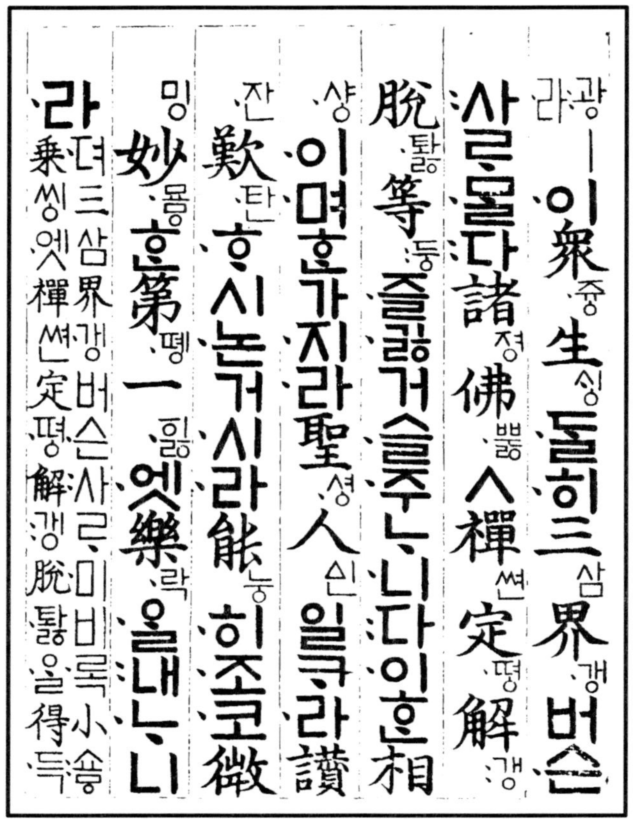

광라ㅣ 이 衆즁生ᄉᆡᇰ ᄃᆞᆯ헤 三삼界갱 버슨
사ᄅᆞᄆᆞᆯ 다 諸졍佛뿛ㅅ 禪쎤定뗭解갱
脫탏等등 즐굻 거슬 주ᄂᆞ니 다 ᄒᆞᆫ 相
샹이며 ᄒᆞᆫ 가지라 聖셩人신 일ᄏᆞ라 讚
잔歎탄ᄒᆞ시논 거시라 能능히 조ᄒᆞᆫ 微
밍妙묳ᄒᆞᆫ 第똉一힗엣 樂락ᄋᆞᆯ 내ᄂᆞ니
라 뎌 三삼界갱 버슨 사ᄅᆞ미 비록 小숑乘씽엣 禪쎤定뗭解갱脫퇋ᄋᆞᆯ 得득

이 衆生(중생)들 중에서 三界(삼계)를 벗은 사람에게 다 諸佛(제불)의 禪定(선정) · 解脫(해탈) 等(등)의 즐길 것을 주나니, (모두) 다 한 相(상)이며 한 가지이다. 聖人(성인)이 일컬어서 讚歎(찬탄)하시는 것이라서, 能(능)히 깨끗하고 微妙(미묘)한 '第一(제일)의 樂(낙)'을 내느니라. 【 저 三界(삼계)를 벗은 사람이 비록 小乘(소승)의 禪定(선정) · 解脫(해탈)을 得(득)하여도

이 衆즁生싱ᄃᆞᆯ히 三삼界갱 버슨 사ᄅᆞᄆᆞᆯ[93] 다 諸졍佛뿛ㅅ 禪쎤定뗭[94] 解갱脫퇋[95] 等등 즐겁 거슬 주ᄂᆞ니[96] 다[97] 이 ᄒᆞᆫ 相샹이며 ᄒᆞᆫ가지라[98] 聖셩人신 일ᄏᆞ라[99] 讚잔歎탄ᄒᆞ시논[1] 거시라 能능히 조코[2] 微밍妙묳ᄒᆞᆫ 第뗑一힗엣[3] 樂락ᄋᆞᆯ 내ᄂᆞ니라[4]【 뎌 三삼界갱 버슨 사ᄅᆞ미 비록 小숗乘씽엣 禪쎤定뗭 解갱脫퇋ᄋᆞᆯ 得득ᄒᆞ야도

---

93) 이 衆生ᄃᆞᆯ히 三界 버슨 사ᄅᆞᄆᆞᆯ: '이 衆生ᄃᆞᆯᄒᆞ'과 '三界 버슨 사ᄅᆞᆷ'은 동격 관계에 있다. 그리고 '사람ᄆᆞᆯ'은 의미상 부사격이어서 '-에게'로 번역한다.(이때의 '-ᄋᆞᆯ'은 목적격 조사가 보조사적 용법으로 쓰인 예이다.)

94) 禪定: 선정. 한마음으로 사물을 생각하여 마음이 하나의 경지에 정지하여 흐트러짐이 없는 것이다.

95) 解脫: 해탈. 번뇌의 얽매임에서 풀리고 미혹의 괴로움에서 벗어나는 것이다. 본디 열반과 같이 불교의 궁극적인 실천 목적이다. '유위 해탈(有爲解脫), 무위 해탈(無爲解脫), 성정 해탈(性淨解脫), 장진 해탈(障盡解脫)' 따위로 나누어진다.

96) 이 衆生ᄃᆞᆯ히 三界 버슨 사ᄅᆞᄆᆞᆯ 다 諸佛ㅅ 禪定 解脫 등 즐겁 거슬 주ᄂᆞ니: 이 구절은 『묘법연화경』 원문의 '是諸衆生脫三界者 悉與諸佛禪定 解脫等娛樂之具'을 직역한 문장이다. 이 한문 문장은 "삼계를 벗어난 모든 중생들에게 다 부처의 선정과 해탈의 오락 기구를 주었으니,"로 옮길 수 있다. 여기서는 이 언해문을 '이 중생들 중에서 삼계를 벗은 사람들에게'로 의역하여 옮긴다.

97) 다: 다, 皆(부사)

98) ᄒᆞᆫ가지라: ᄒᆞᆫ가지[한가지, 同(명사): ᄒᆞᆫ(한, 一: 관사, 양수) + 가지(가지, 類: 의명)] + -∅(←-이-: 서조)- + -라(←-다: 평종)

99) 일ᄏᆞ라: 일ᄏᆞᆯ(←일ᄏᆞᆮ다, ㄷ불: 일컫다, 칭찬하여 이르다, 稱)- + -아(연어)

1) 讚歎ᄒᆞ샤: 讚歎ᄒᆞ[찬탄하다: 讚歎(찬탄: 명사) + -ᄒᆞ(동접)-]- + -샤(←-시-: 주높)- + -∅(←-아: 연어) ※ '讚歎(찬탄)'은 칭찬하며 감탄하는 것이다.

2) 조코: 좋(조ᄒᆞ다: 깨끗하다, 淨)- + -고(연어, 나열)

3) 第一엣: 第一(제일) + -에(부조, 위치) + -ㅅ(-의: 관조)

4) 내ᄂᆞ니라: 내[내다, 出: 나(나다, 出)- + -ㅣ(←-이-: 사접)-]- + -ᄂᆞ(현시)- + -니(원칙)- + -라(←-다: 평종)

ᄒᆞ야도 有ᇢ를 슬히 너겨 空콩애 著땩ᄒᆞ니 ᄒᆞᆫ 相샹 아니오 ᄀᆞᆯ아 두 乘씽이 ᄃᆞ외니 ᄒᆞᆫ 가지 아니오 執집著땩ᄋᆞᆯ 더디 몯ᄒᆞ니 조ᄒᆞ미 아니오 空콩有ᇢㅣ 어우디 몯ᄒᆞ니 妙묳ㅣ 아니라 그럴ᄊᆡ 諸졍佛뿛ㅅ 禪썬定뗭 解갱脫탏 즐길 거슬 주시니 뎌 큰 술위 한 됴ᄒᆞᆫ 거시 ᄀᆞᆺ도ᄒᆞ니라 舍샹利링弗뿛아 뎌 長댱者쟝ㅣ 처ᅀᅥᆷ의 세 술위로 아ᄃᆞᆯᄃᆞᄅᆞᆯ 달애야 ᄭᅳᅀᅧ낸 後ᅘᇢ에 다ᄆᆞᆫ 큰 술위를 주어 보ᄇᆡ옛 거스로 莊장嚴엄

有(유)를 싫게 여겨 空(공)에 著(착)하니 한 相(상)이 아니요, 갈라서 두 乘(승)이 되니 한 가지가 아니요, 執著(집착)을 덜지 못하니 깨끗함이 아니요, 空(공)과 有(유)가 어울리지 못하니 妙(묘)가 아니다. 그러므로 (부처께서 중생들에게) 諸佛(제불)의 禪定(선정) · 解脫(해탈) 등의 즐길 것을 주시니, 저 큰 수레가 많은 좋은 것이 갖추어져 있듯 하니라.】 舍利弗(사리불)아, 저 長者(장자)가 처음에 세 수레로 아들들을 달래어 끌어낸 後(후)에, 다만 큰 수레를 주어 보배에 속하는 것으로 莊嚴(장엄)하여

有_욿를 슬히[5] 너겨 空_콩애 著_땩ᄒᆞ니[6] ᄒᆞᆫ 相_샹이 아니오 갈아[7] 두 乘_씽이 ᄃᆞ외니 ᄒᆞᆫ 가지 아니오 執_집著_땩[8]ᄋᆞᆯ 더디[9] 몯ᄒᆞ니 조호미[10] 아니오 空_콩 有_욿ㅣ 어우디[11] 몯ᄒᆞ니 妙_묳ㅣ 아니라 그럴ᄊᆡ[12] 諸_졍佛_뿛ㅅ 禪_쎤定_뗭 解_갱脫_퇋 즐겂 거슬 주시니 뎌 큰 술위 한 됴ᄒᆞᆫ 거시 ᄀᆞᆽᄃᆞᆺ[13] ᄒᆞ니라】 舍_샹利_링弗_붏아 뎌 長_댱者_쟝 ㅣ 처ᅀᅥ믜[14] 세 술위로 아ᄃᆞᆯᄃᆞᆯ호ᇙ 달애야[15] ᅘᅧ[16] 낸 後_{ᅘᅮᇢ}에 다ᄆᆞᆫ[17] 큰 술위를 주어 보ᄇᆡ옛[18] 거스로 莊_장嚴_엄ᄒᆞ야[19]

5) 슬히: [싫게, 厭(부사): 슳(싫다, 嫌: 형사)- + -이(부접)]
6) 著ᄒᆞ니: 著ᄒᆞ[착하다, 붙다(동사): 著(착: 붙어) + -ᄒᆞ(동접)-]- + -니(연어, 설명 계속)
7) 갈아: 갈(← 가ᄅᆞ다: 가르다, 分)- + -아(연어)
8) 執著: 집착. 허망한 분별로써 어떤 것에 마음이 사로잡혀 헤어나지 못하는 것이다. 혹은 그릇된 분별로써 어떤 것을 탐내어 그것에서 벗어나지 못하는 것이다.
9) 더디: 더(← 덜다: 덜다, 減)- + -디(-지: 연어, 부정)
10) 조호미: 좋(깨끗하다, 맑다, 淨)- + -옴(명전) + -이(보조)
11) 어우디: 어우(← 어울다: 어울리다, 竝)- + -디(-지: 연어, 부정)
12) 그럴ᄊᆡ: [그러므로, 故(부사): 그러(← 그러ᄒᆞ다: 그러하다, 형사) + -ㄹᄊᆡ(-므로: 연어 ▷ 부접)]
13) ᄀᆞᆽᄃᆞᆺ: ᄀᆞᆽ(← ᄀᆞᆽ다: 갖추어져 있다, 備)- + -ᄃᆞᆺ(연어, 흡사)
14) 처ᅀᅥ믜: 처ᅀᅥᆷ[처음, 初(명사): 첫(← 첫: 첫, 관사, 서수) + -엄(명접)] + -의(-에: 부조, 위치)
15) 달애야: 달애(달래다, 꾀다, 권하다, 誘)- + -야(← -아: 연어)
16) ᅘᅧ: ᅘᅧ(끌다, 引)- + -어(연어)
17) 다ᄆᆞᆫ: 다만, 但(부사)
18) 보ᄇᆡ옛: 보ᄇᆡ(보배, 寶) + -예(← -에: 부조, 위치) + -ㅅ(-의: 관조)
19) 莊嚴ᄒᆞ야: 莊嚴ᄒᆞ[장엄하다(꾸미다, 장식하다): 莊嚴(장엄) + -ᄒᆞ(동접)-]- + -야(← -아: 연어)

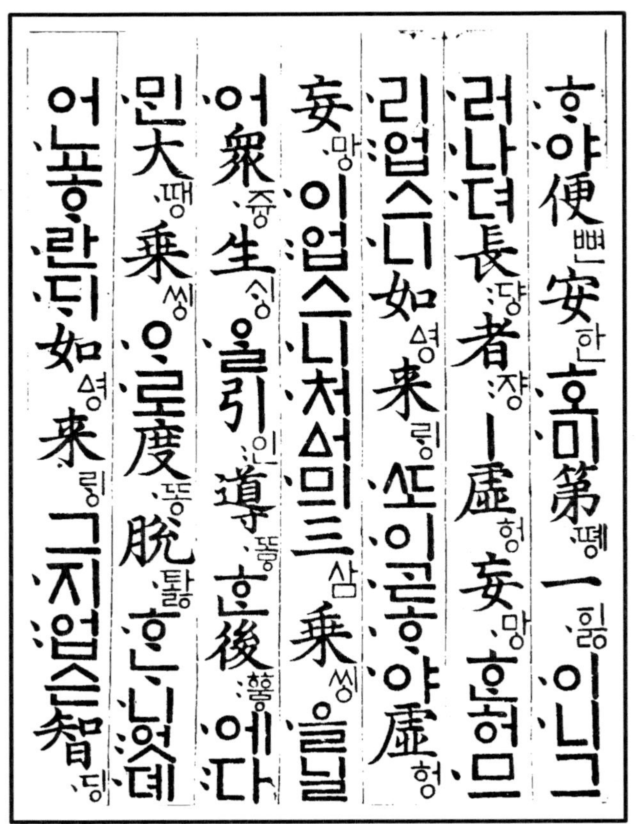
ᄒᆞ야便뼌安한ᄒᆞ미第뗴一읋이니그
러나뎌長댱者쟝ㅣ虛헝妄망ᄒᆞᆫ허므
리업스니如셩來링ᄯᅩ이ᄀᆞᆮᄒᆞ야虛헝
妄망이업스니처ᅀᅥ믜三삼乘씽을닐
어衆즁生싱ᄋᆞᆯ引인導똫ᄒᆞᆫ後ᅘᅮᇢ에다
ᄆᆞᆫ大땡乘씽으로度똥脫퇋ᄒᆞᄂᆞ니엇뎨
어뇨ᄒᆞ란ᄃᆡ如셩來링그지업슨智딩

便安(편안)함이 第一(제일)이니, 그러나 저 長者(장자)가 虛妄(허망)한 허물이 없으니 如來(여래)가 또 이와 같아서 虛妄(허망)이 없으니, 처음에 三乘(삼승)을 일러서 衆生(중생)을 引導(인도)한 後(후)에 다만 大乘(대승)으로 度脫(도탈)하나니, "(그것이) 어째서이냐?"고 한다면, 如來(여래)가 그지없는 智慧(지혜)와

便뼌安한호미 第뗑一ᅙᅵᇙ이니 그러나 뎌 長댱者쟝ㅣ 虛헝妄망ᄒᆞᆫ 허므리[20] 업스니 如ᅀᅧᆼ來링 또 이[21] ᄀᆞᆮᄒᆞ야 虛헝妄망이 업스니 처ᅀᅥ믜 三삼乘씽을 닐어 衆즁生싱ᄋᆞᆯ 引인導똥ᄒᆞᆫ 後ᅘᅮᇢ에 다ᄆᆞᆫ 大땡乘씽ᄋᆞ로 度똥脫ᄐᆞᇙ ᄒᆞᄂᆞ니 엇뎨어뇨[22] ᄒᆞ란ᄃᆡ[23] 如ᅀᅧᆼ來링 그지업슨 智딩慧ᅘᅰᆼ와

20) 허므리: 허믈(허물, 咎) + -이(주조)

21) 이: 이(이, 이것, 此: 지대, 정칭) + -Ø(-와: 부조, 비교)

22) 엇뎨어뇨: 엇뎨(어째서, 所以: 부사) + -Ø(← -이-: 서조)- + -어(← -거-: 확인)- + -뇨(-냐: 의종, 설명)

23) ᄒᆞ란ᄃᆡ: ᄒᆞ(하다, 謂)- + -란ᄃᆡ(-을 것이면, -을진대: 연어, 가정)

[50 앞]

力(역)과 無所畏(무소외)와 諸法藏(제법장)을 두어 能(능)히 一切(일체)의 衆生(중생)에게 大乘法(대승법)을 주건마는, (중생들이) 오직 다 能(능)히 (대승법을) 受(수)하지 못하느니라.【다 能(능)히 受(수)하지 못한 것은 機(기)가 가지런하지 못한 까닭이다.】 舍利弗(사리불)아, 이 因緣(인연)으로 알아라. 諸佛(제불)이 方便力(방편력)으로 한 佛乘(불승)에

力륵과 無뭉所송畏휭[24]와 諸졍法법藏짱[25]ᄋᆞᆯ 두어 能능히[26] 一힗切쳉 衆즁生싱ᄋᆡ 게[27] 大땡乘씽法법ᄋᆞᆯ 주건마ᄅᆞᆫ[28] 오직 다 能능히 受쓯티[29] 몯ᄒᆞᄂᆞ니라[30]【다 能능히 受쓯티 몯호ᄆᆞᆫ 機긩[31] ᄀᆞᄌᆞ디[32] 몯혼[33] 젼ᄎᆡ라[34]】舍샹利링弗붏아 이 因인緣원ᄋᆞ로 알라 諸졍佛뿛이 方방便뼌力륵[35]ᄋᆞ로 ᄒᆞᆫ 佛뿛乘씽[36]에

---

24) 無所畏: 무소외. 불도를 닦는 데에 부닥치는 온갖 장애에 대하여 두려움이 없는 것이다.

25) 諸法藏: 제법장. 모든 법장(法藏)이다. ※ '법장(法藏)'은 온갖 법의 진리를 갈무리하고 있다는 뜻으로, '불경'을 달리 이르는 말이다.

26) 能히: [능히(부사)]: 能(능: 불어)+-ㅎ(←-ᄒᆞ-: 형접)-+-이(부접)]

27) 衆生ᄋᆡ 게: 衆生(중생)+-ᄋᆡ(관조) # 게(거기에: 의명) ※ '衆生ᄋᆡ 게'는 '衆生에게'로 의역하여 옮긴다.

28) 주건마ᄅᆞᆫ: 주(주다, 與)-+-건마ᄅᆞᆫ(-건마는: 연어, 인정 대조)

29) 受티: 受ㅎ[←受ᄒᆞ다(수하다, 받다): 受(수: 불어)+-ᄒᆞ(동접)-]-+-디(-지: 연어, 부정)

30) 몯ᄒᆞᄂᆞ니라: 몯ㅎ[←몯ᄒᆞ다(못하다: 보용, 부정): 몯(못, 不能: 부사, 부정)+-ᄒᆞ(동접)-]-+-ᄂᆞ(현시)-+-니(원칙)-+-라(←-다: 평종)

31) 機: 機(기)+-Ø(←-이: 주조) ※ '機(기)'는 석가의 가르침에 접하여 발동되는 수행자의 정신적 능력, 중생의 종교적 소질 · 역량 · 기근(機根) 등이다.

32) ᄀᆞᄌᆞ디: ᄀᆞᄌᆞ[←ᄀᆞᄌᆞᄒᆞ다(가지런하다, 齊): ᄀᆞᄌᆞ(가지런: 불어)+-Ø(←-ᄒᆞ-: 형접)-]-+-디(-지: 연어, 부정)

33) 몯혼: 몯ㅎ[←몯ᄒᆞ다(못하다: 보용, 부정): 몯(못, 不能: 부사, 부정)+-ᄒᆞ(형접)-]-+-Ø(현시)-+-오(대상)-+-ㄴ(관전)

34) 젼ᄎᆡ라: 젼ᄎᆞ(까닭, 故)+-ㅣ(←-이-: 서조)-+-Ø(현시)-+-라(←-다: 평종)

35) 方便力: 방편력. 방편의 힘이다. ※ '방편(方便)'은 불보살(佛菩薩)이 중생을 제도하기 위해 쓰는 묘한 수단이다.

36) 佛乘: 불승. 중생을 깨달음의 세계로 이끄는 부처의 교법이다.

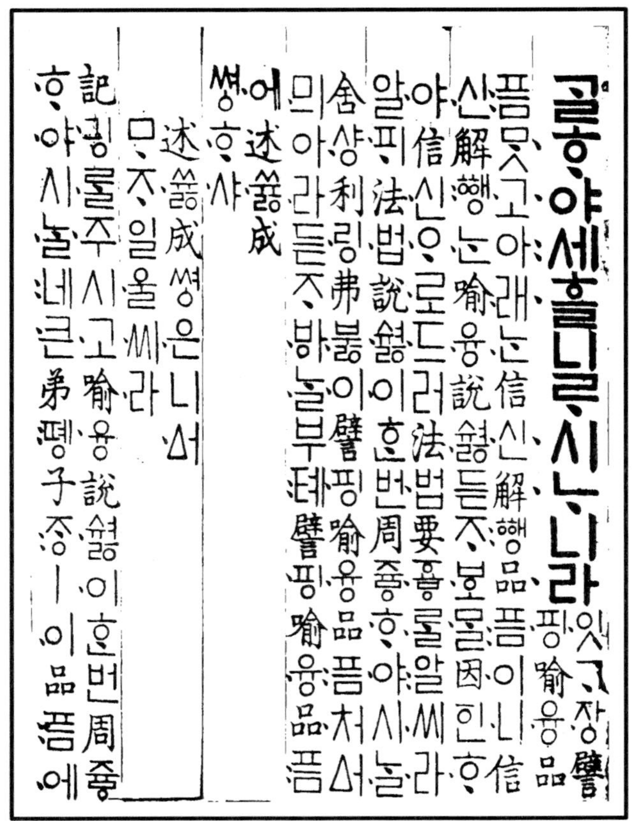

구분하여 셋을 이르셨니라.【이까지는 譬喩品(비유품)을 마치고 아래는 信解品(신해품)이니, 信解(신해)는 喩說(유설)을 들은 것을 因(인)하여 信(신)으로 들어서 法要(법요)를 아는 것이다. 앞에서 (부처님의) 法說(법설)이 한 번 周(주)하시거늘 舍利弗(사리불)이 譬喩品(비유품)을 (맨)처음에 알아듣었는데, 부처가 譬喩品(비유품)에 述成(술성)하시어

述成(술성)은 이어서 마저 이루는 것이다.

記(기)를 주시고, 喩說(유설)이 한 번 周(주)하시거늘 네 (사람의) 큰 弟子(제자가) 이 品(품)에서

ᄀᆞᆯᄒᆡ야[37] 세흘[38] 니ᄅᆞ시ᄂᆞ니라【잇 ᄀᆞ장[39] 譬핑喩유ᇹ品픔[40] ᄆᆞᆺ고[41] 아래ᄂᆞᆫ 信신解ᅘᆡᆼ品픔[42]이니 信신解ᅘᆡᆼᄂᆞᆫ 喩유ᇹ說ᄉᆑᇙ[43] 듣ᄌᆞᄫᆞᆯ 因인ᄒᆞ야 信신ᄋᆞ로 드러 法법要ᅙᅧᇢ[44]ᄅᆞᆯ 알 씨라 알ᄑᆡ[45] 法법說ᄉᆑᇙ이 ᄒᆞᆫ번 周쥬ᇢᄒᆞ야시ᄂᆞᆯ[46] 舍샹利링弗붏이 譬핑喩유ᇹ品픔 처ᅀᅥ믜[47] 아라 듣ᄌᆞᄫᆞᄂᆞᆯ[48] 부톄 譬핑喩유ᇹ品픔에 述쓣成쎵ᄒᆞ샤[49]

述쓣成쎵은 니ᅀᅥ ᄆᆞᄌᆞ[50] 일울[51] 씨라

記긩[52]ᄅᆞᆯ 주시고 喩유ᇹ說ᄉᆑᇙ이 ᄒᆞᆫ 번 周쥬ᇢᄒᆞ야시ᄂᆞᆯ 네 큰 弟똉子ᄌᆞᆼ[53] ㅣ 이 品픔에

---

37) ᄀᆞᆯᄒᆡ야: ᄀᆞᆯᄒᆡ이(← ᄀᆞᆯ히다: 가리다, 分)- + -아(연어)

38) 세흘: 세ㅎ(셋, 三: 수사) + -을(목조)

39) 잇: 이(이: 지대, 정칭) + -ㅅ(-의: 관조) # ᄀᆞ장(끝: 의명) ※ '잇 ᄀᆞ장'은 '이까지'로 의역한다.

40) 譬喩品: 비유품. 『묘법연화경』(妙法蓮華經)의 28품 중에서 제3품이다. 부처님이 화택(火宅)의 비유를 말하며 방편품에서 말한 3승(乘)의 방편교 그대로가 1승의 진실한 교(敎)라고 말한 것을 비교해 알게 한 것이다.

41) ᄆᆞᆺ고: ᄆᆞᆺ(← ᄆᆞᆽ다: 마치다, 終)- + -고(연어, 나열)

42) 信解品: 신해품. 『묘법연화경』(妙法蓮華經)의 28품 중에서 제4품이다. 법화칠유(法華七喩) 중의 두 번째로서 세존께서 일불승(一佛乘)의 복덕을 장자 궁자(長者 窮子)의 비유로 설법하신 편이다. 보살(菩薩) 만행(萬行)의 복덕으로 장엄하여 일불승(一佛乘)을 신해(信解)하도록 설법하신 품목이다.

43) 喩說: 유설. 비유로써 설법하는 것이다.

44) 法要: 법요. 원래는 진리의 본질이나 불법의 요체의 뜻으로 쓰였다. 그러나 지금은 보통 '불교의식'이라는 뜻으로 쓰이는 것이 일반적이다.

45) 알ᄑᆡ: 앒(앞, 前) + -ᄋᆡ(-에: 부조, 위치)

46) 周ᄒᆞ야시ᄂᆞᆯ: 周ᄒᆞ[주하다: 周(주: 불어) + -ᄒᆞ(동접)-]- + -시(주높)- + -야…ᄂᆞᆯ(← -아ᄂᆞᆯ: -거늘, 연어, 상황) ※ '周(주)'는 어떠한 일을 완전히 끝마치는 것이다.

47) 처ᅀᅥ믜: 처ᅀᅥᆷ[처음, 初: 첫(← 첫: 첫, 第一, 관사, 서수) + -엄(명접)] + -의(-에: 부조, 위치)

48) 듣ᄌᆞᄫᆞᄂᆞᆯ: 듣(듣다, 聞)- + -ᄌᆞᇦ(← -ᄌᆞᆸ-: 객높)- + -아ᄂᆞᆯ(-거늘: 연어, 상황)

49) 述成ᄒᆞ샤: 述成ᄒᆞ[술성하다: 述成(술성) + -ᄒᆞ(동접)-]- + -샤(← -시-: 주높)- + -아(연어) ※ '述成(술성)'은 남김없이 모두 이루는 것이다.

50) ᄆᆞᄌᆞ: 마저, 남김없이 모두(부사)

51) 일울: 일우[이루다, 成(타동): 일(이루어지다, 成: 자동)- + -우(사접)-]- + -ㄹ(관전)

52) 記: 기. 문답식 또는 분류적 설명으로 되어 있는 부처의 설법이다.

53) 네 큰 弟子: 네 큰 제자. 석가모니의 4대 제자로서, 사리불(舍利弗), 대목건련(大目犍連), 마하가섭(摩訶迦葉), 아나율(阿那律) 등이다.

(유설을) 알아듣었는데, 부처가 藥草品(약초품)에서 (유설을) 마저 이루시어 授記品(수기품)에서 記(기)를 주셨으니, 그러나 大迦葉(대가섭)은 上首弟子(상수제자)이되 (비유품의 유설을) 알아듣는 것이 舍利弗(사리불)의 後(후)에 한 것은, 이 經(경)이 두 智(지)를 아울러서 모으니 舍利弗(사리불)이 當(당)한 機(기)이므로, (사리불이 비유품의 유설을) 먼저 알았니라. 큰 弟子(제자)들이 다 안에 菩薩行(보살행)을 갖추고 밖에 聲聞(성문)의 몸을 現(현)하니 根(근)이 中下(중하)가 아니며 아는 것이 先後(선후)가 없건마는, 法化(법화)를 도와서 펴는 것을 爲(위)하므로 (유설을 알아듣는 순서를) 次第(차례)로 벌였니라.】

아라 듣ᄌᆞ바ᄂᆞᆯ 부톄 藥약草총品픔[54]에 ᄆᆞᄌᆞ 일우샤 授쓯記긩品픔[55]에 記긩ᄅᆞᆯ 주시니 그러나 大땡迦강葉셥[56]은 上썅首슣 弟똉子중ㅣ로ᄃᆡ[57] 아라 듣ᄌᆞᄫᅩ미[58] 舍샹利링弗붏ㅅ 後흫에 ᄒᆞ몬 이 經경이 두 智딩ᄅᆞᆯ 어울워[59] 모도니[60] 舍샹利링弗붏이 當당ᄒᆞᆫ[61] 機긩ㄹ씨[62] 몬져 아니라[63] 굴근[64] 弟똉子중ᄃᆞᆯ히 다 안해[65] 菩뽕薩삻行ᅘᆡᆼ[66]ᄋᆞᆯ ᄀᆞ초고[67] 밧긔[68] 聲셩聞문ㅅ 모ᄆᆞᆯ 現ᅘᅧᆫᄒᆞ니 根근이 中듕下ᅘᅡᆼㅣ 아니며 아로미[69] 先션後흫ㅣ 업건마ᄅᆞᆫ[70] 法법化황[71]ᄅᆞᆯ 돕ᄉᆞ바 펴ᄆᆞᆯ 爲윙ᄒᆞᆯᄊᆡ 次ᄎᆞᆼ第똉로 버리니라[72] 】

---

54) 藥草品: 약초품. 『묘법연화경』의 제5품이다. 석존이 깨달음이 올바르다고 다시 비유로 말하는 품목이다. 곧, 중생들이 일불승 묘법에 들게 하기 위하여 부처님께서 중생들의 마음의 행하는 바를 알아서 이들에게 방편으로 설할지라도, 그 설한 법은 다 일체지혜에 이르게 한다는 것을 약초의 비유로 설하였다.

55) 授記品: 수기품. 『묘법연화경』의 제6품이다. 부처님이 보살에게 수기(授記)를 줄 때에, 정설(正說), 영해(領解), 술성(述成), 수기(授記)의 순으로 진행함을 밝혔다.

56) 大迦葉: 대가섭. 석가모니의 10대 제자의 한 사람(?~?)이다. 욕심이 적고 엄격한 계율로 두타(頭陀)를 행하였고 교단의 우두머리로 존경을 받았다.

57) 上首弟子ㅣ로ᄃᆡ: 上首弟子(상수제자)+-ㅣ(←-이-: 서조)-+-로ᄃᆡ(←-오ᄃᆡ: -되, 연어, 설명 계속) ※ '上首弟子(상수제자)'는 제자 중에서 가장 뛰어난 우두머리의 제자이다.

58) 듣ᄌᆞᄫᅩ미: 듣(듣다, 聞)-+-ᄌᆞᇦ(←-ᄌᆞᆸ-: 객높)-+-옴(명전)+-이(주조)

59) 어울워: 어울우[어울리게 하다, 竝: 어울(어울다, 竝)-+-우(사접)-]-+-어(연어)

60) 모도니: 모도[모으다, 集: 몯(모이다, 集: 자동)-+-오(사접)-]-+-니(연어, 설명 계속)

61) 當ᄒᆞᆫ: 當ᄒᆞ[당하다, 알맞다, 어울리다: 當(당: 불어)+-ᄒᆞ(형접)-]-+-Ø(현시)-+-ㄴ(관전)

62) 機ㄹ씨: 機(기, 근기)+-Ø(←-이-: 서조)-+-ㄹ씨(-므로: 연어, 이유)

63) 아니라: 아(←알다: 알다, 知)-+-Ø(과시)-+-니(원칙)-+-라(←-다: 평종)

64) 굴근: 굵다(굵다, 크다, 大)-+-Ø(현시)-+-은(관전)

65) 안해: 안ㅎ(안, 內)+-애(-에: 부조, 위치)

66) 菩薩行: 보살행. 보살이 부처가 되려고 수행하는, 자기와 남을 이롭게 하는 원만한 행동이다.

67) ᄀᆞ초고: ᄀᆞ초[감추다, 藏: ᄀᆞᆽ(갖추어져 있다, 具: 형사)-+-호(사접)-]-+-고(연어, 나열, 계기)

68) 밧긔: 밝(밖, 外)+-의(-에: 부조, 위치)

69) 아로미: 알(알다, 解)-+-옴(명전)+-이(주조)

70) 업건마ᄅᆞᆫ: 업(←없다: 없다, 無)-+-건마ᄅᆞᆫ(-건마는: 연어, 인정 대조)

71) 法化: 법화. 불법(佛法)의 세계가 되는 것이다.

72) 버리니라: 버리[벌이다, 羅列: 벌(벌어지다, 列: 자동)-+-이(사접)-]-+-Ø(과시)-+-니(원칙)-+-라(←-다: 평종)

[51 뒤]

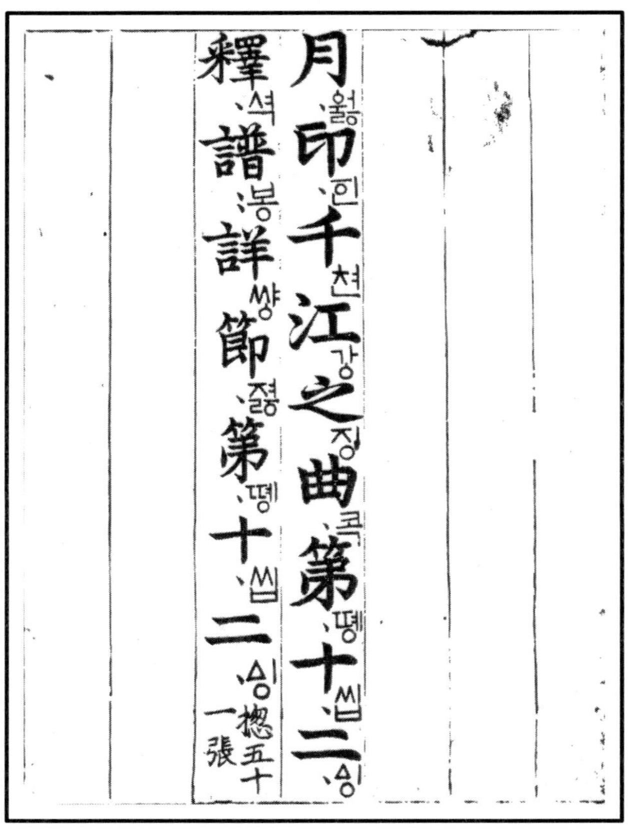

月印千江之曲(월인천강지곡) 第十二(제십이)

釋譜詳節(석보상절) 第十二(제십이)【 總(총) 五十一(오십일) 張(장) 】

月ᅌᅯᇙ印ᅙᅵᆫ千쳔江강之징曲콕第똉十씹二ᅀᅵᆼ

釋셕譜봉詳썅節ᄌᆑᇙ第똉十씹二ᅀᅵᆼ【 總五十一張 】

부록

'원문과 번역문의 벼리' 및 '문법 용어의 풀이'

부록 1. 원문과 번역문의 벼리

(가) 『월인석보 제십이』의 원문 벼리

(나) 『월인석보 제십이』의 번역문 벼리

부록 2. 문법 용어의 풀이

1. 품사
2. 불규칙 활용
3. 어근
4. 파생 접사
5. 조사
6. 어말 어미
7. 선어말 어미

[부록 1] 원문과 번역문의 벼리

(가)『월인석보 제십이』원문의 벼리

[1앞 月ᅌᅯᇙ印인千쳔江강之징曲콕 第뗑十씹二ᅀᅵᆼ

釋셕譜봉詳쌍節졇 第뗑十씹二ᅀᅵᆼ

其끵二ᅀᅵᆼ百ᄇᆡᆨ七칧十씹六륙

長댱者쟝ㅣ 지븻 블을 子ᄌᆞᆼ息식이 아니 저ᄒᆞᆯ씨 아비 말ᄋᆞᆯ 몰라 드르니
世솅間간 煩뻔惱ᄂᆞᇢㅅ 블을 衆즁生ᄉᆡᆼ이 아니 저ᄒᆞᆯ씨 부텻 말ᄋᆞᆯ 몰라 듣ᄌᆞᄫᆞ니 [1뒤

其끵二ᅀᅵᆼ百ᄇᆡᆨ七칧十씹七칧

어료미 뎌러ᄒᆞᆯ씨 아비 分분別볋ᄒᆞ야 거즛말로 달애니이다 迷몡惑ᅘᅬᆨ이 이러ᄒᆞᆯ씨 부톄 分분別볋ᄒᆞ샤 方방便뼌으로 ᄀᆞᄅᆞ치시니이다 [2앞

其끵二ᅀᅵᆼ百ᄇᆡᆨ七칧十씹八밣

세 술윌 주려 ᄒᆞ야 블 밧긔 나거ᅀᅡ 큰 술위를 주어 깃기니
三삼乘씽을 니ᄅᆞ샤 三삼界갱 밧긔 나거ᅀᅡ 一ᅙᅵᇙ乘씽을 닐어 들이시니

그 ᄢᅴ 舍샹利링弗붏이 ᄂᆞ소사 기ᄭᅥ 즉자히 니러 合ᅘᅡᆸ掌쟝ᄒᆞ야 尊존顏안을 [2뒤 울워ᅀᆞ바 ᄉᆞᆯᄫᅩᄃᆡ 오ᄂᆞᆳ날 이런 法법音음을 듣ᄌᆞᄫᆞ니 ᄆᆞᅀᆞ미 踊용躍약ᄒᆞ야 네 업던

이ᄅᆞᆯ 得득과이다 엇뎨어뇨 ᄒᆞ란ᄃᆡ 내 녜 부텨ᄭᅴ 이런 法법을 듣ᄌᆞᄫᅩᄃᆡ 菩뽕薩삻ᄃᆞᆯᄒᆞᆫ 受쓯記긩 [3앞 作작佛뿛ᄒᆞ거시든 보ᅀᆞᆸ고 우리ᄂᆞᆫ 이 이레 隨쒕參참 몯 ᄒᆞᅀᆞᄫᅡ 如ᅀᅧᆼ來ᄅᆡᆼㅅ 無뭉量량知딩見견 일ᄊᆞᄫᅩᄆᆞᆯ 甚씸히 애ᄃᆞᅀᆞᄫᅡ ᄒᆞ다이다

世솅尊존하 내 샹녜 묏 수플 아래 ᄒᆞ오ᅀᅡ 이셔 앉거나 ᄃᆞᆮ니거나 호매 長땽常쌍 너교ᄃᆡ [3뒤 우리도 ᄒᆞᆫ가지로 法법性셩에 드로ᄃᆡ 엇뎨 如ᅀᅧᆼ來ᄅᆡᆼ 小숗乘씽法법으로 濟젱渡똥ᄒᆞ거시뇨 ᄒᆞ다니 이 우리 허므리라 世솅尊존ㅅ 다시 아니ᄅᆞ샤ᄉᆡ이다 엇뎨어뇨 ᄒᆞ란ᄃᆡ 우리옷 所송因ᅙᅵᆫ 니ᄅᆞ샤ᄆᆞᆯ 기드려 阿ᅙᅡᆼ耨녹多당羅랑三삼藐막三삼菩뽕提뗑ᄅᆞᆯ 일우리런ᄃᆞᆫ [4앞 당다이 大땡乘씽을 度똥脫퇋ᄒᆞ시리어늘 우리 方방便뼌으로 맛당ᄒᆞᆯ 야ᇰᄋᆞᆯ 조차 니ᄅᆞ시논 마ᄅᆞᆯ 모ᄅᆞᅀᆞᄫᅡ 처ᅀᅥᆷ 부텻 法법 듣ᄌᆞᆸ고 곧 信신ᄒᆞ야 受쓯ᄒᆞᅀᆞᄫᅡ 證징호라 ᄒᆞ다이다 [4뒤

世솅尊존하 내 아래브터 져므ᄃᆞ록 새ᄃᆞ록 내 모ᄆᆞᆯ 구짓다니 오ᄂᆞᆯ 부텨ᄭᅴ 몯 듣ᄌᆞᆸ던 녜 업슨 法법을 듣ᄌᆞᆸ고 疑읭悔횡ᄅᆞᆯ 그처 ᄇᆞ려 몸과 ᄠᅳᆮ괘 便뼌安ᅙᅡᆫᄒᆞ야 훤히 便뼌安ᅙᅡᆫ호ᄆᆞᆯ 得득호니 오ᄂᆞᆳ날ᅀᅡ 眞진實씷ㅅ 부텻 아ᄃᆞ리라 부텻 [5앞 이블 從쭁ᄒᆞ야 나며 法법을 從쭁ᄒᆞ야 化황生ᄉᆡᆼᄒᆞ야 부텻 法법分뿐을 得득ᄒᆞᆫ ᄃᆞᆯ 알와이다

그 ᄢᅴ 부톄 舍샹利링弗붏ᄃᆞ려 니ᄅᆞ샤ᄃᆡ 내 오ᄂᆞᆯ 天텬人ᅀᅵᆫ 沙상門몬 婆빵羅랑門몬 等등 大땡衆즁 [5뒤 中듕에 니르노니 내 녜 二ᅀᅵᆼ萬먼億ᅙᅳᆨ 부텨ᄭᅴ 無뭉上썅道똫ᄅᆞᆯ 爲윙ᄒᆞ논 젼ᄎᆞ로 샹녜 너를 教공化황ᄒᆞ며 너도 長땽夜양애 나ᄅᆞᆯ 조차 ᄇᆡ호거든 내 方방便뼌으로 너를 引인導똫ᄒᆞᆯᄊᆡ 내 法법中듕에 나앳ᄂᆞ니

舍샹利링弗붏아 내 [6앞 녜 너를 ᄀᆞᄅᆞ쳐 佛뿛道똫ᄅᆞᆯ ᄠᅳ데 願원케 호니 네 이제 다 닛고 ᄒᆞ마 滅멿度똥ᄅᆞᆯ 得득호라 ᄒᆞᆯᄊᆡ 네 本본願원에 行ᅘᅢᆼᄒᆞ던 道똫ᄅᆞᆯ ᄉᆡᇰ각게 호려 ᄒᆞ야 聲셩聞문ᄃᆞᆯ 爲윙ᄒᆞ야 大땡乘씽經경을 니르노니 일후미 妙묳法법蓮련華

황ㅣ니 菩뽕薩삻 ᄀᆞᄅᆞ치논 法법이며 부텨 護홍念념ᄒᆞ논 [6뒤 배라

舍샹利링弗붏아 네 아니 왯ᄂᆞᆫ 뉘예 無뭉量량無뭉邊변 不붏可캉思ᄉᆞᆼ議읭 劫겁을 디나 若샥干간 千쳔萬먼億흑 佛뿛을 供공養양ᄒᆞᅀᆞ바 正졍法법을 바다 디녀 菩뽕薩삻 行ᅘᆡᆼᄒᆞ논 道똥ㅣ ᄀᆞ자 부톄 ᄃᆞ외요ᄃᆡ 號ᅘᆞᇢ를 華ᅘᆞᆼ光광如ᅀᅧᆼ來ᄅᆡᆼ 應ᅙᆞᆼ供공 [7앞 正졍偏변知딩 明명行ᅘᆡᆼ足죡 善션逝쎙 世솅間간解ᅘᆡᆼ 無뭉上썅士ᄊᆞᆼ 調뚷御ᅌᅥᆼ丈땽夫붕 天텬人ᅀᅵᆫ師ᄉᆞᆼ 佛뿛世솅尊존이라 ᄒᆞ리니 [8뒤 나랏 일후믄 離링垢궇ㅣ오 그 ᄯᅡ히 平뼝正졍ᄒᆞ고 淸쳥淨쪙히 싁싀기 ᄭᅮ미며 安ᅙᅡᆫ隱ᅙᅳᆫᄒᆞ고 豊퐁樂락ᄒᆞ며 天텬人ᅀᅵᆫ이 盛쎵ᄒᆞ며 瑠륳璃링 ᄯᅡ히 ᄃᆞ외오 여듧 거릿 길헤 [9앞 黃ᅘᆞᆼ金금으로 노ᄒᆞᆯ ᄉᆞ아 그 ᄀᆞᅀᅢ 느리고 그 겨틔 各각各각 七칧寶볼 行ᅘᆡᆼ樹ᄊᆔᆼ에 샹녜 곳과 여름괘 잇거든 華ᅘᆞᆼ光광如ᅀᅧᆼ來ᄅᆡᆼ ᄯᅩ 三삼乘씽ᄋᆞ로 衆즁生ᄉᆡᆼᄋᆞᆯ 敎ᄀᆞᇢ化ᅘᆞᆼᄒᆞ리니

舍샹利링弗붏아 뎌 부텻 時씽節졇은 모딘 뉘 아니언마른 本본願원 젼ᄎᆞ로 三삼乘씽法법을 니르리라 [9뒤 그 劫겁ㅅ 일후믄 大땡寶볼莊장嚴엄이니 엇뎨 일후믈 大땡寶볼莊장嚴엄이라 ᄒᆞ거뇨 그 나라해셔 菩뽕薩삻로 큰 보ᄇᆡ를 삼논 젼ᄎᆞ라 [11앞 뎌 菩뽕薩삻ᄃᆞᆯ히 無뭉量량無뭉邊변 不붏可캉思ᄉᆞᆼ議읭라 算솬數숭 譬핑喩융의 몯 미츯 배니 부텻 智딩力륵 아니면 能ᄂᆞᆼ히 알 리 업스리라 ᄃᆞᆫ뇨려 ᄒᆞᇙ 저긔 보ᄇᆡ옛 고지 바ᄅᆞᆯ 바ᄃᆞ리니 이 菩뽕薩삻ᄃᆞᆯ히 [11뒤 쳐ᅀᅥᆷ 發벓意ᅙᅴᆼ 아니라 다 德득 根근源원을 오래 심거 無뭉量량 百ᄇᆡᆨ千쳔萬먼億흑 부텨씌 梵뻠行ᅘᆡᆼ을 조히 닷가 長땽常썅 諸졍佛뿛이 일ᄏᆞ라 讚잔歎탄ᄒᆞ샤미 ᄃᆞ외야 샹녜 佛뿛慧ᅘᆌᆼ를 닷가 큰 神씬通통이 ᄀᆞ자 一ᅙᅵᇙ切쳉 法법門몬ᄋᆞᆯ 잘 아라 고다 거츤 줄 [12앞 업스며 ᄠᅳᆮ 念념이 구더 이런 菩뽕薩삻이 그 나라해 ᄀᆞᄃᆞᆨᄒᆞ리라

舍샹利링弗붏아 華ᅘᆞᆼ光광佛뿛ㅅ 목수믄 열두 小ᄉᆞᇢ劫겁이리니 王왕子ᄌᆞᆼ ᄃᆞ외야

부텨 몯 ᄃᆞ외야 이싫 저근 더니라 그 나랏 사ᄅᆞᄆᆡ 목수믄 여듧 小숗劫겁이리라 華ᅘᅪᆼ光광如ᅀᅧᆼ來ᄅᆡᆼ 열두 小숗劫겁 디나 [12뒤 堅견滿만菩뽕薩삻ᄋᆞᆯ 阿항耨녹多당羅랑三삼藐막三삼菩뽕提뗑記긩ᄅᆞᆯ 授쓩ᄒᆞ야 比삥丘쿻ᄃᆞᆯᄃᆞ려 닐오ᄃᆡ 이 堅견滿만菩뽕薩삻이 버거 부톄 ᄃᆞ외야 號ᅘᅩᇢᄅᆞᆯ 華ᅘᅪᆼ足죡安한行ᅘᆡᆼ 多당陁땅阿항伽꺙度똥 阿항羅랑訶항三삼藐막三삼佛뿛陁땅ㅣ라 ᄒᆞ리니 그 부텻 [13앞 나라토 ᄯᅩ 이 ᄀᆞᆮᄒᆞ리라 [13뒤 舍샹利링弗붏아 華ᅘᅪᆼ光광佛뿛 滅멿度똥ᄒᆞᆫ 後ᅘᅮᇢ에 [14앞 正졍法법이 世솅間간애 이쇼ᄆᆞᆫ 셜흔두 小숗劫겁이오 像썅法법이 世솅間간애 이숌도 셜흔두 小숗劫겁이리라 [15앞

그 ᄢᅴ 四ᄉᆞᆼ部뽕衆즁 比삥丘쿻 [15뒤 比삥丘쿻尼닝 優ᅙᅮᇢ婆빵塞ᄉᆡᆨ 優ᅙᅮᇢ婆빵夷잉와 天텬 龍룡 夜양叉창 乾껀闥탏婆빵 阿항脩슣羅랑 迦강樓룰羅랑 緊긴那낭羅랑 摩망睺ᅘᅮᇢ羅랑迦강 等등 大땡衆즁이 舍샹利링弗붏의 부텻 알ᄑᆡ 阿항耨녹多당羅랑三삼藐막三삼菩뽕提뗑 記긩ᄅᆞᆯ 受쓩ᄒᆞᅀᆞᆸ거늘 [16앞 보고 ᄀᆞ장 깃거 ᄂᆞ소사 各각各각 웃옷 바사 부텨ᄭᅴ 供공養양ᄒᆞᅀᆞᆸ더니 釋셕提뗑桓ᅘᅪᆫ因인과 梵뻠天텬王왕 等등이 無뭉數숭天텬子ᄌᆞᆼ와로 ᄯᅩ 天텬妙묠衣ᅙᅴᆼ와 天텬曼만陁땅羅랑花황 摩망訶항曼만陁땅羅랑花황ᄃᆞᆯᄒᆞ로 부텻긔 供공養양ᄒᆞᅀᆞᄫᆞ니 비훈 [16뒤 하ᄂᆞᆳ 오시 虛헝空콩 中듕에 머므러 절로 횟돌며 諸졍天텬 伎낑樂악 百ᄇᆡᆨ千쳔萬먼 種죵이 虛헝空콩 中듕에셔 ᄒᆞᆫᄢᅴ 모다 ᄒᆞ며 한 天텬花황ᄅᆞᆯ 비ᄒᆞ며 [17뒤 닐오ᄃᆡ 부톄 녜 波방羅랑㮈냉예 처ᅀᅥᆷ 法법輪륜을 轉듄ᄒᆞ시고 이제 ᄯᅩ 우 업슨 ᄆᆞᆺ 큰 法법輪륜을 轉듄ᄒᆞ시ᄂᆞ다 ᄒᆞ더니

그 ᄢᅴ 舍샹利링弗붏이 부텨ᄭᅴ ᄉᆞᆯᄫᆞᄃᆡ 世솅尊존하 나ᄂᆞᆫ ᄂᆞ외야 疑읭悔ᅙᅬᆼ 업서 親친히 부텻 알ᄑᆡ 阿항耨녹多당羅랑三삼藐막三삼菩뽕提뗑 記긩ᄅᆞᆯ [18앞 受쓩ᄒᆞᅀᆞ바니와 이 千쳔二ᅀᅵᆼ百ᄇᆡᆨ ᄆᆞᅀᆞᆷ 自ᄍᆞᆼ在ᄶᆡᆼᄒᆞᆫ 사ᄅᆞᆷᄃᆞᆯ히 아래 學ᅘᅡᆨ地띵예 이싫 저긔 부톄 샹녜 敎골化황ᄒᆞ야 니ᄅᆞ샤ᄃᆡ 내 法법이 能능히 生ᄉᆡᆼ老롷病뼝死ᄉᆞᆼᄅᆞᆯ 여희여 究궇竟

경涅녏槃뺀ᄒᆞ리라 ᄒᆞ실ᄊᆡ 이 學ᅘᅡᆨ無뭉學ᅘᅡᆨ 사ᄅᆞᆷ도 各각各각 [18뒤 제 ᄒᆞ마 我앙見견
과 有울無뭉見견 等등을 여희여 涅녏槃뺀ᄋᆞᆯ 得득호라 ᄒᆞ더니 이제 世솅尊존 알ᄑᆡ
몯 듣ᄌᆞᆸ던 이ᄅᆞᆯ 듣ᄌᆞᆸ고 다 疑읭惑ᅘᅬᆨ애 ᄢᅥ러디옛ᄂᆞ니 [19앞 됴ᄒᆞ실쎠 世솅尊존하 願
원ᄒᆞᆫᄃᆞᆫ 四ᄉᆞᆼ衆즁 爲윙ᄒᆞ샤 그 因인緣원을 니ᄅᆞ샤 疑읭悔ᅘᅬᆼᄅᆞᆯ 여희에 ᄒᆞ쇼셔

그 ᄢᅴ 부톄 [19뒤 舍샹利링弗붏ᄃᆞ려 니ᄅᆞ샤ᄃᆡ 내 아래 아니 니르더니여 諸졍佛뿛
世솅尊존이 種죵種죵 因인緣원과 譬핑喩융엣 말로 方방便뼌으로 說쉃法법ᄒᆞ샤미
다 阿항耨녹多당羅랑三삼藐막三삼菩뽕提뗑ᄅᆞᆯ 爲윙ᄒᆞ시니라 ᄒᆞ다니 이 마리 다 菩뽕
薩삻 敎굥化황ᄅᆞᆯ 爲윙ᄒᆞ시논 [20앞 젼ᄎᆞ라 그러나 舍샹利링弗붏아 이제 ᄯᅩ 譬핑喩융
로 이 ᄠᅳ들 다시 ᄇᆞᆯ교리니 智딩慧ᅘᅰᆼ 뒷ᄂᆞ니ᄃᆞᆯ히 譬핑喩융로 알리라 舍샹利링弗붏
아 國귁 邑흡 聚쭝落락애 큰 長댱者쟝ㅣ 이쇼ᄃᆡ 나히 늙고 쳔랴ᇰ이 그지업고 田뗜
宅ᄠᅵᆨ과 죵괘 하더니 [21앞 그 지비 넙고 쿠ᄃᆡ 다ᄆᆞᆫ ᄒᆞᆫ 門몬이오 사ᄅᆞ미 만ᄒᆞ야 一
ᅙᅵᇙ百ᄇᆡᆨ 二ᅀᅵᆼ百ᄇᆡᆨ 五ᅌᅩᆼ百ᄇᆡᆨ 사ᄅᆞ매 니르리 그에 잇더라 [21뒤

堂땅閣각이 ᄂᆞᆯ가 담과 ᄇᆞᄅᆞᆷ괘 므르드르며 긴 불휘 석고 보히며 ᄆᆞᆯ리 기울어늘
ᅀᅡ 횟두루 ᄒᆞᆫᄢᅴ 믄득 ᄇᆞᆯ리 니러 舍샹宅ᄠᅵᆨ이 븓더니 長댱者쟝ㅣ 아ᄃᆞ리 [22뒤 열히
며 스믈히며 셜흐네 니르리 그 집 소배 잇더니 [23앞 長댱者쟝ㅣ 이 큰 브리 四ᄉᆞᆼ
面면에 닐어늘 보고 ᄀᆞ장 두리여 너교ᄃᆡ 내 비록 能능히 블븐ᄂᆞᆫ 門몬애 便뼌安한
히 나고도 아ᄃᆞᆯᄃᆞᆯᄒᆞᆫ 火황宅ᄠᅵᆨ 안해 노ᄅᆞ솔 즐겨 아디 몯ᄒᆞ며 두리디 [23뒤 아니ᄒᆞ
야 브리 모매 다와다 셟고도 ᄆᆞᅀᆞ매 슬히 아니 너겨 낪 ᄠᅳ디 업도다 ᄒᆞ더라

舍샹利링弗붏아 이 長댱者쟝ㅣ 너교ᄃᆡ 내 몸과 손괘 히미 [24앞 이셔 衣ᅙᅴᆼ裓극이
어나 几긩案한ᄋᆞ로 내요리라 ᄒᆞ다가 ᄯᅩ 다시 ᄉᆞ랑호ᄃᆡ 다ᄆᆞᆫ ᄒᆞᆫ 門몬이오 조ᄇᆞ니
[25앞 아ᄃᆞᆯᄃᆞᆯ히 [25뒤 져머 아논 이리 업서 노ᄂᆞᆫ ᄯᅡ홀 ᄉᆞ랑ᄒᆞ야 시혹 ᄢᅥ러디여 브레
ᄉᆞᆯ이리로소니 내 므싀여ᄫᅳᆫ 이를 닐오ᄃᆡ 이 지비 ᄒᆞ마 븓ᄂᆞ니 이제 어셔 나 브레

ᄉᆞᆯ이디 말라 호리라 ᄒᆞ고 그 야ᅌᆞ로 닐어 너희ᄃᆞᆯ히 ᄲᆞᆯ리 나라 ᄒᆞ니 아비ᅀᅡ 비록 어엿비 너겨 이든 말로 달애야도 아ᄃᆞᆯᄃᆞᆯ히 노ᄅᆞ새 [26앞 맛드러 고디 아니 드러 저티 아니ᄒᆞ야 날 ᄆᆞᅀᆞ미 곧 업스며 ᄯᅩ 어늬 브린 동 어늬 지빈 동 어늬 왼 동 몰라 이 녁 뎌 녁 ᄃᆞᆮ녀 노ᄅᆺᄒᆞ고 아비ᄅᆞᆯ 볼 ᄯᆞᄅᆞ미러라 [26뒤

그 ᄢᅴ 長댱者쟝ㅣ 너교ᄃᆡ 이 지비 ᄒᆞ마 큰 브리 븓ᄂᆞ니 나와 아ᄃᆞᆯᄃᆞᆯ콰 이제 아니 나면 당다이 ᄉᆞᆯ이리로소니 내 方방便뼌을 ᄒᆞ야 아ᄃᆞᆯᄃᆞᆯ히 이 害ᅘᆡᆼᄅᆞᆯ 버서나긔 호리라 아비 아ᄃᆞᆯᄃᆞᆯ희 ᄆᆞᅀᆞ매 제여곰 맛드논 거슬 아라 種죵種죵 珍딘玩완앳 [27앞 奇끵異잉ᄒᆞᆫ 거슬 ᄠᅳ데 당다이 즐기리라 ᄒᆞ야 닐오ᄃᆡ 너희 玩완好홓ᄅᆞᆯ 어두미 쉽디 몯ᄒᆞ니 네 아니 가지면 後ᅘᅮᇢ에 뉘읏브리라 이런 種죵種죵앳 羊양車겅 鹿록車겅 牛ᅌᅮᇢ車겅ㅣ 이제 門몬 밧긔 잇ᄂᆞ니 어루 노녀 노ᄅᆺᄒᆞ리니 [27뒤 너희 이 블븓ᄂᆞᆫ 지븨 ᄲᆞᆯ리 나오라 네 欲욕ᄋᆞᆯ 조차 다 주리라 [28앞

그 ᄢᅴ 아ᄃᆞᆯᄃᆞᆯ히 아비 니ᄅᆞ논 珍딘玩완앳 거시 제 願원에 마ᄌᆞᆫ 고ᄃᆞᆯ [28뒤 듣고 ᄆᆞᅀᆞᄆᆞᆯ 놀카ᄫᅵ 머거 서르 미리왇고 ᄃᆞ토아 火황宅떡애 나니라 이 ᄢᅴ 長댱者쟝ㅣ 아ᄃᆞᆯᄃᆞᆯ히 便뼌安한히 나 네거릿 긼 가온ᄃᆡ ᄡᅡ해 안자 ᄂᆞ외야 ᄀᆞ린 것 업순 고ᄃᆞᆯ 보고 ᄆᆞᅀᆞ미 便뼌安한ᄒᆞ야 깃거ᄒᆞ더라 [29앞 그제 아ᄃᆞᆯᄃᆞᆯ히 各각各각 아비 게 닐오ᄃᆡ 아바님 주려 ᄒᆞ시던 玩완好홓앳 것 羊양車겅 鹿록車겅 牛ᅌᅮᇢ車겅를 願원ᄒᆞᆫᄃᆞᆫ 이제 주쇼셔 ᄒᆞ더라 [29뒤

舍샹利링弗붏아 그 ᄢᅴ 長댱者쟝ㅣ 아ᄃᆞᆯᄃᆞᆯᄒᆞᆯ 各각各각 ᄒᆞᆫ 가짓 큰 술위를 주니 그 술위 놉고 너브며 한 보ᄇᆡ로 ᄭᅮ미며 欄란楯쓘이 둘어 잇고 四ᄉᆞᆼ面면에 [30앞 바올 ᄃᆞᆯ오 그 우희 幰헌蓋갱 펴고 ᄯᅩ 珍딘奇끵 雜짭寶봉로 ᄭᅬᄭᅬ기 ᄭᅮ미고 보ᄇᆡ옛 노ᄒᆞᆯ 섯얽고 빗난 瓔형珞락ᄋᆞᆯ 드리우며 보ᄃᆞ라ᄫᆞᆫ 돗ᄀᆞᆯ 겨펴 ᄭᆞᆯ오 블근 벼개ᄅᆞᆯ 이대 노코 힌 쇼ᄅᆞᆯ 메우니 ᄉᆞᆶ지고 비치 조코 양ᄌᆡ 됴코 히미 세오 거르믈 平뼝正졍히

걷고 셸로미 [30뒤 ᄇᆞ롬 ᄀᆞᆮ고 ᄯᅩ 한 죠ᇰ이 侍씽衛윙ᄒᆞ니 [32앞 엇뎨어뇨 ᄒᆞ란ᄃᆡ 이 큰 長댱者쟝ㅣ 쳔랴ᇰ이 그지업서 種죵種죵 藏짱ᄃᆞᆯ해 다 ᄀᆞᄃᆞ기 넘ᄡᅵ거늘

ᄆᆞᅀᆞ매 너교ᄃᆡ 내 쳔랴ᇰ이 그지업스니 사오나ᄫᆞᆫ 져근 술위로 아ᄃᆞᆯᄃᆞᆯᄒᆞᆯ 주미 몯 ᄒᆞ리라 [32뒤 이 아히 다 내 아ᄃᆞ리라 ᄉᆞ랑이 기운 ᄃᆡ 업거든 내 七칧寶볼 大땡車경를 그지업시 뒷노니 고ᄅᆞᆫ ᄆᆞᅀᆞᄆᆞ로 各각各각 주디ᄫᅵ 달이 호미 몯 ᄒᆞ리라 엇뎨어뇨 ᄒᆞ란ᄃᆡ 내 이거스로 ᄒᆞᆫ 나라ᄒᆞᆯ 다 주어도 [33앞 오히려 모ᄌᆞ라디 아니ᄒᆞ리어니 ᄒᆞ믈며 아ᄃᆞᆯᄃᆞᆯ히ᄯᆞ녀

그 ᄢᅴ 아ᄃᆞᆯᄃᆞᆯ히 各각各각 큰 술위 ᄐᆞ고 녜 업던 이ᄅᆞᆯ 得득ᄒᆞ야 本본來ᄅᆡᆼ ᄇᆞ라던 배 아니라 ᄒᆞ더라 舍샹利링弗붏아 네 ᄠᅳ뎬 엇더뇨 이 長댱者쟝ㅣ 보ᄇᆡ옛 큰 술위로 아ᄃᆞᆯᄃᆞᆯᄒᆞᆯ ᄀᆞᆯ오 주니 虛헝妄망타 ᄒᆞ려 몯ᄒᆞ려 [33뒤

舍샹利링弗붏이 ᄉᆞᆯᄫᅩᄃᆡ 몯ᄒᆞ리이다 世솅尊존하 이 長댱者쟝ㅣ 오직 아ᄃᆞᆯᄃᆞᆯᄒᆞᆯ 火황難난ᄋᆞᆯ 免면ᄒᆞ야 몸 목수믈 올오게 ᄒᆞ야도 虛헝妄망이 아니 ᄃᆞ외리니 엇뎨어뇨 ᄒᆞ란ᄃᆡ 몸 목수믈 [34앞 올오면 곧 ᄒᆞ마 玩완好홓옛 거슬 得득ᄒᆞᆫ 디니 ᄒᆞ믈며 ᄯᅩ 方방便뼌으로 뎌 火황宅땍애 ᄲᅡᅘᅧ 濟졩度똥호미ᄯᆞ니잇가 [34뒤 世솅尊존하 ᄒᆞ다가 이 長댱者쟝ㅣ ᄆᆞᆺ 져근 ᄒᆞᆫ 술위ᄅᆞᆯ 주디 아니호매 니르러도 오히려 虛헝妄망티 아니ᄒᆞ리니 엇뎨어뇨 ᄒᆞ란ᄃᆡ 이 長댱者쟝ㅣ 몬져 너교ᄃᆡ 내 方방便뼌으로 아ᄃᆞ리 나게 호려 ᄒᆞ니 이 因인緣원으로 虛헝妄망이 업스니이다 ᄒᆞ믈며 長댱者쟝ㅣ 쳔랴ᇰ [35앞 그지업슨 ᄃᆞᆯ 아라 아ᄃᆞᆯᄃᆞᆯᄒᆞᆯ 饒ᅀᅣᇢ益혁게 호려 ᄒᆞᆫ가지로 큰 술위ᄅᆞᆯ 주니이다

부톄 舍샹利링弗붏ᄃᆞ려 니ᄅᆞ샤ᄃᆡ 됴타 됴타 네 말 다ᄒᆞ니라 舍샹利링弗붏아 如ᅀᅧᆼ來ᄅᆡᆼ ᄯᅩ 이 ᄀᆞᆮᄒᆞ야 一ᅙᅵᇙ切쳬 世솅間간ㅅ 아비 ᄃᆞ외야 여러 가짓 [35뒤 두리ᄫᅳ며 衰쉉ᄒᆞ며 셜ᄫᅳ며 시름ᄒᆞ며 無뭉明명의 아ᄃᆞᆨ히 ᄀᆞ료미 기리 다아 나ᄆᆞᆫ 것 업서 無뭉量량 知딩見견과 力륵과 無뭉所송畏ᅙᅱᆼ를 다 일워 큰 神씬力륵과 智딩慧쮕力륵이

이셔 [36앞 方방便뼌 智딩慧쀙 波방羅랑蜜밇이 ᄀᆞ자 大땡慈쫑大땡悲빙 샹녜 게을우미 업서 샹녜 됴ᄒᆞᆫ 이ᄅᆞᆯ 求꿇ᄒᆞ야 一힗切촁ᄅᆞᆯ 利링益혁게 ᄒᆞᄂᆞ니라 三삼界갱 석고 [36뒤 늘근 火황宅땍애 나 衆즁生싱ᄋᆞᆯ 生싱老롷病뼝死ᄉᆞᆼ 憂흫悲빙苦콩惱놓와 어리 迷몡惑획이 아ᄃᆞᆨ히 ᄀᆞ린 三삼毒똑 브레 濟졩度똥호ᄆᆞᆯ 爲윙ᄒᆞ야 敎꾤化황ᄒᆞ야 阿항耨녹多당羅랑三삼藐막三삼菩뽕提똉ᄅᆞᆯ 得득게 ᄒᆞᄂᆞ니 [37앞

衆즁生싱ᄃᆞᆯᄒᆞᆯ 보니 生싱老롷病뼝死ᄉᆞᆼ 憂흫悲빙苦콩惱놓ᄋᆡ ᄉᆞᆯ유미 ᄃᆞ외며 ᄯᅩ 五옹欲욕 財찡利링ㅅ 젼ᄎᆞ로 種종種종 苦콩ᄅᆞᆯ 受쓯ᄒᆞ며 ᄯᅩ [37뒤 貪탐著땩ᄒᆞ야 미조차 求꿇ᄒᆞᄂᆞᆫ 젼ᄎᆞ로 現혠生싱애 한 苦콩ᄅᆞᆯ 受쓯ᄒᆞ다가 後ᅘᅮᇢ에 地띵獄옥 畜흉生싱 餓앙鬼귕 苦콩ᄅᆞᆯ 受쓯 ᄒᆞᄂᆞ니 ᄒᆞ다가 天텬上썅애 나거나 人신間간애 잇거나 ᄒᆞ야도 貧삔窮꿍困콘苦콩와 愛ᅙᆡᆼ別볋離링苦콩와 [38앞 寃훤憎증會ᅘᅬᆼ苦콩와 이러틋 ᄒᆞᆫ 種종種종 苦콩애 衆즁生싱이 ᄌᆞ마 이셔 즐겨 노녀 아디 몯ᄒᆞ며 두리디 아니ᄒᆞ며 슬히 너기디 아니ᄒᆞ며 버서나ᄆᆞᆯ 求꿇티 아니ᄒᆞ야 이 三삼界갱 火황宅땍애 東동西솅로 ᄃᆞᆮ녀 비록 큰 受쓯苦콩ᄅᆞᆯ [38뒤 맛나도 시름 아니 ᄒᆞᄂᆞ니라 [39앞

舍샹利링弗붏아 부톄 이ᄅᆞᆯ 보고 너교ᄃᆡ 내 衆즁生싱ᄋᆡ 아비 ᄃᆞ외야 잇노니 苦콩難난애 ᄲᅢ혀 無뭉量량無뭉邊변 佛뿛智딩慧쀙樂락ᄋᆞᆯ 주어 노니게 호리라

舍샹利링弗붏아 如셩來링 ᄯᅩ 너교ᄃᆡ ᄒᆞ다가 내 다ᄆᆞᆫ 神씬力륵과 智딩慧쀙力륵으로 方방便뼌 [39뒤 ᄇᆞ리고 衆즁生싱 爲윙ᄒᆞ야 如셩來링ㅅ 知딩見견과 力륵과 無뭉所송畏ᅙᅱᆼᄅᆞᆯ 讚잔歎탄ᄒᆞ면 衆즁生싱이 일로 得득度똥 몯ᄒᆞ리라 엇뎨어뇨 ᄒᆞ란ᄃᆡ [40앞 이 衆즁生싱ᄃᆞᆯ히 生싱老롷病뼝死ᄉᆞᆼ 憂흫悲빙苦콩惱놓ᄅᆞᆯ 免면티 몯ᄒᆞ야 三삼界갱 火황宅땍이 ᄉᆞᆯ요미 ᄃᆞ외얫거니 엇뎨 能능히 부텻 智딩慧쀙ᄅᆞᆯ 알리오

舍샹利링弗붏아 뎌 長댱者쟝ㅣ 비록 몸과 손괘 히미 이셔도 ᄡᅳ디 아니ᄒᆞ고 오

직 브즈러니 方방便뼌으로 [40뒤 아ᄃᆞᆯᄃᆞᄅᆞᆯ 火황宅ᄄᆡᆨ 難난애 힘ᄡᅧ 거리츤 後ᅘᅮᇢ에ᅀᅡ 各각各각 珎딘寶볼大땡車겅 주미 ᄀᆞᆮᄒᆞ야 如셩來ᄅᆡᆼ ᄯᅩ 이 ᄀᆞᆮᄒᆞ야 비록 力륵과 無뭉所송畏ᅙᅱᆼ를 두어도 ᄡᅳ디 아니ᄒᆞ고 오직 智딩慧ᅘᅰᆼ 方방便뼌으로 三삼界갱 火황宅ᄄᆡᆨ애 衆즁生싱ᄋᆞᆯ ᄲᅢ혀 거리처 三삼乘씽 聲셩聞문 [41앞 辟벽支징佛뿛 佛뿛乘씽을 爲윙ᄒᆞ야 닐어 이 마ᄅᆞᆯ 호ᄃᆡ

너희ᄃᆞᆯ히 三삼界갱 火황宅ᄄᆡᆨ애 즐겨 잇디 말며 멀텁고 헌 色ᄉᆡᆨ 聲셩 香향 味밍 觸쵹ᄋᆞᆯ 貪탐티 말라 ᄒᆞ다가 貪탐著땩ᄒᆞ야 ᄃᆞᆺ온 ᄠᅳᆮ 내면 ᄉᆞᆯ요미 ᄃᆞ외리라 [41뒤 네 三삼界갱예 ᄲᆞᆯ리 나면 三삼乘씽 聲셩聞문 辟벽支징佛뿛 佛뿛乘씽을 반ᄃᆞ기 得득ᄒᆞ리니 내 이제 너 爲윙ᄒᆞ야 이 이ᄅᆞᆯ 믿비 니르노니 乃냉終즁내 虛헝티 아니ᄒᆞ리라 너희ᄃᆞᆯ히 오직 브즈러니 닷가 精졍進진ᄒᆞ라 ᄒᆞ야 如셩來ᄅᆡᆼ 이 方방便뼌으로 [42앞 衆즁生싱ᄋᆞᆯ 달애야 나소고

ᄯᅩ 닐오ᄃᆡ 너희 알라 이 三삼乘씽法법은 다 聖셩人신ㅅ 일ᄏᆞ라 讚잔歎탄ᄒᆞ시논 거시라 自쫑在찡ᄒᆞ야 ᄆᆡ인 ᄃᆡ 업스며 브터 求끃호미 업스니 이 三삼乘씽을 ᄐᆞ면 漏릏 업슨 根근과 力륵과 覺각과 道또ᇢ와 禪쎤과 定뗭과 解갱脫퇋와 三삼昧밍 ᄃᆞᆯᄒᆞ로 [42뒤 제 즐겨 그지업슨 便뼌安한코 快쾡樂락호ᄆᆞᆯ 得득ᄒᆞ리라 [43뒤

舍샹利링弗붏아 ᄒᆞ다가 衆즁生싱이 안해 智딩性셩이 이셔 佛뿛世솅尊존ᄋᆞᆯ 조차 法법 듣고 信신受쓯ᄒᆞ야 브즈러니 精졍進진ᄒᆞ야 三삼界갱예 ᄲᆞᆯ리 [44앞 나고져 ᄒᆞ야 제 涅녏槃빤 求끃ᄒᆞᄂᆞ닌 이 일후미 聲셩聞문乘씽이니 뎌 아ᄃᆞᆯᄃᆞᆯ히 羊양車겅 求끃ᄒᆞ야 火황宅ᄄᆡᆨ애 나미 ᄀᆞᆮᄒᆞ니라 [44뒤

ᄒᆞ다가 衆즁生싱이 佛뿛世솅尊존ᄋᆞᆯ 조차 法법 듣고 信신受쓯ᄒᆞ야 브즈러니 精졍進진ᄒᆞ야 自쫑然션慧ᅘᅰᆼ를 [45앞 求끃ᄒᆞ야 獨똑ᄋᆞᆯ 즐겨 이대 寂쪅ᄒᆞ야 諸졍法법 因

인緣원을 기피 아ᄂᆞ닌 이 일후미 辟벽支징佛뿛乘씽이니 뎌 아ᄃᆞᆯᄃᆞᆯ히 鹿록車겅 求꿓ᄒᆞ야 火황宅ᄠᅥᆨ애 나미 ᄀᆞᆮᄒᆞ니라 [45뒤

ᄒᆞ다가 衆즁生ᄉᆡᆼ이 佛뿛世솅尊존ᄋᆞᆯ 조차 法법 듣고 信신受쓯ᄒᆞ야 [46앞 브즈러니 精정進진ᄒᆞ야 一힔切쳉智딩와 佛뿛智딩와 自ᄍᆞᆼ然션智딩와 無뭉師ᄉᆞᆼ智딩와 如ᅀᅧᆼ來ᄅᆡᆼㅅ 知딩見견과 力륵과 無뭉所송畏휭ᄅᆞᆯ 求꿓ᄒᆞ야 無뭉量량 衆즁生ᄉᆡᆼᄋᆞᆯ 어엿비 너겨 安한樂락게 ᄒᆞ며 天텬人ᅀᅵᆫᄋᆞᆯ 利링益혁게 ᄒᆞ야 一힔切쳉ᄅᆞᆯ 度똥脫퇋ᄒᆞᄂᆞ닌 이 [46뒤 일후미 大땡乘씽 菩뽕薩삻이니 이 乘씽을 求꿓홀씨 일후미 摩망訶항薩삻이니 뎌 아ᄃᆞᆯᄃᆞᆯ히 牛ᅌᅮᇢ車겅 求꿓ᄒᆞ야 火황宅ᄠᅥᆨ애 나미 ᄀᆞᆮᄒᆞ니라 [47앞

舍샹利링弗붏아 뎌 長댱者쟝ㅣ 아ᄃᆞᆯᄃᆞᆯ히 便뼌安한히 火황宅ᄠᅥᆨ애 나 저품 업슨 ᄡᅡ해 다ᄃᆞ랫거늘 보고 제 너교ᄃᆡ 쳔랴ᇰ이 그지업소라 ᄒᆞ야 ᄒᆞᆫ가지로 큰 술위로 아ᄃᆞᆯᄃᆞᆯᄒᆞᆯ [47뒤 주니 如ᅀᅧᆼ來ᄅᆡᆼ 또 이 ᄀᆞᆮᄒᆞ야 一힔切쳉 衆즁生ᄉᆡᆼ의 아비 ᄃᆞ외야 이셔 無뭉量량 億흑千쳔 衆즁生ᄉᆡᆼ이 부텻 敎ᄀᆞᇢ門몬ᄋᆞ로 三삼界갱 苦콩 저픈 險험ᄒᆞᆫ 길헤 나 涅녏槃빤樂락 得득ᄒᆞ얫거든 보면

如ᅀᅧᆼ來ᄅᆡᆼ 그 ᄢᅴ 곧 너교ᄃᆡ 내 無뭉量량無뭉邊변 智딩慧ᅘᆌᆼ와 力륵과 無뭉畏휭 [48앞 等둥 諸졍佛뿛 法법藏짱ᄋᆞᆯ 뒷노니 이 衆즁生ᄉᆡᆼᄃᆞᆯ히 다 내 아ᄃᆞ리니 ᄒᆞᆫ가지로 大땡乘씽을 주어 아모 사ᄅᆞ미나 ᄒᆞ오ᅀᅡ 滅멿度똥ᄅᆞᆯ 得득디 아니케 ᄒᆞ야 다 如ᅀᅧᆼ來ᄅᆡᆼㅅ 滅멿度똥로 滅멿度똥호리라 ᄒᆞ야 [48뒤 이 衆즁生ᄉᆡᆼᄃᆞᆯ히 三삼界갱 버슨 사ᄅᆞᄆᆞᆯ 다 諸졍佛뿛ㅅ 禪썬定뗭 解갱脫퇋 等둥 즐굾 거슬 주ᄂᆞ니 다 이 ᄒᆞᆫ 相샹이며 ᄒᆞᆫ가지라 聖셩人ᅀᅵᆫ 일ᄏᆞ라 讚잔歎탄ᄒᆞ시논 거시라 能ᄂᆞᆼ히 조코 微밍妙묳ᄒᆞᆫ 第뗑一힔엣 樂락ᄋᆞᆯ 내ᄂᆞ니라 [49앞

舍샹利링弗붏아 뎌 長댱者쟝ㅣ 처ᅀᅥᆷ의 세 술위로 아ᄃᆞᆯᄃᆞᆯᄒᆞᆯ 달애야 혀 낸 後ᅘᅮᇢ

에 다ᄆᆞᆫ 큰 술위를 주어 보ᄇᆡ옛 거스로 莊장嚴엄ᄒᆞ야 [49뒤 便뼌安한호미 第뗑一힗이니 그러나 뎌 長댱者쟝ㅣ 虛헝妄망ᄒᆞᆫ 허므리 업스니 如셩來ᄅᆡᆼ 또 이 ᄀᆞᆮᄒᆞ야 虛헝妄망이 업스니 처ᅀᅥᄆᆡ 三삼乘씽을 닐어 衆쥬ᇰ生ᄉᆡᇰᄋᆞᆯ 引인導똥ᄒᆞᆫ 後ᅘᅮᇢ에 다ᄆᆞᆫ 大땡乘씽ᄋᆞ로 度똥脫퇋ᄒᆞᄂᆞ니 엇뎨어뇨 ᄒᆞ란ᄃᆡ 如셩來ᄅᆡᆼ 그지업슨 智딩慧ᅘᅰᆼ와 [50앞 力륵과 無뭉所송畏ᅙᅱᆼ와 諸졍法법藏짱ᄋᆞᆯ 두어 能능히 一힗切쳉 衆쥬ᇰ生ᄉᆡᇰᄋᆡ 게 大땡乘씽法법을 주건마ᄅᆞᆫ 오직 다 能능히 受쓯티 몯ᄒᆞᄂᆞ니라

舍샹利링弗붏아 이 因인緣원ᄋᆞ로 알라 諸졍佛뿛이 方방便뼌力륵으로 ᄒᆞᆫ 佛뿛乘씽에 [50뒤 ᄀᆞᆯᄒᆞ야 세흘 니ᄅᆞ시ᄂᆞ니라 [51뒤

月웛印힌千쳔江강之징曲콕第뗑十씹二ᅀᅵᆼ

釋셕譜봉詳썅節졇第뗑十씹二ᅀᅵᆼ【 總五十一張 】

[1앞 月印千江之曲(월인천강지곡) 第十二(제십이)
釋譜詳節(석보상절) 第十二(제십이)

其二百七十六(기이백칠십육)

長者(장자)의 집에 난 불을 子息(자식)이 아니 두려워하므로 아버지의 말을 모르고 들었으니.

世間(세간) 煩惱(번뇌)의 불을 衆生(중생)이 아니 두려워하므로 부처의 말을 모르고 들었으니. [1뒤

其二百七十七(기이백칠십칠)

어리석음이 저러하므로 아버지가 分別(분별, 걱정)하여 거짓말로 달래었습니다.

迷惑(미혹)이 이러하므로 부처가 分別(분별)하시어 方便(방편)으로 가르치셨습니다. [2앞

其二百七十八(기이백칠십팔)

세 수레를 주려 하여 불의 밖에 나가야 큰 수레를 주어 기뻐하게 하였으니.

三乘(삼승)을 이르시어 三界(삼계)의 밖에 나가야 一乘(일승)을 일러 듣게 하셨으니.

그때에 舍利弗(사리불)이 솟아 날아서 기뻐하여 즉시 일어나 合掌(합장)하여 尊顔(존안)을 [2뒤 우러러서 사뢰되, "오늘날 이런 法音(법음)을 들으니 마음이 踊躍(용약)하여 옛날에 없던 일을 得(득)하였습니다. '(그것이) 어째서이냐?'라고 한다면, 내가 옛날에 부처께 이런 法(법)을 듣되 菩薩(보살)들은 受記(수기)하여 [3앞 作佛(작불)하시거든 보고, 우리는 이 일에 隨參(수참) 못 하여 如來(여래)의 無量

知見(무량지견)을 잃은 것을 甚(심)히 애달파하였더이다.

世尊(세존)이시여, 내가 항상 산의 수풀 아래에 혼자 있어서 앉거나 다니거나 함에 長常(장상, 늘) 여기되, [3뒤 "우리도 한가지로 法性(법성)에 들되, 어찌 如來(여래)가 小乘法(소승법)으로 (우리를) 濟渡(제도)하셨느냐?"고 하였더니, 이것이 우리의 허물이라 世尊(세존)의 탓이 아니셨습니다. '(그것이) 어째서이냐?'라고 한다면, 우리가 (부처께서) 所因(소인)을 이르신 것을 기다려 阿耨多羅三藐三菩提(아뇩다라삼먁보리심)을 이루겠더라면 [4앞 마땅히 大乘(대승)을 度脫(도탈)하겠거늘, 우리가 (부처님께서) 方便(방편)으로 마땅한 모양을 좇아 이르시는 말을 몰라, 처음에 부처의 法(법)을 듣고 곧 信(신)하여 受(수)하여 證(증)하였다고 하였더이다. [4뒤

世尊(세존)이시여, 내가 예전부터 (날이) 저물도록 (밤이) 새도록 내 몸을 꾸짖었더니, 오늘 부처께 (전에) 못 듣던 예전에 없는 法(법)을 듣고 疑悔(의회)를 끊어 버려, 몸과 뜻이 便安(편안)하여 훤히 便安(편안)함을 得(득)하니, 오늘날에야 眞實(진실)로 부처의 아들이다. 부처의 [5앞 입을 從(종)하여 나며 法(법)을 從(종)하여 化生(화생)하여 부처의 法分(법분)을 得(득)한 것을 알았습니다.

그때에 부처가 舍利弗(사리불)더러 이르시되, "내가 오늘 天人(천인) · 沙門(사문) · 婆羅門(바라문) 等(등)의 大衆(대중) [5뒤 中(중)에 이르나니, 내가 옛날에 二萬億(이만억)의 부처께 無上道(무상도)를 爲(위)하는 까닭으로, 항상 너를 敎化(교화)하며 너도 長夜(장야)에 나를 좇아 배우는데, 내가 方便(방편)으로 너를 引導(인도)하므로 (네가) 나의 法中(법중)에 나 있나니,

舍利弗(사리불)아, 내가 [6앞 옛날에 너를 (네가) 가르쳐 佛道(불도)를 (너의) 뜻에 願(원)하게 하니, 네가 이제 다 잊고 "이미 滅度(멸도)를 得(득)하였다."고 하므로, 네가 本願(본원)에 行(행)하던 道(도)를 생각하게 하려 하여, (내가) 聲聞(성문)들을 爲(위)하여 大乘經(대승경)을 이르니 (그) 이름이 妙法蓮華(묘법연화)이니, (이는) 菩薩(보살)을 가르치는 法(법)이며 부처가 護念(호념)하는 [6뒤 바이다.

舍利弗(사리불)아, 네가 아니 와 있는 세상에 無量無邊(무량무변)하고 不可思議(불가사의)한 劫(겁)을 지나, 대략(若干) 千萬億(천만억)의 佛(불)을 供養(공양)하여 正法(정법)을 받아 지녀서 菩薩(보살)이 行(행)하는 道(도)가 갖추어져 있어, 부처가 되되 號(호)를 華光如來(화광여래) · 應供(응공) · [7앞 正徧知(정변지) · 明行足(명

행족)·善逝(선서)·世間解(세간해)·無上士(무상사)·調御丈夫(조어장부)·天人師(천인사)·佛世尊(불세존)이라 하겠으니, [8뒤 나라의 이름은 離垢(이구)이요, 그 땅이 平正(평정)하고 清淨(청정)히 장엄하게 꾸며지며 安隱(안은)하고 豊樂(풍락)하며 天人(천인)이 盛(성)하며 瑠璃(유리)가 땅이 되고 여덟 거리의 길에 [9앞 黃金(황금)으로 끈을 꼬아서 그 가(邊)에 늘어뜨리고, 그 곁에 各各(각각) 七寶(칠보) 行樹(행수)에 늘 꽃과 열매가 있는데, 華光如來(화광여래)가 또 三乘(삼승)으로 衆生(중생)을 敎化(교화)하겠으니,

舍利弗(사리불)아, 저 부처의 時節(시절)은 모진 세계가 아니건마는 本願(본원) 때문에 三乘法(삼승법)을 이르리라. [9뒤 그 劫(겁)의 이름은 大寶莊嚴(대보장엄)이니, 어찌 이름을 大寶莊嚴(대보장엄)이라고 하였느냐? 그 나라에서 菩薩(보살)로 큰 보배를 삼는 까닭이다. [11앞 저 菩薩(보살)들이 無量無邊(무량무변)하고 不可思議(불가사의)라서 算數(산수)와 譬喩(비유)가 못 미치는 바이니, 부처의 智力(지력)이 아니면 能(능)히 알 이가 없으리라. (보살들이) 다니려 할 적에 보배로 된 꽃이 발을 받치겠으니 이 菩薩(보살)들이 [11뒤 첫 發意(발의)가 아니라, 다 德(덕)의 根源(근원)을 오래 심어 無量(무량)한 百千萬億(백천만억)의 부처께 梵行(범행)을 깨끗하게 닦아, 長常(장상, 항상) 諸佛(제불)이 일컬어 讚歎(찬탄)하신 것이 되어, 항상 佛慧(불혜)를 닦아 큰 神通(신통)이 갖추어져서, 一切(일체)의 法門(법문)을 잘 알아 곧아서 거짓된 바가 [12앞 없으며, 뜻과 念(염)이 굳어 이런 菩薩(보살)이 그 나라에 가득하리라.

舍利弗(사리불)아, 華光佛(화광불)의 목숨은 열두 小劫(소겁)이겠으니, (화광불이) 王子(왕자)가 되어 부처가 못 되어 있을 적은 (목숨의 시간에서) 덜었느니라. 그 나라의 사람의 목숨은 여덟 小劫(소겁)이리라. 華光如來(화광여래)가 열두 小劫(소겁)을 지나 [12뒤 堅滿菩薩(견만보살)에게 阿耨多羅三藐三菩提(아뇩다라삼먁삼보리)의 記(기)를 授(수)하여, 比丘(비구)들더러 이르되 "이 堅滿菩薩(견만보살)이 다음으로 부처가 되어 號(호)를 華足安行(화족안행), 多陁阿伽度(다타아가도), 阿羅訶(아라하), 三藐三佛陁(삼먁삼불타)이라고 하리니, 그 부처의 [13앞 나라도 또 이와 같으리라. [13뒤 舍利弗(사리불)아, 華光佛(화광불)이 滅度(멸도)한 後(후)에 [14앞 正法(정법)이 世間(세간)에 있은 것은 서른두 小劫(소겁)이요, 像法(상법)이 世間(세간)에

있은 것도 서른두 小劫(소겁)이리라." [15앞

그때에 四部衆(사부중)인 比丘(비구) · [15뒤 比丘尼(비구니) · 優婆塞(우바새) · 優婆夷(우바이)와 天(천) · 龍(용) · 夜叉(야차) · 乾闥婆(건달바) · 阿脩羅(아수라) · 迦樓羅(가루라) · 緊那羅(긴나라) · 摩睺羅迦(마후라가) 等(등)의 大衆(대중)이, 舍利弗(사리불)이 부처의 앞에서 阿耨多羅三藐三菩提(아뇩다라삼먁삼보리)의 記(기)를 受(수)하거늘, [16앞 보고 매우 기뻐하여 솟아서 날아, 各各(각각) 웃옷을 벗어 부처께 供養(공양)하더니, 釋提桓因(석제환인)과 梵天王(범천왕) 等(등)이 無數(무수)한 天子(천자)와 함께 또 天妙衣(천묘의)와 天曼陁羅花(천만다라화)와 摩訶曼陁羅花(마하만다라화) 등으로 부처께 供養(공양)하니, 흩뿌린 [16뒤 하늘의 옷이 虛空(허공) 中(중)에 머물러 저절로 휘돌며, 諸天(제천)의 伎樂(기악) 百千萬(백천만) 種(종)이 虛空(허공) 中(중)에서 한때에 모두 울리며, 많은 天花(천화)를 흩뿌리며 [17뒤 이르되, "부처가 옛날에 波羅㮈(바라내)에서 처음으로 法輪(법륜)을 轉(전)하시고, 이제 또 위가 없는 가장 큰 法輪(법륜)을 轉(전)하신다."고 하더니,

그때에 舍利弗(사리불)이 부처께 사뢰되 "世尊(세존)이시여, 나는 다시 疑悔(의회)가 없어 親(친)히 부처의 앞에 阿耨多羅三藐三菩提(아뇩다라삼먁보리)의 記(기)를 [18앞 受(수)하거니와, 이 千二百(천이백)의 마음이 自在(자재)한 사람들이 옛날에 學地(학지)에 있을 적에, 부처가 항상 敎化(교화)하여 이르시되 "나의 法(법)이 能(능)히 生老病死(생로병사)를 떨쳐서 究竟涅槃(구경열반)하리라."고 하시므로, 이 學無學(학무학)의 사람도 各各(각각) [18뒤 "자기가 이미 我見(아견)과 有無見(유무견) 等(등)을 떨치어 涅槃(열반)을 得(득)하였다."고 하더니, 이제 世尊(세존)의 앞에서 (전에) 못 듣던 일을 듣고 다 疑惑(의혹)에 떨어져 있나니, [19앞 좋으시구나, 世尊(세존)이시여! 願(원)하건대 四衆(사중)을 爲(위)하시어 그 因緣(인연)을 이르시어 疑悔(의회)를 떨치게 하소서.

그때에 부처가 [19뒤 舍利弗(사리불)더러 이르시되 "내가 옛날에 아니 일렀더냐? '(내가) 諸佛(제불)과 世尊(세존)이 種種(종종)의 因緣(인연)과 譬喩(비유)의 말로 方便(방편)으로 說法(설법)하신 것이 다 阿耨多羅三藐三菩提(아뇩다라삼먁삼보리)를 爲(위)하셨니라.'고 하더니, 이 말이 다 菩薩(보살)의 敎化(교화)를 爲(위)하시는 [20앞 까닭이다. 그러나 舍利弗(사리불)아, 이제 또 譬喩(비유)로 이 뜻을 다시

밝히겠으니, 智慧(지혜)를 두고 있는 이들이 譬喩(비유)로 알리라.

舍利弗(사리불)아, 國(국)의 邑(읍)과 聚落(취락)에 큰 長者(장자)가 있되, 나이가 늙고 재물이 그지없고 田宅(전택)과 종(僕)이 많더니 [21앞 그 집이 넓고 크되 다만 한 門(문)이요, 사람이 많아 一百(일백), 二百(이백), 五百(오백) 사람에 이르도록 거기에 있더라. [21뒤

堂閣(당각)이 낡아 담과 벽이 물러서 떨어지며, 기둥의 뿌리가 썩고 대들보며 마루가 기울거늘, 빙둘러서 한꺼번에 문득 불이 일어 舍宅(사택)이 (불)붙더니 [22앞 長者(장자)의 아들이 [22뒤 열이며 스물이며 서른에 이르도록 그 집 속에 있더니 [23앞 長者(장자)가 이 큰 불이 四面(사면)에 일거늘 보고 매우 두려워하여 여기되, "내가 비록 能(능)히 불붙는 門(문)에서 便安(편안)히 나오고도, 아들들은 火宅(화택)의 안에서 놀이를 즐겨서 (불붙은 것을) 알지 못하며 (불을) 두려워하지 [23뒤 아니하여, 불이 몸에 다그쳐 괴롭고도 마음에 싫게 아니 여겨 (집에서) 나갈 뜻이 없구나."라고 하더라.

舍利弗(사리불)아, 이 長者(장자)가 여기되 "내 몸과 손이 힘이 [24앞 있어 衣裓(의극)이거나 几案(궤안)으로 (아이들을 집에서) 내리라."고 하다가, 또 다시 생각하되 "다만 한 門(문)이요 좁으니 [25앞 아들들이 [25뒤 어려서 아는 일이 없어 노는 데를 좋아하여, 혹시 (노는 데에) 떨어져서 불에 살라질 것이니, 내가 무서운 일을 이르되 "이 집이 곧 (불)붙나니 이제 어서 나가서 불에 살라지지 말라고 하리라." 고 하고, 그 양으로 일러서 "너희들이 빨리 나가라."고 하니, 아버지야말로 비록 (아들들을) 불쌍히 여겨 좋은 말로 달래어도, 아들들이 놀이에 [26앞 재미가 들어 곧이 아니 들어 두려워하지 아니하여 (집에서) 나갈 마음이 곧 없으며, 또 어느 것이 불인 줄, 또 어느 것이 집인 줄, 어느 것이 그른 줄 몰라서, 이쪽 저쪽에 다녀서 놀이하고 아버지를 볼 따름이더라. [26뒤

그때에 長者(장자)가 여기되 "이 집이 벌써 큰 불이 붙나니 나와 아들들이 이제 아니 나가면 반드시 불살라지겠으니, 내가 方便(방편)을 하여 아들들이 이 害(해)를 벗어나게 하리라." 아버지가 아들들의 마음에 제각기 좋아하는 것을 알아, "種種(종종)의 珍玩(진완)에 속한 [27앞 奇異(기이)한 것을 (아이들의) 뜻에 반드시 즐기리라."고 하여 이르되 "너희가 玩好(완호)를 얻는 것이 쉽지 못하니, 네가 아니

가지면 後(후)에 뉘우치리라. 이런 種種(종종)의 羊車(양거) · 鹿車(녹거) · 牛車(우거)가 이제 門(문) 밖에 있나니, 능히 (너희들이) 가히 노닐어서 놀이하겠으니 [27뒤 너희가 이 불붙는 집에서 빨리 나오라. 너의 欲(욕)을 좇아서 다 주리라." [28앞

그때에 아들들이 아버지가 이르는 珍玩(진완)의 것이 자기의 願(원)에 맞은 것을 [28뒤 듣고, 마음을 날카로이 먹어 서로 밀치며 다투어서 火宅(화택)에서 나왔니라. 이때에 長者(장자)가 아들들이 便安(편안)히 나가서 네거리의 길 가운데의 땅에 앉아, 다시 가린 것(장애)이 없는 것을 보고 마음이 便安(편안)하여 기뻐하더라. [29앞 그때에 아들들이 各各(각각) 아버지에게 이르되 "아버님이 주려 하시던 玩好(완호)의 것, (곧) 羊車(양거), 鹿車(녹거), 牛車(우거)를 願(원)컨대 이제 주소서."라고 하더라. [29뒤

舍利弗(사리불)아, 그때에 長者(장자)가 아들들에게 各各(각각) 한 가지의 큰 수레를 주니, 그 수레가 높고 넓으며 많은 보배로 꾸미며 欄楯(난순)이 둘러 있고, 四面(사면)에 [30앞 방울을 달고 그 위에 幰蓋(헌개)를 펴고, 또 珍奇(진기)한 雜寶(잡보)로 장엄하게 꾸미고 보배로 된 끈을 섞어 얽고, 빛난 瓔珞(영락)을 드리우며 부드러운 돗자리를 겹겹으로 펴서 깔고, 붉은 베개를 잘 놓고 흰 소를 메우게 하니, (흰소가) 살지고 빛이 깨끗하고 모습이 좋고 힘이 세고 걸음을 平正(평정)히 걷고 빠른 것이 [30뒤 바람과 같고, 또 많은 종이 侍衛(시위)하니 [32앞 "(그것이) 어째서이냐?"라고 한다면, 이 큰 長者(장자)가 재물이 그지없어 種種(종종)의 藏(장)들에 다 가득히 넘치거늘,

마음에 여기되 "나의 재물이 그지없으니 변변찮은 작은 수레로 아들들에게 (재물을) 주지는 못하리라. [32뒤 이 아이가 다 내 아들이라서 사랑이 (한 명에게) 기운 데가 없는데, 내가 七寶(칠보)의 大車(대거)를 그지없이 두고 있나니, 고른 마음으로 (칠보 대거를 아들들에게) 各各(각각) 주지 다르게 하지는 못 하리라. "(그것이) 어째서이냐?"라고 한다면, 내가 이것으로 한 나라(사람)에 다 주어도 [33앞 오히려 모자라지 아니하겠으니, 하물며 아들들이야?

그때에 아들들이 各各(각각) 큰 수레를 타고 예전에 없던 일을 得(득)하여 "本來(본래) 바라던 바가 아니라."고 하더라. 舍利弗(사리불)아, 너의 뜻에는 어떠하냐? 이 長者(장자)가 보배로 된 큰 수레로 아들들을 고루 주니, "(이 일을) 虛妄(허

망)하다.”고 하겠느냐 못 하겠느냐? [33뒤

舍利弗(사리불)이 사뢰되 “(허망하지) 못하겠습니다.” 世尊(세존)이시여, 이 長者(장자)가 오직 아들들을 火難(화난)을 免(면)하여, 몸과 목숨을 온전하게 하여도 虛妄(허망)이 아니 되겠으니, “(그것이) 어째서이냐?”고 한다면, 몸과 목숨을 온전하게 하면 [34앞 곧 이미 玩好(완호)의 것을 得(득)한 것이니, 하물며 또 方便(방편)으로 (아들들을) 저 火宅(화택)에서 빼내어 濟度(제도)함이겠습니까? [34뒤 世尊(세존)이시여, 만일 이 長者(장자)가 가장 적은 한 수레를 주지 아니함에 이르러도 오히려 虛妄(허망)하지 아니하겠으니, “(그것이) 어째서이냐?” 한다면, 이 長者(장자)가 먼저 여기되 “내가 方便(방편)으로 아들이 (화택에서) 나가게 하리라.”고 하였으니, 이 因緣(인연)으로 (장자가) 虛妄(허망)이 없습니다. 하물며 長者(장자)가 재물이 [35앞 그지없는 것을 알아 아들들을 饒益(요익)하게 하려고 한가지로 큰 수레를 주었습니다.

부처가 舍利弗(사리불)더러 이르시되 “좋다, 좋다. 네 말과 같으니라. 舍利弗(사리불)아, 如來(여래)가 또 이와 같아서, 一切(일체) 世間(세간)의 아버지가 되어 여러 가지의 [35뒤 두려우며 衰(쇠)하며 괴로우며 시름하며 無明(무명)이 아득히 가린 것이 길이(영원히) 다하여 남은 것이 없어, 無量(무량)한 知見(지견)과 力(역)과 無所畏(무소외)를 다 이루어 큰 神力(신력)과 智慧力(지혜력)이 있어, [36앞 方便(방편)과 智慧(지혜)와 波羅蜜(바라밀)이 갖추어 있어서 大慈大悲(대자대비)가 항상 게으른 바가 없어, 항상 좋은 일을 求(구)하여 一切(일체)를 利益(이익)되게 하느니라. 三界(삼계)의 썩고 [36뒤 낡은 火宅(화택)에 태어나서 衆生(중생)을 生老病死(생로병사)와 憂悲苦惱(우비고뇌)와 어리석게 迷惑(미혹)에 아득히 가린 三毒(삼독)의 불에서 濟度(제도)하는 것을 爲(위)`하여, (중생을) 敎化(교화)하여 阿耨多羅三藐三菩提(아뇩다라삼먁삼보리)를 得(득)하게 하나니, [37앞

衆生(중생)들을 보니 生老病死(생로병사)와 憂悲苦惱(우비고뇌)에 불살라지는 것이 되며, 또 五欲(오욕)과 財利(재리) 때문에 種種(종종)의 苦(고)를 受(수)하며, 또 [37뒤 (오욕과 재물을) 貪著(탐착)하여 뒤좇아 求(구)하는 까닭으로 現生(현생)에서 많은 苦(고)를 受(수)하다가, 後(후)에 地獄(지옥) · 畜生(축생) · 餓鬼(아귀)의 苦(고)를 受(수)하나니, 만일 天上(천상)에 나거나 人間(인간)에 있거나 하여도 貧窮困苦

(빈궁곤고)와 愛別離苦(애별리고)와 [38뒤 만나도 시름을 아니 하느니라. [39앞

舍利弗(사리불)아 부처가 이를 보고 여기되 "내가 衆生(중생)의 아버지가 되어 있나니, (중생을) 苦難(고난)에서 빼내어 無量無邊(무량무변)한 佛智慧樂(불지혜락)을 주어 노닐게 하리라."

舍利弗(사리불)아, 如來(여래)가 또 여기되 "만일 내가 다만 神力(신력)과 智慧力(지혜력)으로 方便(방편)을 [39뒤 버리고 衆生(중생)을 爲(위)하여 如來(여래)의 知見(지견)과 力(역)과 無所畏(무소외)를 讚歎(찬탄)하면, 衆生(중생)이 이것으로(는) 得度(득도)를 못 하리라. "(그것이) 어째서이냐?"고 한다면 [40앞 이 衆生(중생)들이 生老病死(생로병사), 憂悲苦惱(우비고뇌)를 免(면)하지 못하여, 三界(삼계)의 火宅(화택)에서 불살라지는 바가 되어 있으니, 어찌 能(능)히 부처의 智慧(지혜)를 알겠느냐?

舍利弗(사리불)아, 저 長者(장자)가 비록 몸과 손이 힘이 있어도 쓰지 아니하고, 오직 부지런히 方便(방편)으로 [40뒤 아들들을 火宅(화택)의 難(난)에서 힘써 구제한 後(후)에야 各各(각각) 珎寶(진보)로 된 大車(대거)를 준 것과 같아서, 如來(여래)가 또 이와 같아서 비록 力(역)과 無所畏(무소외)를 두어도 쓰지 아니하고, 오직 智慧(지혜)와 方便(방편)으로 三界(삼계)의 火宅(화택)에서 衆生(중생)을 빼내어 구제하여 三乘(삼승)인 聲聞(성문) · [41앞 辟支佛(벽지불) · 佛乘(불승)을 爲(위)하여 일러

이 말을 하되, "너희들이 三界(삼계)의 火宅(화택)에 즐겨 있지 말며, 거칠고 헌 色(색) · 聲(성) · 香(향) · 味(미) · 觸(촉)을 貪(탐)하지 말라. 만일 貪著(탐착)하여 애틋이 사랑하는 뜻을 내면 불살라짐이 되리라. [41뒤 네가 三界(삼계)에서 빨리 나가면 三乘(삼승)인 聲聞(성문) · 辟支佛(벽지불) · 佛乘(불승)을 반드시 得(득)하겠으니, 내가 이제 너를 爲(위)하여 이 일을 믿쁘게 이르나니 (내 말이) 끝내 虛(허)하지 아니하리라. 너희들이 오직 부지런히 닦아 精進(정진)하라."고 하여 如來(여래)가 이 方便(방편)으로 [42앞 衆生(중생)을 달래어 나아가게 하고,

또 이르되 "너희가 알아라. 이 三乘法(삼승법)은 다 聖人(성인)이 일컬어서 讚歎(찬탄)하시는 것이다. (삼승법은) 自在(자재)하여 매인 데가 없으며 의지하여 求(구)하는 것이 없으니, 이 三乘(삼승)을 타면 漏(누)가 없는 根(근)과 力(역)과 覺

(각)과 道(도)와 禪(선)과 定(정)과 解脫(해탈)과 三昧(삼매) [42뒤 들(等)로 자기가 즐겨서 그지없는 便安(편안)하고 快樂(쾌락)함을 得(득)하리라. [43뒤

舍利弗(사리불)아, 만일 衆生(중생)이 안에 智性(지성)이 있어서, 佛世尊(불세존)을 좇아서 法(법)을 듣고 信受(신수)하여, 부지런히 精進(정진)하여 三界(삼계)에서 빨리 [44앞 나오고자 하여, 스스로 涅槃(열반)을 求(구)하는 이는 이 이름이 聲聞乘(성문승)이니, 저 아들들이 羊車(양거)를 求(구)하여 火宅(화택)에서 나온 것과 같으니라. [44뒤

만일 衆生(중생)이 佛世尊(불세존)을 좇아 法(법)을 듣고 信受(신수)하여 부지런히 精進(정진)하여 自然慧(자연혜)를 [45앞 求(구)하여 獨(독)을 즐겨 잘 寂(적)하여 諸法(제법)과 因緣(인연)을 깊이 아는 것은 이 이름이 辟支佛乘(벽지불승)이니, 저 아들들이 鹿車(녹거)를 求(구)하여 火宅(화택)에서 나온 것과 같으니라. [45뒤

만일 衆生(중생)이 佛世尊(불세존)을 좇아 法(법)을 듣고 信受(신수)하여 [46앞 부지런히 精進(정진)하여 一切智(일체지)와 佛智(불지)와 自然智(자연지)와 無師智(무사지)와 如來(여래)의 知見(지견)과 力(역)과 無所畏(무소외)를 求(구)하여, 無量(무량)한 衆生(중생)을 불쌍히 여겨 安樂(안락)하게 하며 天人(천인)을 利益(이익)되게 하여, 一切(일체)를 度脫(도탈)하는 이는 이 [46뒤 이름이 大乘(대승) 菩薩(보살)이니, 이 이가 乘(승)을 求(구)하므로 이름이 摩訶薩(마하살)이니, 저 아들들이 牛車(우거)를 求(구)하여 火宅(화택)에서 나간 것과 같으니라. [47앞

舍利弗(사리불)아, 저 長者(장자)의 아들들이 便安(편안)히 火宅(화택)에서 나와서 두려움이 없는 곳에 다다라 있거늘, (장자가) 보고 스스로 여기되 "재물이 그지없구나."라고 하여 한가지로 큰 수레로 아들들을 [47뒤 주니 如來(여래)가 또 이와 같아서 一切(일체) 衆生(중생)의 아버지가 되어 있어, 無量(무량)한 億千(억천)의 衆生(중생)이 부처의 教門(교문)으로 三界(삼계)의 苦(고)와 두려운 險(험)한 길에서 나와서 涅槃樂(열반락)을 得(득)하여 있거든 (여래가 그것을) 보면,

如來(여래)가 그때에 곧 여기되 "내가 無量無邊(무량무변)한 智慧(지혜)와 力(역)과 無畏(무외) [48앞 等(등) 諸佛(제불)의 法藏(법장)을 두어 있으니, 이 衆生(중생)들이 다 내 아들이니 한가지로 大乘(대승)을 주어 아무 사람이나 혼자 滅度(멸도)를 得(득)하지 아니하게 하여, 다 如來(여래)의 滅度(멸도)로써 滅度(멸도)하리

라."고 하여, [48뒤 이 衆生(중생)들 중에서 三界(삼계)를 벗은 사람에게 다 諸佛(제불)의 禪定(선정) · 解脫(해탈) 等(등)의 즐길 것을 주나니, (모두) 다 한 相(상)이며 한가지이라서 聖人(성인)이 일컬어서 讚歎(찬탄)하시는 것이라서, 能(능)히 깨끗하고 微妙(미묘)한 第一(제일)의 樂(낙)을 내느니라. [49앞

舍利弗(사리불)아, 저 長者(장자)가 처음에 세 수레로 아들들을 달래어 끌어낸 後(후)에, 다만 큰 수레를 주어 보배에 속하는 것으로 莊嚴(장엄)하여 [49뒤 便安(편안)함이 第一(제일)이니, 그러나 저 長者(장자)가 虛妄(허망)한 허물이 없으니 如來(여래)가 또 이와 같아서 虛妄(허망)이 없으니, 처음에 三乘(삼승)을 일러서 衆生(중생)을 引導(인도)한 後(후)에 다만 大乘(대승)으로 度脫(도탈)하나니, "(그것이) 어째서이냐?"고 한다면, 如來(여래)가 그지없는 智慧(지혜)와 [50앞 力(역)과 無所畏(무소외)와 諸法藏(제법장)을 두어 能(능)히 一切(일체)의 衆生(중생)에게 大乘法(대승법)을 주건마는, (중생들이) 오직 다 能(능)히 (대승법을) 受(수)하지 못하느니라.

舍利弗(사리불)아, 이 因緣(인연)으로 알아라. 諸佛(제불)이 方便力(방편력)으로 한 佛乘(불승)에 [50뒤 구분하여 셋을 이르셨니라. [51뒤

月印千江之曲(월인천강지곡) **第十二**(제십이)

釋譜詳節(석보상절) **第十二**(제십이)

[부록 2] 문법 용어의 풀이

1. 품사

한 언어에 속하는 수많은 단어를 문법적인 특징에 따라서 갈래지어서 그 범주를 설정한 것이다.

가. 체언

'체언(體言, 임자씨)'은 어떠한 대상의 이름이나 수량(순서)을 나타내거나 명사를 대신하는 단어들의 부류들이다. 이러한 체언에는 '명사', '대명사', '수사'가 있다.

① 명사(명사): 어떠한 '대상, 일, 상황' 등의 이름을 나타내는 단어이다.

- 자립 명사: 문장 내에서 관형어의 도움 없이 홀로 쓰일 수 있는 명사이다.

(1) ㄱ. 國은 나라히라 (나라ㅎ + -이- + -다)

ㄴ. 國(국)은 나라이다.

- 의존 명사(의명): 홀로 쓰일 수 없어서 반드시 관형어와 함께 쓰이는 명사이다.

(2) ㄱ. 어린 百姓이 니르고져 홇 배 이셔도 (바 + -이) [훈언 2]

ㄴ. 어리석은 百姓(백성)이 이르고자 할 바가 있어도…

② 인칭 대명사(인대): 사람을 직시하거나 대용하는 대명사이다.

(3) ㄱ. 내 太子를 셤기ᅀᆞᄫᅩᄃᆡ (나 + -이) [석상 6:4]

ㄴ. 내가 太子(태자)를 섬기되…

③ 지시 대명사(지대): 명사를 직접 가리키거나 대용하는 말이다.

(4) ㄱ. 내 이ᄅᆞᆯ 爲ᄒᆞ야 어엿비 너겨 (이 + -ᄅᆞᆯ) [훈언 2]

ㄴ. 내가 이를 위하여 불쌍히 여겨…

④ 수사(수사): 사람이나 사물의 수량이나 차례를 나타내는 체언이다.

---

* 이 책에서 사용된 문법 용어와 약어에 대하여는 '경진출판'에서 간행한 『학교 문법의 이해』와 『중세 국어의 이해』, 『중세 근대 국어의 강독』의 내용을 참조하기 바란다.

(5) ㄱ. 點이 <u>둘히</u>면 上聲이오 (<u>둘ㅎ</u> + -이- + -면) [훈언 14]

ㄴ. 點(점)이 둘이면 上聲(상성)이고…

나. 용언

'용언(用言, 풀이씨)'은 문장 속에서 서술어로 쓰여서 주어로 표현되는 대상(주체)의 움직임이나 상태, 혹은 존재의 유무(有無)를 풀이한다. 이러한 용언에는 문법적 특징에 따라서 '동사'와 '형용사', '보조 용언' 등으로 분류한다.

① 동사(동사): 주어로 쓰인 대상의 움직임을 표현하는 용언이다. 동사에는 목적어를 취하는 타동사(=타동)와 목적어를 취하지 않는 자동사(=자동)가 있다.

(6) ㄱ. 衆生이 福이 <u>다ᄋᆞ거다</u> (<u>다ᄋᆞ</u>- + -거- + -다) [석상 23:28]

ㄴ. 衆生(중생)이 福(복)이 다했다.

(7) ㄱ. 어마님이 毘藍園을 <u>보라</u> 가시니 (<u>보</u>- + -라) [월천 기17]

ㄴ. 어머님이 毘藍園(비람원)을 보러 가셨으니.

② 형용사(형사): 주어로 표현되는 대상의 성질이나 상태를 풀이하는 용언이다.

(8) ㄱ. 이 東山ᄋᆞᆫ 남기 <u>됴ᄒᆞᆯᄊᆡ</u> (<u>둏</u>- + -ᄋᆞᆯᄊᆡ) [석상 6:24]

ㄴ. 이 東山(동산)은 나무가 좋으므로…

③ 보조 용언(보용): 문장 안에서 홀로 설 수 없어서 반드시 그 앞의 다른 용언에 붙어서 문법적인 뜻을 더해 주는 기능을 하는 용언이다.

(9) ㄱ. 勞度差ㅣ ᄯᅩ ᄒᆞᆫ 쇼ᄅᆞᆯ 지ᅀᅥ <u>내니</u> (<u>내</u>- + -니) [석상 6:32]

ㄴ. 勞度差(노도차)가 또 한 소(牛)를 지어 내니…

다. 수식언

'수식언(修飾言, 꾸밈씨)'은 체언이나 용언 등을 수식(修飾)하면서 그 의미를 한정(限定)한다. 이러한 수식언으로는 '관형사'와 '부사'가 있다.

① 관형사(관사): 체언을 수식하면서 체언의 의미를 제한(한정)하는 단어이다.

(10) ㄱ. 녯 대예 <u>새</u> 竹筍이 나며 [금삼 3:23]

ㄴ. 옛날의 대(竹)에 새 竹筍(죽순)이 나며…

② 부사(부사): 특정한 용언이나 부사, 관형사, 체언, 절, 문장 등 여러 가지 문법적인

단위를 수식하여, 그들 문법적 단위의 의미를 한정하거나 특정한 말을 다른 말에 이어 준다.

(11) ㄱ. 이거시 더듸 ᄠᅥ러딜ᄉᆡ [두언 18:10]
ㄴ. 이것이 더디게 떨어지므로

(12) ㄱ. 반ᄃᆞ기 甘雨ㅣ ᄂᆞ리리라 [월석 10:122]
ㄴ. 반드시 甘雨(감우)가 내리리라.

(13) ㄱ. ᄒᆞ다가 술옷 몯 먹거든 너덧 번에 ᄂᆞᆫ화 머기라 [구언 1:4]
ㄴ. 만일 술을 못 먹거든 너덧 번에 나누어 먹이라.

(14) ㄱ. 道國王과 밋 舒國王은 實로 親ᄒᆞᆫ 兄弟니라 [두언 8:5]
ㄴ. 道國王(도국왕) 및 舒國王(서국왕)은 實(실로)로 親(친)한 兄弟(형제)이니라.

라. 독립언

감탄사(감사): 문장 속의 다른 말과 문법적인 관계를 맺지 않고 독립적으로 쓰인다.

(15) ㄱ. ᄋᆡ 丈夫ㅣ여 엇뎨 衣食 爲ᄒᆞ야 이 ᄀᆞ호매 니르뇨 [법언 4:39]
ㄴ. 아아, 丈夫여, 어찌 衣食(의식)을 爲(위)하여 이와 같음에 이르렀느냐?

(16) ㄱ. 舍利佛이 ᄉᆞᆯᄫᅩᄃᆡ 엥 올ᄒᆞ시이다 [석상 13:47]
ㄴ. 舍利佛(사리불)이 사뢰되, "예, 옳으십니다."

2. 불규칙 용언

용언의 활용에는 어간이나 어미가 불규칙적(개별적)으로 바뀌어서 교체되어) 일반적인 변동 규칙으로는 설명할 수 없는 것이 있다. 이처럼 불규칙하게 활용하는 용언을 '불규칙 용언'이라고 한다. 여기서는 'ㄷ 불규칙 용언, ㅂ 불규칙 용언, ㅅ 불규칙 용언'만 별도로 밝힌다.

① 'ㄷ' 불규칙 용언(ㄷ불): 어간이 /ㄷ/으로 끝나는 용언 중에서, 어간에 모음으로 시작하는 어미가 붙어서 활용할 때에, 어간의 끝 소리 /ㄷ/이 /ㄹ/로 바뀌는 용언이다.

(1) ㄱ. 甁의 므를 기러 두고ᅀᅡ 가리라 (긷- + -어) [월석 7:9]
ㄴ. 甁(병)에 물을 길어 두고야 가겠다.

② 'ㅂ' 불규칙 용언(ㅂ불): 어간이 /ㅂ/으로 끝나는 용언 중에서, 어간에 모음으로 시작

하는 어미가 붙어서 활용할 때에, 어간의 끝 소리 /ㅂ/이 /ㅸ/으로 바뀌는 용언이다.

(2) ㄱ. 太子ㅣ 性 고ᄫᆞ샤 (곱- + -ᄋᆞ시- + -아) [월석 21:211]

ㄴ. 太子(태자)가 性(성)이 고우시어…

(3) ㄱ. 벼개 노피 벼여 누ᄫᅳ니 (눕- + -으니) [두언 15:11]

ㄴ. 베개를 높이 베어 누우니…

③ 'ㅅ' 불규칙 용언(ㅅ불): 어간이 /ㅅ/으로 끝나는 용언 중에서, 어간에 모음으로 시작하는 어미가 붙어서 활용할 때에, 어간의 끝 소리인 /ㅅ/이 /ㅿ/으로 바뀌는 용언이다.

(4) ㄱ. (道士ᄃᆞᆯ히) … 表 지ᅀᅥ 엳ᄌᆞᄫᆞ니 (짓- + -어) [월석 2:69]

ㄴ. 道士(도사)들이 … 表(표)를 지어 여쭈니…

3. 어근

어근은 단어 속에서 중심적이면서 실질적인 의미를 나타내는 실질 형태소이다.

(1) ㄱ. ᄀᆞᆯ가마괴 (ᄀᆞᆯ- + ᄀᆞ마괴), ᄉᆞ어미 (ᄉᆞ- + 어미)

ㄴ. 무덤 (묻- + -엄), ᄂᆞᆯ개 (ᄂᆞᆯ- + -개)

(2) ㄱ. 밤낮 (밤 + 낮), ᄣᆞᆯ밥 (ᄣᆞᆯ + 밥), 불뭇골 (불무 + -ㅅ + 골)

ㄴ. 검븕다 (검- + 븕-), 오ᄅᆞᄂᆞ리다 (오ᄅᆞ- + ᄂᆞ리-), 도라오다 (돌- + -아 + 오-)

- 불완전 어근(불어): 품사가 불분명하며 단독으로 쓰이는 일이 없고, 다른 말과의 통합에 제약이 많은 특수한 어근이다(=특수 어근, 불규칙 어근).

(3) ㄱ. 功德이 이러 당다이 부톄 ᄃᆞ외리러라 (당당 + -이) [석상 19:34]

ㄴ. 功德(공덕)이 이루어져 마땅히 부처가 되겠더라.

(4) ㄱ. 그 부텨 住ᄒᆞ신 ᄯᅡ히 … 常寂光이라 (住 + -ᄒᆞ- + -시- + -ㄴ) [월석 서:5]

ㄴ. 그 부처가 住(주)하신 땅이 이름이 常寂光(상적광)이다.

4. 파생 접사

접사 중에서 어근에 새로운 의미를 더하거나 단어의 품사를 바꿈으로써, 새로운 단어를 만들어 주는 것을 '파생 접사'라고 한다.

가. 접두사(접두)

접두사는 어근의 앞에 붙어서 새로운 단어를 형성하는 파생 접사이다.

(1) ㄱ. 아ᅀᆞ와 아ᄎᆞᆫ아ᄃᆞᆯ왜 비록 이시나 (아ᄎᆞᆫ- + 아ᄃᆞᆯ) [두언 11:13]
ㄴ. 아우와 조카가 비록 있으나…

나. 접미사(접미)

접미사는 어근의 뒤에 붙어서 새로운 단어를 형성하는 파생 접사이다.

① 명사 파생 접미사(명접): 어근에 뒤에 붙어서 명사를 파생하는 접미사이다.

(2) ㄱ. ᄇᆞᄅᆞᆷ가비(ᄇᆞᄅᆞᆷ + -가비), 무덤(묻- + -엄), 노ᄑᆡ(높- + -ᄋᆡ)
ㄴ. 바람개비, 무덤, 높이

② 동사 파생 접미사(동접): 어근의 뒤에 붙어서 동사를 파생하는 접미사이다.

(3) ㄱ. 풍류ᄒᆞ다(풍류 + -ᄒᆞ- + -다), 그르ᄒᆞ다(그르 + -ᄒᆞ- + -다), ᄀᆞᄆᆞᆯ다(ᄀᆞᄆᆞᆯ + -∅- + -다)
ㄴ. 열치다, 벗기다; 넓히다; 풍류하다; 잘못하다; 가물다

③ 형용사 파생 접미사(형접): 어근의 뒤에 붙어서 형용사를 파생하는 접미사이다.

(4) ㄱ. 녇갑다(녙- + -갑- + -다), 골ᄑᆞ다(곯- + -ᄇᆞ- + -다), 受苦ᄅᆞᆸ다(受苦 + -ᄅᆞᆸ- + -다), 외ᄅᆞᆸ다(외 + -ᄅᆞᆸ- + -다), 이러ᄒᆞ다(이러 + -ᄒᆞ- + -다)
ㄴ. 얕다, 고프다, 수고롭다, 외롭다

④ 사동사 파생 접미사(사접): 어근의 뒤에 붙어서 사동사를 파생하는 접미사이다.

(5) ㄱ. 밧기다(밧- + -기- + -다), 너피다(넙- + -히- + -다)
ㄴ. 벗기다, 넓히다

⑤ 피동사 파생 접미사(피접): 어근의 뒤에 붙어서 피동사를 파생하는 접미사이다.

(6) ㄱ. 두피다(둪- + -이- + -다), 다티다(닫- + -히- + -다), 담기다(담- + -기- + -다), ᄌᆞᆷ기다(ᄌᆞᆷ- + -기- + -다)
ㄴ. 덮이다, 닫히다, 담기다, 잠기다

⑥ 관형사 파생 접미사(관접): 어근의 뒤에 붙어서 부사를 파생하는 접미사이다.

(7) ㄱ. 모ᄃᆞᆫ(몯- + -ᄋᆞᆫ), 오ᄋᆞᆫ(오ᄋᆞᆯ- + -ㄴ), 이런(이러- + -ㄴ)
ㄴ. 모든, 온, 이런

⑦ 부사 파생 접미사(부접): 어근의 뒤에 붙어서 부사를 파생하는 접미사이다.

(8) ㄱ. 몯내(몯 + -내), 비르서(비릇- + -어), 기리(길- + -이), 그르(그르- + -∅)
ㄴ. 못내, 비로소, 길이, 그릇

⑧ 조사 파생 접미사(조접): 어근의 뒤에 붙어서 조사를 파생하는 접미사이다.

(9) ㄱ. 阿鼻地獄브터 有頂天에 니르시니 (븥- + -어) [석상 13:16]
ㄴ. 阿鼻地獄(아비지옥)부터 有頂天(유정천)에 이르시니…

⑨ 강조 접미사(강접): 어근의 뒤에 붙어서 강조의 뜻을 더하면서 새로운 단어를 파생하는 접미사이다.

(10) ㄱ. 니르왇다(니르- + -왇- + -다), 열티다(열- + -티- + -다), 니ᄅᆞ혀다(니ᄅᆞ- + -혀- + -다)
ㄴ. 받아일으키다, 열치다, 일으키다

⑩ 높임 접미사(높접): 어근의 뒤에 붙어서 높임의 뜻을 더하면서 새로운 단어를 파생하는 접미사이다.

(11) ㄱ. 아바님(아비 + -님), 어마님(어미 + -님), 그듸(그+ -듸), 어마님내(어미 + -님 + -내), 아기씨(아기 + -씨)
ㄴ. 아버님, 어머님, 그대, 어머님들, 아기씨

5. 조사

'조사(助詞, 관계언)'는 주로 체언에 결합하여, 그 체언이 문장 속의 다른 단어와 맺는 관계를 나타내거나 특별한 뜻을 더해 주는 단어이다.

가. 격조사

그 앞에 오는 말이 문장 안에서 일정한 문장 성분으로서의 기능함을 나타내는 조사이다.

① 주격 조사(주조): 주어로서 기능하는 것을 나타내는 격조사이다.

(1) ㄱ. 부텻 모미 여러 가짓 相이 ᄀᆞᄌᆞ샤 (몸 + -이) [석상 6:41]
ㄴ. 부처의 몸이 여러 가지의 相(상)이 갖추어져 있으시어…

② 서술격 조사(서조): 서술어로서 기능하는 것을 나타내는 격조사이다.

(2) ㄱ. 國은 나라히라 (나라ㅎ + -이- + -다)[훈언 1]

ㄴ. 國(국)은 나라이다.

③ 목적격 조사(목조): 목적어로서 기능하는 것을 나타내는 격조사이다.

(3) ㄱ. 太子ᄅᆞᆯ 하ᄂᆞᆯ히 ᄀᆞᆯᄒᆡ샤 (太子 + -ᄅᆞᆯ) [용가 8장]

ㄴ. 太子(태자)를 하늘이 가리시어…

④ 보격 조사(보조): 보어로서 기능하는 것을 나타내는 격조사이다.

(4) ㄱ. 色界 諸天도 ᄂᆞ려 仙人이 ᄃᆞ외더라 (仙人 + -이) [월석 2:24]

ㄴ. 色界(색계) 諸天(제천)도 내려 仙人(선인)이 되더라.

⑤ 관형격 조사(관조): 관형어로서 기능하는 것을 나타내는 격조사이다.

(5) ㄱ. 네 性이 … 죵ᄋᆡ 서리예 淸淨ᄒᆞ도다 (죵 + -ᄋᆡ) [두언 25:7]

ㄴ. 네 性(성: 성품)이 … 종(從僕) 중에서 淸淨(청정)하구나.

(6) ㄱ. 나랏 말ᄊᆞ미 中國에 달아 (나라 + -ㅅ) [훈언 1]

ㄴ. 나라의 말이 中國과 달라…

⑥ 부사격 조사(부조): 부사어로서 기능하는 것을 나타내는 격조사이다.

(7) ㄱ. 世尊이 象頭山애 가샤 (象頭山 + -애) [석상 6:1]

ㄴ. 世尊(세존)이 象頭山(상두산)에 가시어…

⑦ 호격 조사(호조): 독립어로서 기능하는 것을 나타내는 격조사이다.

(8) ㄱ. 彌勒아 아라라 (彌勒 + -아) [석상 13:26]

ㄴ. 彌勒(미륵)아 알아라.

나. 접속 조사(접조)

체언과 체언을 이어서 명사구를 형성하는 조사이다.

(9) ㄱ. 입시울와 혀와 엄과 니왜 다 됴ᄒᆞ며 (혀 + -와) [석상 19:7]

ㄴ. 입술과 혀와 어금니와 이가 다 좋으며…

다. 보조사(보조사)

체언에 화용론적인 특별한 뜻을 덧보태는 조사이다.

(10) ㄱ. 나ᄂᆞᆫ 어버ᅀᅵ 여희오 (나 + -ᄂᆞᆫ) [석상 6:5]

ㄴ. 나는 어버이를 여의고…

(11) ㄱ. 어미도 아ᄃᆞᄅᆞᆯ 모ᄅᆞ며 (어미 + -도) [석상 6:3]

ㄴ. 어머니도 아들을 모르며…

6. 어말 어미

'어말 어미(語末語尾, 맺음씨끝)'는 용언의 끝자리에 실현되는 어미인데, 그 기능에 따라서 '종결 어미, 연결 어미, 전성 어미'로 나누어진다.

가. 종결 어미

① 평서형 종결 어미(평종): 말하는 이가 자신의 생각을 듣는 이에게 단순하게 진술하는 평서문에 실현된다.

(1) ㄱ. 네 아비 ᄒᆞ마 주그니라 (죽- + -Ø(과시)- + -으니- + -다) [월석 17:21]

ㄴ. 너의 아버지가 이미 죽었느니라.

② 의문형 종결 어미(의종): 말하는 이가 듣는 이에게 대답을 요구하는 의문문에 실현된다.

(2) ㄱ. 엇뎨 겨르리 업스리오 (없- + -으리- + -고) [월석 서:17]

ㄴ. 어찌 겨를이 없겠느냐?

③ 명령형 종결 어미(명종): 말하는 이가 듣는 이에게 어떠한 행동을 하도록 요구하는 명령문에 실현된다.

(3) ㄱ. 너희ᄃᆞᆯ히 … 부텻 마ᄅᆞᆯ 바다 디니라 (디니- + -라) [석상 13:62]

ㄴ. 너희들이 … 부처의 말을 받아 지녀라.

④ 청유형 종결 어미(청종): 말하는 이가 듣는 이에게 어떠한 행동을 함께 하도록 요구하는 청유문에 실현된다.

(4) ㄱ. 世世예 妻眷이 ᄃᆞ외져 (ᄃᆞ외- + -져) [석상 6:8]

ㄴ. 世世(세세)에 妻眷(처권)이 되자.

⑤ 감탄형 종결 어미(감종): 말하는 이가 듣는 이를 의식하지 않고 자신의 감정을 표출하는 감탄문에 실현된다.

(5) ㄱ. 義ᄂᆞᆫ 그 큰뎌 (크- + -Ø(현시)- + -ㄴ뎌) [내훈 3:54]

ㄴ. 義(의)는 그것이 크구나.

나. 전성 어미

용언이 본래의 서술 기능을 유지하면서도 다른 품사처럼 쓰이도록 문법적인 기능을 바꾸는 어미이다.

① 명사형 전성 어미(명전): 특정한 절 속의 서술어에 실현되어서, 그 절을 명사처럼 쓰이게 하는 어미이다.

(6) ㄱ. 됴ᄒᆞᆫ 法 닷고ᄆᆞᆯ 몯ᄒᆞ야 (닭- + -옴 + -ᄋᆞᆯ) [석상 9:14]
ㄴ. 좋은 法(법)을 닦는 것을 못하여…

② 관형사형 전성 어미(관전): 특정한 절 속의 용언에 실현되어서, 그 절을 관형사처럼 쓰이게 하는 어미이다.

(7) ㄱ. 어미 주근 後에 부텨씌 와 묻ᄌᆞᄫᆞ면 (죽- + -Ø- + -ㄴ) [월석 21:21]
ㄴ. 어미 죽은 後(후)에 부처께 와 물으면…

다. 연결 어미(연어)

이어진 문장의 앞절과 뒷절을 잇거나, 본용언과 보조 용언을 잇는 어미이다. 연결 어미에는 '대등적 연결 어미, 종속적 연결 어미, 보조적 연결 어미'가 있다.

① 대등적 연결 어미: 앞절과 뒷절을 대등한 관계로 잇는 연결 어미이다.

(8) ㄱ. 子ᄂᆞᆫ 아ᄃᆞ리오 孫ᄋᆞᆫ 孫子ㅣ니 (아ᄃᆞᆯ + -이- + -고) [월석 1:7]
ㄴ. 子(자)는 아들이고 孫(손)은 孫子(손자)이니…

② 종속적 연결 어미: 앞절을 뒷절에 이끌리는 관계로 잇는 연결 어미이다.

(9) ㄱ. 모딘 길헤 ᄠᅥ러디면 恩愛ᄅᆞᆯ 머리 여희여 (ᄠᅥ러디- + -면) [석상 6:3]
ㄴ. 모진 길에 떨어지면 恩愛(은애)를 멀리 떠나…

③ 보조적 연결 어미: 본용언과 보조 용언을 잇는 연결 어미이다.

(10) ㄱ. 赤眞珠ㅣ ᄃᆞ외야 잇ᄂᆞ니라 (ᄃᆞ외야: ᄃᆞ외- + -아) [월석 1:23]
ㄴ. 赤眞珠(적진주)가 되어 있느니라.

7. 선어말 어미

'선어말 어미(先語末語尾, 안맺음 씨끝)'는 용언의 끝에 실현되지 못하고, 어간과 어말 어미 사이에 실현되어서 문법적인 기능을 나타내는 어미이다.

① 상대 높임의 선어말 어미(상높): 말을 듣는 '상대(相對)'를 높여서 표현하는 선어말 어미이다.

(1) ㄱ. 이런 고디 업스이다 (없- + -Ø(현시)- + -으이- + -다) [능언 1:50]
ㄴ. 이런 곳이 없습니다.

② 주체 높임의 선어말 어미(주높): 문장에서 주어로 실현되는 대상인 '주체(主體)'를 높여서 표현하는 선어말 어미이다.

(2) ㄱ. 王이 그 蓮花ᄅᆞᆯ ᄇᆞ리라 ᄒᆞ시다 [석상 11:31]
(ᄒᆞ- + -시- + -Ø(과시)- + -다)
ㄴ. 王(왕)이 "그 蓮花(연화)를 버리라." 하셨다.

③ 객체 높임의 선어말 어미(객높): 문장에서 목적어나 부사어로 표현되는 대상인 '객체(客體)'를 높여서 표현하는 선어말 어미이다.

(3) ㄱ. 벼슬 노ᄑᆞᆫ 臣下ㅣ 님그믈 돕ᄉᆞᄫᅡ (돕- + -ᄉᆞᆸ- + -아) [석상 9:34]
ㄴ. 벼슬 높은 臣下(신하)가 임금을 도와…

④ 과거 시제의 선어말 어미(과시): 동사에 실현되어서 발화시 이전에 어떠한 일이 일어났음을 무형의 선어말 어미인 '-Ø-'이다.

(4) ㄱ. 이 ᄢᅴ 아ᄃᆞᆯᄃᆞ리 아비 죽다 듣고(죽- + -Ø(과시)- + -다) [월석 17:21]
ㄴ. 이때에 아들들이 "아버지가 죽었다." 듣고…

⑤ 현재 시제의 선어말 어미(현시): 발화시에 어떠한 일이 일어나고 있음을 나타내는 선어말 어미이다. 동사에는 선어말 어미인 '-ᄂᆞ-'가 실현되어서, 형용사에는 무형의 선어말 어미인 '-Ø-'가 현재 시제를 나타낸다.

(5) ㄱ. 네 이제 ᄯᅩ 묻ᄂᆞ다 (묻- + -ᄂᆞ- + -다) [월석 23:97]
ㄴ. 네 이제 또 묻는다.

(6) ㄱ. 이런 고디 업스이다 (없- + -Ø(현시)- + -으이- + -다) [능언 1:50]
ㄴ. 이런 곳이 없습니다.

⑥ 미래 시제의 선어말 어미(미시): 발화시 이후에 어떠한 일이 일어날 것임을 나타내는 선어말 어미이다.

(7) ㄱ. 아ᄃᆞᆯᄯᆞᄅᆞᆯ 求ᄒᆞ면 아ᄃᆞᆯᄯᆞᄅᆞᆯ 得ᄒᆞ리라 (得ᄒᆞ- + -리- + -다) [석상 9:23]
ㄴ. 아들딸을 求(구)하면 아들딸을 得(득)하리라.

⑦ 회상 표현의 선어말 어미(회상): 말하는 이가 발화시 이전에 직접 경험한 어떤 때(경험시)로 자신의 생각을 돌이켜서, 그때를 기준으로 해서 일이 일어난 시간을

나타내는 선어말 어미이다.

(8) ㄱ. ᄠᅳ데 몯 마ᄌᆞᆫ 이리 다 願 ᄀᆞ티 ᄃᆞ외더라 [월석 10:30]

(ᄃᆞ외- + -더- + -다)

ㄴ. 뜻에 못 맞은 일이 다 願(원)같이 되더라.

⑧ 확인 표현의 선어말 어미(확인): 심증(心證)과 같은 말하는 이의 주관적인 믿음에 근거하여, 어떤 일을 확정된 것으로 표현하는 선어말 어미이다.

(9) ㄱ. 安樂國이ᄂᆞᆫ 시르미 더욱 깁거다 [월석 8:101]

(깊- + -Ø(현시)- + -거- + -다)

ㄴ. 安樂國(안락국)이는… 시름이 더욱 깊다.

⑨ 원칙 표현의 선어말 어미(원칙): 말하는 이가 객관적인 믿음에 근거하여, 어떤 일을 확정된 것으로 표현하는 선어말 어미이다.

(10) ㄱ. 사ᄅᆞ미 살면… 모로매 늙ᄂᆞ니라 [석상 11:36]

(늙- + -ᄂᆞ- + -니- + -다)

ㄴ. 사람이 살면… 반드시 늙느니라.

⑩ 감동 표현의 선어말 어미(감동): 말하는 이의 '느낌(감동, 영탄)'의 뜻을 나타내는 태도 표현의 선어말 어미이다.

(11) ㄱ. 그듸내 貪心이 하도다 [석상 23:46]

(하- + -Ø(현시)- + -도- + -다)

ㄴ. 그대들이 貪心(탐심)이 크구나.

⑪ 화자 표현의 선어말 어미(화자): 주로 종결형이나 연결형에서 실현되어서, 문장의 주어가 말하는 사람(화자, 話者)임을 나타내는 선어말 어미이다.

(12) ㄱ. ᄒᆞ오ᅀᅡ 내 尊호라 (尊ᄒᆞ- + -Ø(현시)- + -오- + -다) [월석 2:34]

ㄴ. 오직(혼자) 내가 존귀하다.

⑫ 대상 표현의 선어말 어미(대상): 관형절이 수식하는 체언(피한정 체언)이, 관형절에서 서술어로 표현되는 용언에 대하여 의미상으로 객체(목적어나 부사어로 쓰인 대상)일 때에 실현되는 선어말 어미이다.

(13) ㄱ. 須達ᄋᆡ 지순 精舍마다 드르시며 [석상 6:38]

(짓- + -Ø(과시)- + -우- + -ㄴ)

ㄴ. 須達(수달)이 지은 精舍(정사)마다 드시며…

(14) ㄱ. 王이 … 누ᄫᅮᆫ 자리예 겨샤 (눕- + -Ø(과시)- + -우- + -은)　[월석 10:9]

ㄴ. 王(왕)이 … 누운 자리에 계시어…

〈 인용된 약어의 정보 〉

약어	문헌 이름		발간 연대	
	한자 이름	한글 이름		
용가	龍飛御天歌	용비어천가	1445년	세종
석상	釋譜詳節	석보상절	1447년	세종
월천	月印千江之曲	월인천강지곡	1448년	세종
훈언	訓民正音諺解 (世宗御製訓民正音)	훈민정음 언해본 (세종 어제 훈민정음)	1450년경	세종
월석	月印釋譜	월인석보	1459년	세조
능언	愣嚴經諺解	능엄경 언해	1462년	세조
법언	妙法蓮華經諺解(法華經諺解)	묘법연화경 언해(법화경 언해)	1463년	세조
구언	救急方諺解	구급방 언해	1466년	세조
내훈	內訓(일본 蓬左文庫 판)	내훈(일본 봉좌문고 판)	1475년	성종
두언	分類杜工部詩諺解 初刊本	분류두공부시 언해 초간본	1481년	성종
금삼	金剛經三家解	금강경 삼가해	1482년	성종

▎참고 문헌

〈중세 국어의 참고 문헌〉

강성일(1972), 「중세국어 조어론 연구」, 『동아논총』 9, 동아대학교.

강신항(1990), 『훈민정음연구』(증보판), 성균관대학교 출판부.

강인선(1977), 「15세기 국어의 인용구조 연구」, 석사학위 논문, 서울대학교.

고성환(1993), 「중세국어 의문사의 의미와 용법」, 『국어학논집』 1, 태학사.

고영근(1981), 『중세국어의 시상과 서법』, 탑출판사.

고영근(1995), 「중세어의 동사형태부에 나타나는 모음동화」, 『국어사와 차자표기―소곡 남풍현 선생 화갑 기념 논총』, 태학사.

고영근(2010), 『제3판 표준 중세국어 문법론』, 집문당.

곽용주(1986), 「'동사 어간 ―다' 부정법의 역사적 고찰」, 『국어연구』 138, 국어연구회.

교육인적자원부(2010), 『고등학교 교사용 지도서 문법』, (주)두산동아.

교육인적자원부(2010), 『고등학교 문법』, (주)두산동아.

구본관(1996), 「15세기 국어 파생법에 대한 연구」, 박사학위 논문, 서울대학교.

국립국어원, 『표준 국어 대사전』, 인터넷판.

권용경(1990), 「15세기 국어 서법의 선어말어미에 대한 연구」, 『국어연구』 101, 국어연구회.

김문기(1999), 「중세국어 매인풀이씨 연구」, 석사학위 논문, 부산대학교.

김소희(1996), 「16세기 국어의 '거/어'의 교체에 대한 연구」, 『국어연구』 142, 국어연구회.

김송원(1988), 「15세기 중기 국어의 접속월 연구」, 박사학위 논문, 건국대학교.

김영배(2010), 『역주 월인석보 4』, 세종대왕기념사업회.

김영욱(1990), 「중세국어 관형격조사 'ᄋᆡ/의, ㅅ'의 기술과 관련된 문제 해결을 위하여」, 『주시경학보』 8, 탑출판사.

김영욱(1995), 『문법형태의 역사적 연구』, 박이정.

김정아(1985), 「15세기 국어의 '―ㄴ가' 의문문에 대하여」, 『국어국문학』 94.

김정아(1993), 「15세기 국어의 비교구문 연구」, 박사학위 논문, 서울대학교.

김진형(1995), 「중세국어 보조사에 대한 연구」, 『국어연구』 136, 국어연구회.

김차균(1986), 「월인천강지곡에 나타나는 표기체계와 음운」, 『한글』 182, 한글학회.

김충회(1972), 「15세기 국어의 서법체계 시론」, 『국어학논총』 5, 6, 단국대학교.

나진석(1971), 『우리말 때매김 연구』, 과학사.

나찬연(2011), 『수정판 옛글 읽기』, 월인.
나찬연(2013ㄴ), 제2판 『언어·국어·문화』, 월인.
나찬연(2013ㄷ), 제2판 『훈민정음의 이해』, 월인.
나찬연(2017), 제5판 『현대 국어 문법의 이해』, 월인.
나찬연(2018ㄱ), 제2판 『학교 문법의 이해』 1, 경진출판.
나찬연(2018ㄴ), 제2판 『학교 문법의 이해』 2, 경진출판.
나찬연(2019ㄱ), 『국어 어문 규정의 이해』, 월인.
나찬연(2019ㄴ), 『현대 국어 의미론의 이해』, 경진출판.
나찬연(2020ㄱ), 『국어 교사를 위한 고등학교 문법』, 경진출판.
나찬연(2020ㄴ), 『중세 국어의 이해』, 경진출판.
나찬연(2020ㄷ), 『중세 근대 국어의 강독』, 경진출판.
남광우(2009), 『교학 고어사전』, (주)교학사.
남윤진(1989), 「15세기 국어의 접속어미에 대한 연구」, 『국어연구』 93, 국어연구회.
노동헌(1993), 「선어말어미 '-오-'의 분포와 기능 연구」, 『국어연구』 114, 국어연구회.
류광식(1990), 「15세기 국어 부정법의 연구」, 박사학위 논문, 건국대학교.
리의도(1989), 「15세기 우리말의 이음씨끝」, 『한글』 206, 한글학회
민현식(1988), 「중세국어 어간형 부사에 대하여」, 『선청어문』 16, 17집, 서울대학교 국어교육과.
박태영(1993), 「15세기 국어의 사동법 연구」, 석사학위 논문, 단국대학교.
박희식(1984), 「중세국어의 부사에 대한 연구」, 『국어연구』 63, 국어연구회
배석범(1994), 「용비어천가의 문제에 대한 일고찰」, 『국어학』 24, 국어학회.
성기철(1979), 「15세기 국어의 화계 문제」, 『논문집』 13, 서울산업대학교.
손세모돌(1992), 「중세국어의 'ᄇᆞ리다'와 '디다'에 대한 연구」, 『주시경학보』 9, 탑출판사.
안병희·이광호(1993), 『중세국어문법론』, 학연사.
양정호(1991), 「중세국어의 파생접미사 연구」, 『국어연구』 105, 국어연구회.
유동석(1987), 「15세기 국어 계사의 형태 교체에 대하여」, 『우해 이병선 박사 회갑 기념 논총』.
이광정(1983), 「15세기 국어의 부사형어미」, 『국어교육』 44, 45.
이광호(1972), 「중세국어 '사이시옷' 문제와 그 해석 방안」, 『국어사 연구와 국어학 연구-안병희 선생 회갑 기념 논총』, 문학과지성사.
이광호(1972), 「중세국어의 대격 연구」, 『국어연구』 29, 국어연구회.
이광호(1995), 「후음 'ㅇ'과 중세국어 분철표기의 신해석」, 『국어사와 차자표기-남풍현 선생 회갑기념』, 태학사.
이기문(1963), 『국어표기법의 역사적 연구-신정판』, 한국연구원.

이기문(1998), 『국어사개설 - 신정판』, 태학사.
이숭녕(1981), 『중세국어문법 - 개정 증보판』, 을유문화사.
이승희(1996), 「중세국어 감동법 연구」, 『국어연구』 139, 국어연구회.
이정택(1994), 「15세기 국어의 입음법과 하임법」, 『한글』 223, 한글학회.
이주행(1993), 「후기 중세국어의 사동법」, 『국어학』 23, 국어학회.
이태욱(1995), 「중세국어의 부정법 연구」, 박사학위 논문, 성균관대학교.
이현규(1984), 「명사형어미 '-기'의 변화」, 『목천 유창돈 박사 회갑 기념 논문집』, 계명대학교 출판부.
이홍식(1993), 「'-오-'의 기능 구명을 위한 서설」, 『국어학논집』 1, 태학사.
임동훈(1996), 「어미 '시'의 문법」, 박사학위 논문, 서울대학교.
전정례(995), 「새로운 '-오-' 연구」, 한국문화사.
정 철(1954), 「원본 훈민정음의 보존 경위에 대하여」, 『국어국문학』 제9호, 국어국문학회.
정재영(1996), 「중세국어 의존명사 'ᄃᆞ'에 대한 연구」, 『국어학총서』 23, 태학사.
최동주(1995), 「국어 시상체계의 통시적 변화에 관한 연구」, 박사학위 논문, 서울대학교.
최현배(1961), 『고친 한글갈』, 정음사.
최현배(1980=1937), 『우리말본』, 정음사.
한글학회(1985), 『訓民正音』, 영인본.
한재영(1984), 「중세국어 피동구문의 특성에 대한 연구」, 『국어연구』 61, 국어연구회.
한재영(1986), 「중세국어 시제체계에 관한 관견」, 『언어』 11-2, 한국언어학회.
한재영(1990), 「선어말어미 '-오/우-'」, 『국어 연구 어디까지 왔나』, 동아출판사.
한재영(1992), 「중세국어의 대우체계 연구」, 『울산어문논집』 8, 울산대학교 국어국문학과.
허웅(1975=1981), 『우리 옛말본』, 샘문화사.
허웅(1981), 『언어학』, 샘문화사.
허웅(1986), 『국어 음운학』, 샘문화사.
허웅(1989), 『16세기 우리 옛말본』, 샘문화사.
허웅(1992), 『15·16세기 우리 옛말본의 역사』, 탑출판사.
허웅(1999), 『20세기 우리말의 통어론』, 샘문화사.
허웅(2000), 『20세기 우리말의 형태론(고침판)』, 샘문화사.
허웅·이강로(1999), 『주해 월인천강지곡』, 신구문화사.
홍윤표(1969), 「15세기 국어의 격연구」, 『국어연구』 21, 국어연구회.
홍윤표(1994), 「중세국어의 수사에 대하여」, 『국문학논집』, 단국대학교 국어국문학과.
홍종선(1983), 「명사화어미의 변천」, 『국어국문학』 89, 국어국문학회.

황선엽(1995), 「15세기 국어의 '-(으)니'의 용법과 기원」, 『국어연구』 135, 국어연구회.

〈불교 용어의 참고 문헌〉

곽철환(2003), 『시공불교사전』, 시공사.
국립국어원(2016), 인터넷판 『표준국어대사전』(http://stdweb2.korean.go.kr/main.jsp).
두산동아(2016), 인터넷판 『두산백과사전』(http://www.doopedia.co.kr/).
운허·용하(2008), 『불교사전』, 불천.
원광대학교 종교문제연구소(1974), 인터넷판 『원불교사전』, 원광대학교 출판부.
한국불교대사전 편찬위원회(1982), 『한국불교대사전』, 보련각.
한국학중앙연구원(2016), 인터넷판 『한국민족문화대백과』(http://encykorea.aks.ac.kr/).
홍사성(1993), 『불교상식백과』, 불교시대사.

〈불교 경전 및 불교 자료 인터넷 사이트〉

『妙法蓮華經』(2016), 천태불교문화연구원 편찬.
불교문화유산 아카이브, https://kabc.dongguk.edu/
『釋迦譜』 제2권 제15. 〈釋迦父淨飯王泥洹記〉(석가부정반왕니원기)
『釋迦譜』 제2권 제14. 〈釋迦姨母大愛道出家記〉(석가이모대애도출가기)
『大方便佛報恩經』 자품(慈品) 제7. 〈華色比丘尼緣 五百群賊的佛緣〉(화색비구니연 오백군적적불연〉
『大雲輪請雨經』(대운수청우경)

지은이 **나찬연**은 1960년에 부산에서 태어났다. 부산대학교 국어국문학과를 나오고(1986), 같은 학교 대학원에서 문학석사(1993)와 문학박사(1997)학위를 받았다. 지금은 경성대학교 국어국문학과에서 교수로 재직하고 있으면서 국어학, 국어 교육, 한국어 교육 분야의 강의를 맡고 있다.

* 홈페이지: '학교 문법 교실(http://scammar.com)'에서는 이 책의 내용과 관련된 자료를 온라인으로 제공합니다. 본 홈페이지에 개설된 자료실과 문답방에 올려져 있는 다양한 정보를 자유롭게 이용할 수 있고, 이 책의 내용에 대하여 저자의 답변을 받을 수 있습니다.
* 전화번호 : 051-663-4212
* 전자메일 : ncy@ks.ac.kr

주요 논저

우리말 이음에서의 삭제와 생략 연구(1993), 우리말 의미중복 표현의 통어·의미 연구(1997), 우리말 잉여 표현 연구(2004), 옛글 읽기(2011), 벼리 한국어 회화 초급 1, 2(2011), 벼리 한국어 읽기 초급 1, 2(2011), 제2판 언어·국어·문화(2013), 제2판 훈민정음의 이해(2013), 근대 국어 문법의 이해－강독편(2013), 표준 발음법의 이해(2013), 제5판 현대 국어 문법의 이해(2017), 쉽게 읽는 월인석보 서, 1, 2, 4, 7, 8, 9, 10, 11, 12(2017~2023), 쉽게 읽는 석보상절 3, 6, 9, 11, 13, 19(2017~2019), 제2판 학교 문법의 이해 1, 2(2018), 한국 시사 읽기(2019), 한국 문화 읽기(2019), 국어 어문 규정의 이해(2019), 현대 국어 의미론의 이해(2019), 국어 교사를 위한 고등학교 문법(2020), 중세 국어의 이해(2020), 중세 국어 강독(2020), 근대 국어 강독(2020), 길라잡이 현대 국어 문법(2021), 길라잡이 국어 어문 규정(2021), 중세 국어 서답형 문제집(2021)

쉽게 읽는 **월인석보 12 (月印釋譜 第十二)**

1판 1쇄 인쇄_2023년 02월 15일
1판 1쇄 발행_2023년 02월 28일

지은이_나찬연
펴낸이_양정섭

펴낸곳_경진출판
등록_제2010-000004호
이메일_mykyungjin@daum.net
사업장주소_서울특별시 금천구 시흥대로 57길(시흥동) 영광빌딩 203호
전화_070-7550-7776 팩스_02-806-7282

값 20,000원

ISBN 979-11-92542-28-7 94710
ISBN 978-89-5996-507-6(set) 94080